项目资助

云南省财政政策研究重点课题"桥头堡战略与促进云南县乡经济跨越式发展的制度设计与财政政策"（2013YNCK001）

云南省教育厅科学研究基金重点项目"实现基本公共服务均等化的县级财力保障机制研究：云南案例"（2011Z073）

县域经济跨越式发展的
机制设计与财政政策

——云南案例

MECHANISM DESIGN AND FISCAL POLICY OF
THE GREAT-LEAP-FORWARD DEVELOPMENT OF COUNTY ECONOMY :

Taking Yunnan as the Case

缪小林　王　婷　邓伟平 等／著

社会科学文献出版社
SOCIAL SCIENCES ACADEMIC PRESS (CHINA)

研究团队

课 题 主 持 人　缪小林

主要研究成员　王　婷　邓伟平　杨雅琴　张　彰
　　　　　　　　薛　军　郭晓明　师玉朋　夏　予
　　　　　　　　房　翔　程李娜　高跃光　史倩茹

前　言

县域经济是国民经济及区域经济的重要组成部分，主要以农业和农村经济为发展主体，以工业化、城镇化和现代化为发展方向，是推动经济发展的重要力量。发展县域经济，是解决"三农"问题的切入点，是全面推进小康建设的重要任务。早在2002年，党的十六大就提出要"壮大县域经济"，十六届三中全会又进一步强调要"大力发展县域经济"，"十一五"规划也提出要"扶持县域经济发展，注重发展就业容量大的劳动密集型产业和服务，壮大县域经济"。实际上，加快县域经济发展的重点是推进城乡发展一体化，党的十八大提出要"推动城乡发展一体化"，十八届三中全会进一步明确城乡发展一体化的体制和机制，要"形成以工促农、以城带乡、工农互惠、城乡一体的新型工农城乡关系，让广大农民平等参与现代化进程、共同分享现代化成果"。推动县域经济发展，是从根本上实现中国特色新型工业化、信息化、城镇化、农业现代化道路的重要依托，也是当前中国进行全面深化改革的战略部署。

改革开放30多年来，中国经济实现迅猛增长，但云南仍然处于增长的末端，与全国各地区的差距越来越大。从根本上说，省域经济发展取决于县域经济发展，而制约云南省县域经济发展的一个重要因素仍然是边疆、民族、山区、贫困"四位一体"的基本省情。2009年云南被定位为面向西南开放重要桥头堡，以及2011年

《国务院关于支持云南省加快建设面向西南开放重要桥头堡的意见》的颁发，把云南发展提升到国家战略层面，历史性地将云南推向全国对外开放的前沿，为县域经济发展带来机遇。云南省第九次党代会提出，在面向西南开放重要桥头堡建设背景下，要将壮大县域经济实力作为推动云南经济社会发展的重要内容。2013 年，云南省提出要"坚定不移推进工业化、信息化、城镇化、农业现代化'四化'同步发展，加快实现县域经济跨越式发展，更好地打造县域经济升级版"。

可见，在桥头堡战略下如何推进县域经济发展，研究适合云南省情况的县域经济发展制度设计和财政政策，已经成为一项迫在眉睫的工作，本书将围绕这一核心问题展开理论、实证和政策研究。本书将紧紧围绕云南省第九次党代会确定的目标任务，立足面向西南开放重要桥头堡建设的战略机遇，以及实现全省经济跨越式发展的迫切需求，对云南县域经济发展问题展开深入研究，旨在拓展县域经济的理论内涵，并为推进云南县域经济跨越式发展提供理论指导、实证支撑和政策参考。本书主要包括理论研究、经验研究、专题研究和咨询研究四个重要部分，具体如下。①理论研究。主要在对区域经济理论和发展经济理论研究的基础上，对桥头堡战略与云南县域经济跨越式发展进行破解，包括对"县域经济发展的基本概念""桥头堡战略的关联性定位""县域经济跨越式发展的内涵""制度设计与财政政策的范畴"等的理解。②经验研究。主要对韩国、日本和美国等地方经济发展的国外经验，我国国内典型县域经济发展的实践，包括发达地区和落后地区的实践，以及基于不同维度的县域经济发展模式组合等进行梳理，为云南县域经济发展提供借鉴。③专题研究。专题1，云南县域经济发展：基于全国视角的评价与比较；专题2，桥头堡战略下云南县域经济发展：机遇、特征与分布；专题3，云南县域经济发展的内生动力机制：基于财政传导路径；专题 4，云南县域经济发展与城镇化的关系：基于路径的检验与疏导；专题 5，云南县域经济发展的财政红利挖掘：基于效率的测度与解释。④咨询研究。通过上述研究，回答了关于云南县域经济跨越式发展的 8 个问题，具体如下。

第一，如何理解云南县域经济跨越式发展？云南县域经济跨越式发展可以归结为紧抓机遇、落实要求、挖掘自我、把握核心"四位一体"的范畴。其中，紧抓机遇是指云南实现县域经济跨越式发展，要紧紧抓住当前云南面向西南开放重要桥头堡的战略机遇；落实要求是指云南县域经济发展要深入落实省第九次党代会对县域经济发展提出的要求；挖掘自我是指云南实现县域经济跨越式发展要在合理遵循相关理论和有效借鉴实践经验的基础上，结合自身的优势与劣势，准确确定自身发展的定位及路径；把握核心是指准确把握县域经济跨越式发展的内涵。

第二，云南县域经济发展在全国位居何处？云南县域经济发展中的经济运行、社会发展、人口发展和城镇化率等，在全国乃至西部地区均处于落后水平，仅资源利用和环境保护方面的指标排名相对靠前。具体来看，经济运行居第 30 位，社会发展居第 28 位，人口发展居第 31 位，城镇化率居第 29 位，资源利用居第 5 位，环境保护居第 8 位。

第三，云南县域经济发展呈现何种分布？云南县域经济发展的分布范畴包括先天因素、历史变迁和当前发展分布。其中，先天因素主要是指地理、人口和自然资源等呈现的分布；历史变迁主要是指云南县域经济发展的历史演进过程；当前发展分布主要是指近年来云南县域经济范畴的经济、社会和生态等发展情况分布。就当前发展分布关系而言，经济运行与社会发展呈正相关，生态环境分别与经济运行和社会发展呈弱正相关。

第四，云南县域经济跨越式发展的动力体系如何构成？通过检验发现，影响云南县域经济发展的因素较多，这些因素从不同的层次构成了县域经济发展的动力体系，包括直接动力、间接动力和支配动力。其中，直接动力包括投资、消费和产业结构；间接动力包括城镇化与财政支出；支配动力包括分权关系、地方债务、特殊政策和区域类型。

第五，新型城镇化是否推动了云南县域经济跨越式发展？总体上，云南新型城镇化推动了县域经济跨越式发展，主要通过投资传导产生作用，但关键是尚未开启对消费的传导作用。在时间上，2007年实施特色城镇化、新型城镇化战略后，云南人口城镇化对县域经济增长的促进效应凸显，尤其是开启了对消费和投资的传导作用。在空间上，滇中地区人口城镇化通过投资传导对县域经济产生了显著的促进作用，但仍然没有形成消费传导的促进作用，而在外围地区，无论是消费传导还是投资传导都没有形成城镇化对县域经济的促进作用。

第六，现行财政体制是否适合云南县域经济跨越式发展？政府间财政分权关系主要通过财政支出的传导作用，对县域经济发展产生内生性影响，影响效应存在倒"U"形关系。无论是发达地区还是落后地区，上级补助占财政支出的比重对县域经济增长均具有显著的负效应，原因是几乎所有县的该实际比重已经越过倒"U"形曲线拐点。进一步来看，上级补助占财政支出的比重对县域经济增长的抑制作用，在落后地区较大，在发达地区较小，因为越落后的地区所得上级补助越多，这些地区经济增长所受到的抑制作用就会越大。此外，上解支出占县域财政收入的比重对县域经济增长的影响效应在两类地区中均呈现为不显著。可见，云南财政体制存在的问题是，上级补助过高，集中程度有待进一步提升，不适合云南县域经济跨越式发展。

第七，实施分税制改革以来是否在县域经济发展中获得财政红利？分税制以来云南县域经济发展获得了财政红利，但这种财政红利从 2001 年开始呈现递减趋势，关键原因是与财政资金共同促进县域经济发展的其他要素及改革进程呈现不足。同时，云南县域经济发展的财政红利还存在明显的区域差异，从财政红利的总体效率来看，有 44 个县区财政红利的总体效率为 1，达到最优生产前沿面，占 34.11%；有 85 个县区财政红利的总体效率小于 1，远离最优生产前沿面，占 65.89%。从财政红利的技术效率来看，有 103 个县区财政红利的技术效率为 1，达到最优技术生产前沿面，但也有 26 个县区财政红利的技术效率小于 1，说明云南省绝大部分县区财政资金配置机制和制度运行较好，但仍然有部分县区的财政资金管理有待进一步完善。从财政红利的规模效率来看，有 45 个县区财政红利规模有效，占 34.88%，财政资金投入与县域经济发展需求相适应；有 73 个县区财政红利规模递减，占 56.59%，反映出其他要素投入缺乏、财政资金投入相对过剩导致的效率低下；有 11 个县区财政红利规模递增，占 8.53%，反映出财政资金投入不足导致的效率低下。

第八，云南县域经济发展中是否存在地方政府债务风险？云南县域经济发展中的地方政府债务风险主要表现为，地方政府债务不断超越债务负担率最优区间的超常规增长，具有明显的区域性，且这种区域性具有不断蔓延的趋势。具体来看，处于最优区间的县域比例保持在 15% ~ 20%。属于正常性增长且尚未达到最优区间的县域比例，2005 ~ 2007 年维持在 50% 左右，但 2008 ~ 2010 年迅速下降，从 59.43% 下降至 41.51%。与之相反，属于超常规增长且逐渐远离正常性区间的县域比例，2005 ~ 2007 年维持在 30% 左右，但 2008 ~ 2010 年迅速上升，从 23.58% 提升至 42.45%。这说明从 2008 年开始，各地方政府债务不断从正常性增长转向超常规增长，超常规增长趋势逐渐明显。

进一步，围绕上述研究结论，从城镇化分别通过居民消费和社会投资传导的县域经济的影响路径角度提出"5 + 5"的制度改革建议；提出云南实现县域经济跨越式发展的财政政策重点包括调体制、转职能和防风险，具体包括"4 + 3 + 3"的财政政策建议。

本书的研究目的有两个。一是提出新的县域经济发展模式，创新财政政策。尽管相关研究早已开始关注县域经济发展问题，但大多研究是将其看成以县域为独立单元的发展，忽视了在整个区域格局下核心城市的空间功能与辐射作用，以及县域间和县域内县城、乡镇与农村间的空间联系路径，同时也忽略了财政体制对县域经济发展所产生的重要推动作用。针对这些问题，本书将紧紧围绕如何培育县域经济增长极，构建集区域关联、产业带动、财政支持于一体的县域经济发展模式体系，这无疑从理论角度拓展了县域经济发展的内涵。二是为云南县域经济跨越式发展提出实践性指导。虽然云南具有面向东南亚、南亚开放的地缘优势，以及丰富的生物、矿产等资源和富足的劳动力资源，但也存在产业结构、制度引导、市场体系等方面的滞后。与此同时，桥头堡战略、西部大开发战略均为云南经济发展带来了机遇，但传统经济发展模式对生态环境造成的破坏也构成了较大威胁。本书将这些问题和矛盾贯穿于县域经济发展研究的始终，构建促进云南县域经济跨越式发展的制度体系和财政政策，并将其应用于实践指导。

需要特别指出的是，本书的出版得到云南省财政厅、云南省教育厅的支持和资助，在此深表谢意！还要感谢本研究的指导老师伏润民教授和常斌研究员，感谢为本研究的开展提出相关意见和建议的戚聿东教授、杨先明教授、罗美娟教授、王敏教授、李妍教授、刘富华教授、罗文华博士、付申才老师、詹高老师、李建强老师等，感谢参与本研究的所有团队成员，感谢学术同人提供的大量参考文献资料，这些均为本书的出版提供了重要帮助。需要特别强调的是，书中可能存在的缺点和错漏概由作者负责，也恳请学术同人批评指正。

作　者
2016 年 3 月

目　录

Contents

第一章 绪论

第一节 背景：县域经济跨越式发展的提出

一 县域经济在国民经济中的地位，引起党中央的高度重视

加快发展县域经济，是党中央审时度势，从全面建设小康社会、统筹城乡发展大局出发做出的重大战略决策。从短期目标讲，是要繁荣农村经济，引导农民走向富裕；从长期目标看，是要培育区域经济的空间增长极，以此带动整个国民经济的发展。自党的十六大首次明确提出要"壮大县域经济"后，十届人大一次会议、十六届三中全会、十届人大二次会议、十届人大三次会议、十六届五中全会多次提及县域经济，并将县域经济作为统筹城乡发展、解决"三农"问题的切入点，作为全面推进小康社会建设的重要任务。2007年，党的十七大报告中指出，要"以促进农民增收为核心，发展乡镇企业，壮大县域经济，多渠道转移农民就业"；2011年，温家宝总理在十一届全国人大四次会议上也提出，要"大力发展农村非农产业，壮大县域经济，提高农民职业技能和创业、创收能力，促进农民就地就近转移就业"。由此可见，党中央对县域经济发展长期持有高度重视态度。

二 在学术界，县域经济被定位为未来区域经济发展的增长点

县域经济发展被众多学者给予极高的评价，尤其是将县域定位为

城市和农村的结合部、工业和农业的交汇点，因而对实现城乡一体化具有重要作用和意义，并被称为是未来经济的增长点。例如，刘国斌、陈治国（2006）① 指出，发展县域经济能够拓展农村消费市场，实现生产要素集聚化，实现农村人口非农化。陈栋生（2007）② 认为，建设社会主义新农村的支撑点是工业反哺农业、城市支持农村，而实现以城带乡、城乡统筹的关节点和中继点恰好在县域。陈凯等（2008）③ 认为，作为城市经济和乡村经济的结合部，以及农村经济向城市经济拓展与延伸的枢纽地带，县域经济具有较强的综合性和不可替代性。辜胜阻等（2010）④ 指出，壮大县域经济是促进经济结构调整、推动城乡统筹发展和经济均衡发展的保障，一是因为县域涵盖了广阔腹地和大量人口，具有巨大的市场容量；二是我国已经进入工业化中后期阶段，面临的重任是破除城乡二元结构和形成城乡经济社会一体化。刘靖（2010）⑤ 指出，县域经济已经成为统筹城乡经济社会发展的基本单元，成为国民经济的重要基础，成为以第一产业为基础、第二产业为支柱、第三产业协调发展的乡村和城镇综合发展的一种区域经济。崔长彬等（2012）⑥ 认为，在城镇化和工业化快速发展的推动下，县域经济正成为中国经济的支柱，对城乡协调发展和社会和谐稳定具有重要战略影响。邓子基、杨志宏（2012）⑦

---

① 刘国斌、陈治国：《利用城镇化发展县域经济的战略选择》，《当代经济研究》2006 年第 10 期，第 61～62 页。

② 陈栋生：《〈锻造县域经济核心竞争力〉评介》，《经济学家》2007 年第 1 期，第 103 页。

③ 陈凯、杨雅静、史红亮：《县域经济发展比较研究——以山西省忻州市为例》，《经济问题》2008 年第 11 期，第 123～126 页。

④ 辜胜阻、李华、易善策：《推动县域经济发展的几点新思路》，《经济纵横》2010 年第 2 期，第 34～38 页。

⑤ 刘靖：《转变东北地区县域经济粗放型增长模式过程中的地方政府行为研究》，《东北师大学报》（哲学社会科学版）2010 年第 1 期，第 34～37 页。

⑥ 崔长彬、王海南、张正河：《县域经济 σ－趋同的空间计量经济检验——以河北省 136 县（市）为例》，《经济问题》2012 年第 4 期，第 61～64 页。

⑦ 邓子基、杨志宏：《省管县改革、财政竞争与县域经济发展》，《厦门大学学报》（哲学社会科学版）2012 年第 4 期，第 73～81 页。

指出，我国"十二五"规划已将县域经济纳入经济建设和经济体制改革的整体布局，标志着我国经济开始步入向县域经济侧重的转换阶段，县域经济将成为中国经济转型和实现经济增长的关键点。

三 区域竞争日趋激烈，云南亟须加快县域经济跨越式发展

随着区域经济一体化的形成与发展，区域竞争的级次已经从资源、劳动力的竞争转向产业、资本、技术和人才的竞争，而云南具有"边疆、民族、山区、贫困"的特殊省情，这将导致云南在区域经济竞争中处于劣势。截至 2010 年末，云南省农业人口为 3838.3 万人，占全省总人口（4601.6 万人）的 83.41%，是一个典型的农业大省。另外，云南的经济发展水平较为落后，2010 年，云南人均 GDP 仅为 15752 元，居全国倒数第二位，同期农村居民人均纯收入为 3952.3 元，比全国平均水平低 1966.71 元。在此背景下，秦光荣书记在云南省第九次代表大会上提出，到 2016 年，云南将实现地区生产总值、人均地区生产总值、财政总收入、全社会固定资产投资"四个翻番"，城镇居民人均可支配收入和农村居民人均纯收入"两个倍增"。然而，"强滇之基在于强县"，云南的区域特征决定了要实现"四个翻番"和"两个倍增"目标的根本在于促进县域经济跨越式发展。同时，云南也将壮大县域经济实力作为推动全省经济社会发展的重要内容，并在《关于推动县域经济跨越发展的决定》中提出，到 2016 年，全省要培育地区生产总值超 1000 亿元的县（市、区）3 个，500 亿元的 5 个，200 亿元的 10 个，100 亿元的 50 个；其他县（市、区）在 2011 年的基础上翻一番，使全省县域经济实力、竞争力明显增强。

四 云南桥头堡战略为实现县域经济跨越式发展带来机遇

2009 年 7 月，云南被定位为面向西南开放的重要桥头堡。云南要充分发挥通往东南亚、南亚重要陆上通道的优势，深化同东南亚、

南亚和大湄公河次区域的交流合作，不断提升沿边开放质量和水平。2011 年 5 月 6 日，《国务院关于支持云南省加快建设面向西南开放重要桥头堡的意见》（国发〔2011〕11 号）正式出台，标志着国家对云南面向西南开放重要桥头堡建设的部署进入了全面实施阶段，并从区位、通道、开放、产业、生态等方面明确了云南桥头堡建设的战略目标。这一重大战略的实施，为云南实现县域经济跨越式发展指明了方向。云南省第九次党代会明确提出，要壮大县域经济实力，必须加快扩权强县的步伐，并健全与主体功能区相配套的县域经济发展考核评价体系，鼓励县（市、区）发挥资源和区位优势，打造自身特色的支柱和优势产业。同时，桥头堡战略也将推动云南产业发展、基础设施建设、发展格局重构、对外开放与合作加强，从而成为县域经济跨越式发展的重要引擎。

第二节　研究意义及应用前景

在中央高度重视县域经济发展、云南致力于壮大县域经济实力，以及面向西南开放重要桥头堡战略机遇的背景下，基于区域经济发展和公共财政理念的视角，研究促进云南县域经济跨越式发展的制度设计与财政政策，旨在为云南省政府全力打好县域经济发展攻坚战、全面提升经济社会发展实力和水平提供决策依据，并为进一步深化云南地方财政体制改革、推进财政管理制度创新提供理论与实证支持。具体来讲，本书的研究意义在于以下三个方面。

一　县域经济跨越式发展对于云南全面调整产业结构、提升经济实力意义重大

自古以来，云南就是一个农业大省。改革开放以后，经过 30 余年的工业化和城市化进程，云南非农产业迅速发展，农业在地区生

产总值中的比重因此由 1978 年的 42.07% 下降到 2010 年的 15.34%，但也远远高于全国同期平均水平（10.10%），甚至比西部地区同期平均水平高出 2.19 个百分点，第二产业、第三产业占比分别比全国平均水平低出 2.18 个和 3.06 个百分点。然而，在日益激烈的区域经济竞争中，无论是发达地区还是落后地区，也无论是城市还是农村，对经济增长具有较大贡献的仍然是高附加值的第二、第三产业。当前，云南已经认识到"产业不强"是自身的软肋，并将"产业新县"作为推动县域经济跨越式发展的首要路径，将"工业"作为推动县域经济跨越式发展的持久动力。因此，云南通过实现县域经济跨越式发展，可以借机加快全省的产业转型与升级，除了要发展高原特色农业外，在县域经济范围内，还应积极发展农产品加工和食品工业，并拓展农产品市场和扩大农产品营销，通过工业和服务业的发展来带动农业，总体上实现三次产业协调发展，增强云南经济实力。

二 县域经济跨越式发展将有利于打破城乡二元结构，实现云南城乡发展一体化

城乡二元结构是在由传统农业经济过渡到现代工业经济的历史进程中逐渐产生、扩大并消失的经济现象，任何国家和地区都是如此。但是，目前云南城乡二元经济结构十分突出，具体表现为以下两个方面。第一，城镇化速度缓慢，农村人口所占比重较高。2010 年，全省农村人口占总人口的比重高达 65.19%，比全国同期平均水平高出 15.14 个百分点，还存在大量的农村剩余劳动力。第二，城乡收入差距较大。2010 年，云南城镇人均可支配收入为 16064.54 元，农村居民人均纯收入为 3952.03 元，城乡收入比高达 4.06，远高于全国同期城乡收入比（3.23）。然而，云南已将解决"三农"问题定位为县域经济跨越式发展的最大特点，并指出推动城镇化建设将是县域经济跨越式发展的重要节点。具体而言，县域经济在规

划制定、产业开发、资源配置、经济结构调整等问题上，都能够较好地协调农业与其他产业的关系，兼顾城市与县域两个区域以及县城、乡镇和农村三个层次。另外，实现县域经济发展，还可以吸纳富余农村剩余劳动力，增加农民收入，保障和改善民生。换句话说，县域经济发展是连接农村和城市的重要桥梁。因此，实现县域经济的跨越式发展本身就是统筹城乡发展、实现城乡一体化的具体体现。

三　将县域经济跨越式发展与财政政策及制度相结合，可以引导云南财政体制创新

县域经济发展是地方财政运行的载体，同时又受制于财政政策的引导。1994 年实施分税制改革以来，云南财政管理体制经历了1994 年、1997 年、2001 年、2006 年和 2011 年的五次体制调整。从收入划分的演变过程来看，基本维持了 1994 年的基本特征。与此同时，全省地区生产总值、财政总收入、地方一般预算收入以及财政支出的增长速度较为缓慢，并且绝对量和增长速度在全国 31 个省份的排名逐年下降，与各省份的差距越来越大。这种稳定和保守的收入划分机制与全省财政经济发展较为缓慢相伴是否偶然，值得深入思考。另外，从省对下转移支付制度运行来看，其均衡效应显著增强，据相关测算，反映云南省地区间财力均衡度的基尼系数从 1994年的 0.30 下降到 2009 年的 0.20，这一均衡结果远远低于广东省的0.88、江苏省的 0.52。与此同时，县级依赖度则由 2000 年的 59.1%上升到 2009 年的 74.4%，昭通市大关县财政依赖度高达 98.6%，自身收入形成的支出已微乎其微。而这种转移支付资金的快速增长是否会阻碍各县区经济发展动力的提升，也值得思考。然而，云南在实现县域经济跨越式发展过程中，已经将"放权兴县"作为其发展的内生动力，并具体要将省和州（市）的部分管理和审批权限下放到县级，将选择有条件的县开展"省直管县"试点工作，选择部分

人口多、经济发展较快、发展潜力大的重点镇开展"扩权强镇"试点，赋予试点镇部分县级行政管理审批权限。这种扩权强县的县域经济跨越式发展模式，以及对历史问题的思考，必然会引领云南新一轮的财政体制改革和财政管理制度创新。

第三节　研究定位与体系设计

一　指导思想

本书研究的指导思想为深入贯彻中共十八届三中全会精神，落实全面深化改革要求，紧抓云南面向西南开放桥头堡战略机遇，着力把握两个"坚持"。

一是坚持中共云南省第九次党代会提出的"壮大县域经济实力"。强滇之基在于强县。必须加快扩权强县步伐，最大限度地下放经济领域、社会事务管理权限，赋予县（市、区）更大的发展自主权。健全与主体功能区相配套的考核评价体系，完善激励约束机制，鼓励争先进位，把县域经济发展的成效作为领导干部考核任用的重要依据。强化分类指导，加大以奖代补力度，鼓励县（市、区）发挥当地资源和区位优势，打造有自身特色的支柱和优势产业，提高县域经济自我发展能力，形成一批县域经济强县。

二是坚持云南省委提出的"实现县域经济跨越式发展的'四化'同步"。要坚定不移地推进工业化、信息化、城镇化、农业现代化"四化"同步发展，加快实现县域经济跨越式发展，更好地打造县域经济升级版。"四化"同步实质上是把都市经济、城市经济、城镇经济与农业经济、农村经济、农户经济结合起来统筹推进、同步发展，致力于从根本上解决城乡二元结构问题。加速新型工业化是遵循发展规律、加快现代化进程的必由之路；拓展全域信息化是顺应时代潮流、抢占发展制高点的战略选择；提升新型城镇化是转变发展方式、推动经济结构战略性调整的重要抓手；加快农业现代化，是统筹城乡发展、促进城乡一体化的基础保障；推进"四化"同步，是实现科学发展、和谐发展、跨越式发展，全面建成小康社会的迫切需要。

二　研究目标

本书将紧紧围绕云南省第九次党代会精神，立足面向西南开放重要桥头堡建设的战略机遇，以及实现全省经济跨越式发展的迫切需求，对云南县域经济发展问题展开深入研究，旨在拓展县域经济的理论内涵，并为推进云南县域经济跨越式发展提供理论指导、实证支撑和政策参考。

1. 提出新的县域经济发展模式，创新财政政策

尽管相关研究早已开始关注县域经济问题，但大多研究是将其看成以县城为独立单元的发展，忽视了在整个区域格局下核心城市的空间功能与辐射，以及县域间和县域内县城、乡镇与农村间的空间联系路径，同时也忽略了财政体制对县域经济发展所产生的重要推动作用。针对这些问题，本书将紧紧围绕如何培育县域经济增长极，构建集区域关联、产业带动、财政支持于一体的县域经济发展模式体系，这无疑从理论角度拓展了县域经济发展的内涵。

2. 为云南县域经济跨越式发展提出实践性指导

虽然云南具有面向东南亚、南亚开放的地缘优势，以及丰富的生物、矿产等资源和富足的劳动力资源，但也存在产业结构、制度引导、市场体系等方面的滞后。与此同时，桥头堡战略、西部大开发战略均为云南经济发展带来了机遇，但传统经济发展模式对生态环境造成的破坏也构成了较大威胁。本书将这些问题和矛盾贯穿于

县域经济发展研究的始终，构建促进云南县域经济跨越式发展的制度体系和财政政策，并将其应用于实践指导。

三 内容结构

本书内容主要由理论研究、经验研究、专题研究和咨询研究四个重要部分构成，具体如下。

1. 理论研究

主要在对区域经济理论和发展经济理论研究的基础上，对桥头堡战略与云南县域经济跨越式发展进行破解，包括对"县域经济发展的基本概念""桥头堡战略的关联定位""县域经济跨越式发展的内涵""制度设计与财政政策的范畴"等的理解。集中在第二章进行研究。

2. 经验研究

主要对韩国、日本和美国等地方经济发展的国外经验，我国国内典型县域经济发展的实践，包括发达地区和落后地区的实践，以及基于不同维度的县域经济发展模式组合等进行梳理，为云南县域经济发展提供借鉴。集中在第三章进行研究。

3. 专题研究

专题1 云南县域经济发展：基于全国视角的评价与比较。
专题2 桥头堡战略下云南县域经济发展：机遇、特征与分布。
专题3 云南县域经济发展的内生动力机制：基于财政传导路径。
专题4 云南县域经济发展与城镇化的关系：基于路径的检验与疏导。
专题5 云南县域经济发展的财政红利挖掘：基于效率的测度与解释。

4. 咨询研究

首先，根据研究结论回答关于云南县域经济跨越式发展的 8 个问题，具体如下。

问题 1　如何理解云南县域经济跨越式发展？

问题 2　云南县域经济发展在全国位居何处？

问题 3　云南县域经济发展呈现何种分布？

问题 4　云南县域经济跨越式发展的动力体系如何构成？

问题 5　新型城镇化是否推动了云南县域经济跨越式发展？

问题 6　现行财政体制是否适合云南县域经济跨越式发展？

问题 7　实施分税制改革以来是否在县域经济发展中获得财政红利？

问题 8　云南县域经济发展中是否存在地方政府债务风险？

其次，围绕上述研究，从城镇化分别通过居民消费和社会投资传导的县域经济的影响路径角度提出"5 + 5"的制度改革建议。

最后，围绕上述研究，提出云南实现县域经济跨越式发展的财政政策重点包括调体制、转职能和防风险，具体包括"4 + 3 + 3"的财政政策建议。

第二章 相关理论与概念界定

理论是实践的基础，理论创新也来源于前人理论与客观实际的有机结合。县域经济跨越式发展本身就属于区域发展理论的范畴，因此需要结合区域经济理论和发展经济理论。同时，在桥头堡战略背景下提出实现云南县域经济跨越式发展，其根本就是要在坚持相关理论的基础上，形成具有云南区域特色的相关概念。该部分重点阐述区域经济理论和发展经济理论，并依此为依据结合云南实践提出相关概念，包括县域经济发展的基本概念、桥头堡战略的关联性定位、县域经济跨越式发展的内涵和制度设计与财政政策的范畴。

第一节 理论借鉴①

县域经济跨越式发展本身包含两个方面的内涵：一是县域经济，其本身属于区域经济范畴，与城市经济相区分，需要结合区域经济理论；二是跨越式发展，其本身属于经济发展范畴，需要借鉴经济发展理论。

---

① "理论借鉴"部分主要参考的文献如下。

[1] 马兰、张曦：《农业区位论及其现实意义》，《云南农业科技》2003 年第 3 期，第 3 ~ 5 页。

[2] 石虹、曹钢跃：《浅谈杜能农业区位论对现代土地利用的影响》，《山西教育学院学报》2000 年第 2 期，第 28 ~ 30 页。

[3] 者吉莲：《评述廖什的市场区位论及其在实践中的应用》，《金融经济》2006 年第 8 期，第 134 ~ 135 页。

（转下页注）

一 区域经济理论

区域经济理论，是研究生产资源在一定空间（区域）优化配置和组合，以获得最大产出的学说。然而，生产资源是有限的，但有限的资源在区域内进行优化组合，可以获得尽可能多的产出。正是由于不同理论对区域内资源配置的重点和布局主张不同，以及对资源配置方式的选择不同，形成了不同的理论派别。以下重点介绍与县域经济直接相关的区位优势理论和区域贸易理论。

1. 区位优势理论

区位是指人类经济活动所选择的地区、地点和场所，即在空间上的位置。区位空间经济论，简称区位理论（Location Theory），是关于人类活动特别是经济活动地域空间组合优化的理论。区位研究始于资本主义经济大发展的 18 世纪，到 19 世纪 20～30 年代，区位

（接上页注①）［4］谢晓波：《区域经济理论十大流派及其评价》，《山东经济战略研究》2004 年第 Z1 期，第 60～62 页。

［5］赵建军：《中心地理论在实践中的应用》，《青岛大学师范学院学报》2001 年第 2 期，第 48～50 页。

［6］闫恩虎：《当前中国县域经济发展的经验模式探析》，《经济与管理》2009 年第 6 期，第 9～14 页。

［7］郑佳丽：《浅析中心地理论在中国都市圈布局中的实现》，《经济研究导刊》2010 年第 10 期，第 132～133 页。

［8］曹肖婷、周贤永：《中心地理论在"省直管县"体制改革中的应用研究》，《技术与市场》2007 年第 3 期，第 74～76 页。

［9］安虎森：《增长极理论评述》，《南开经济研究》1997 年第 1 期，第 31～37 页。

［10］周金堂：《要素禀赋与县域经济的又好又快发展》，《农业考古》2007 年第 3 期，第 255～261 页。

［11］张文忠：《区位论》，科学出版社，2000。

［12］王德第：《县域经济发展问题研究》，南开大学出版社，2012。

［13］张金山：《中国县域经济导论》，杭州大学出版社，1997。

［14］魏达志：《递进中的崛起：中国区域经济发展考察》，东方出版中心，2011。

［15］张秀生：《中国县域经济发展》，中国地质大学出版社，2009。

［16］刘国斌：《县域经济学》，吉林大学出版社，2011。

理论作为一门学说正式出现。其标志是德国农业经济和农业地理学家冯·杜能（Von Thünen）的著作《农业和国民经济中的孤立国》于 1826 年正式出版。到 20 世纪 40 年代，区位理论中共形成了四大古典学说：杜能的农业区位理论、韦伯的工业区位理论、克里斯塔勒的中心地理论和廖什的市场区位理论。这些传统理论及其研究方法为现代区域科学和县域经济理论的发展提供了雄厚的理论与方法基础。

（1）农业区位理论

该理论借用杜能的代表性著作的名称，也被称为"孤立国"理论。该理论从农业土地利用角度阐明了对农业生产的区位选择问题。为阐明农产品生产地到农产品消费地的距离对土地利用所产生的影响，杜能提出了著名的"孤立国"模式。该模式的结论是：市场（城市）周围土地的利用类型以及农业集约化程度都是随着距离带的远近而发生变化的。如以城市为中心，划出若干不同半径的圆周，从而形成不同半径的若干个距离带（同心圈），在不同的同心圈里，根据产品性质、运输成本等因素生产不同的农产品，这种同心圈被称作"杜能圈"。杜能的"孤立国"模式是要遵循一些假设前提的。如在一大片区域中只有一个国家——"孤立国"，国土范围呈圆形；该区域内只有一个消费中心"城市"，城市向周围农业区提供工业品，农业区向城市提供农产品，排除外来竞争的可能；城郊之间只有陆路交通；各地土质和气候特点完全相同；等等。杜能依据这些条件推导出上述结论，并依据这一结论，具体设计了六个同心圆，详细阐述了土地利用方法。

杜能的农业区位理论首次将空间摩擦对人类经济活动的影响加以理论化和体系化，这一理论体系和研究方法被推广到了其他研究领域，即他的研究不仅仅停留于农业的土地应用上，还对城市土地利用的研究具有重要的指导意义。一些大城市如京、津、沪，其郊区农业已呈明显的地带分异，城郊的人口和经济密度，服从距市中心越远土地利用的强度越低的规律。可见，杜能的农业区位理论为县域经济发展制定级差土地费用和推行土地合理化提供了重要依据。

（2）工业区位理论

韦伯（Alfred Weber）在其 1909 年和 1914 年分别发表的《工业区位理论：区位的纯粹理论》和《工业区位理论：区位的一般理论及资本主义的理论》中提出了工业区位理论的最基本理论。该理论的核心是通过运输、劳力及集聚因素相互作用的分析与计算，找出工业产品生产成本最低的点作为工业企业的理想区位。由于成本最小思路与方法是韦伯理论的重要特征，所以在西方，韦伯被看作工业区位理论中最低成本学派的代表。韦伯的工业区位理论产生于 20 世纪初，比杜能的农业区位理论晚了近 100 年，因此两者的产生背景和前提条件相差很大。在交通运输方式、研究对象和研究方法上，后者与前者相比更为复杂。韦伯为建立自己的理论体系，提出了"区位因素"的概念。所谓"区位因素"，是指一定地理点上能对工业生产起积极作用和吸引作用的那些因素，即有利因素，也可以理解为经济上的优势。值得一提的是，韦伯在理论推导时，排除了社会文化方面的区位因素。

韦伯的理论是区域科学和工业布局的最基本理论。虽然由于经济发展和技术进步，出现了一些该理论无法解释的工业企业布局现象，但其核心内容——运费指向论、劳动费指向论和集聚指向论仍然对县域经济发展中的乡镇企业发展和布局有重要的指导作用。

（3）中心区位理论

该理论于 20 世纪 30 年代初被系统提出。德国著名地理学家克里斯塔勒（W. Christaller）从城市或中心居民点的供应、行政、管理、交通等主要职能的角度来论述城镇居民点与地域体系，所以该理论又被称为"城市区位理论"。该理论揭示了城市、中心居民点发展的区域基础及等级——规模的空间关系，为城市规划和区域划分提供了重要的方法论依据。克里斯塔勒提出了下列三个重要概念：①"中心地"，是相对于一个区域而言的中心点，确切地说，是相对于散布在一个区域中居民点的中心居民点；②"中心性"或"中心度"，可以理解为中心地对它周围区域的中心职能作用的大小；③"中心货物与服务"，是指在中心地生产的货物和提供的服务，其出售和服务的对象是周围区域的居民。中心地理区位模式的影响因素有人口、习惯、技术等，同时随人口分布、密度的不同也会表现出互补区域大小的不同。中心地体系可分别根据市场、交通和行政最优原则而形成。中心地有等级、层次之分，中心地市场区总是包含三个比它低一级的市场区，并概括了低级中心地的所有职能。

中心地理论关于地域运动规律的基本法则是在"均质平面"和"经济人"的基本假设下推导的，其在实践应用中会产生变形。深刻理解和把握这种变形，对县域经济发展中的城镇规划、区域规划和商业布局具有重要的理论指导意义，甚至对"省直管县"的体制改革也有较高的借鉴价值。

（4）市场区位理论

德国经济学家廖什（August Losch）在其1940年出版的《经济的空间秩序》中进一步发展了工业区位理论并提出了市场区位理论。廖什将利润原则应用于区位研究，并从宏观经济的一般均衡角度考察工业区位问题，从而建立了以市场为中心的工业区位理论和作为市场体系的经济景观论。他认为，正确区位的选择既非单独取决于支出，也非单独取决于总收入，唯一的决定因素乃是它们的平衡——纯利润。就个别经济单位而言，正确区位是位于纯利润最大的地点，即企业会把自己的生产区位选择在能够得到最大利润的地点，而消费者将自己的消费空间选择在价格最便宜的区位点。就经济整体而言，区位的均衡地点决定于两股力量：一股力量是对空间的获取；另一股力量是其他经济单位对空间的再获取。各方的动机都是追求利润的最大化。当区位竞争达到均衡时，最佳的空间组织结构就是正六边形。

廖什的市场区位理论解释了为什么区域会存在，它定义了依赖于市场区以及规模经济和交通成本之间的关系的节点区，把单纯的生产扩展到了市场，而且开始从以单个厂商为主扩展到了整个产业，这一理论对于区位理论的发展具有重要意义。而在实践中，市场区位理论在连锁经营、经济区、区域产业布局以及城镇商业网点布局等方面的应用也越来越重要。

2. 区域贸易理论

区域贸易理论主要受国际贸易理论的影响，从亚当·斯密开始，经历了古典区域分工贸易理论、新古典区域分工贸易理论和新区域分工贸易理论几个阶段。最先是针对国际分工与贸易问题，后来被区域经济学家用于研究区域分工与贸易，主要包括比较优势理论和要素禀赋理论。

（1）比较优势理论

比较优势理论由英国古典经济学派的代表人物大卫·李嘉图（David Ricardo）创立，是对绝对优势理论的继承和发展。比较优势理论认为，只要生产技术存在相对差别，就会出现产品的生产成本与价格的相对差别，从而使各个国家或地区在不同的产品上具有比较优势，使分工和贸易成为可能，进而从分工与贸易中获益。

县域经济发展本身具有不平衡特征，这不仅表现在科技水平、思想观念、生产方式、生产工具等方面，而且表现在对自然资源的开发和利用上。因此，以比较优势理论作为县域间分工的基本原则，可以有效地促进区域间的贸易，充分发挥县域内部的比较优势，加快经济弱县的发展速度。

（2）要素禀赋理论

要素禀赋理论由瑞典经济学家俄林（C. Ohlin）于 1933 年在《区域贸易和国际贸易》一书中系统阐述，也称为赫－俄模式。该理论把区域分工、区域贸易与生产要素禀赋紧密地联系起来，认为区域分工及区域贸易生产的主要原因是各地区生产要素相对丰裕程度的差异，并由此决定了生产要素相对价格和劳动生产力的差异。

要素禀赋理论作为世界经济分工的依据，是国家制定经济发展战略的基础，也是谋划县域经济发展的立足点。县域经济发展的长期规划、产业布局，县域内产业结构的选择、调整升级以及特色经济的发展，必须紧紧围绕县域内的要素禀赋特点来进行决策。

二　发展经济理论

经济发展是研究在经济增长的基础上，一个国家经济与社会结构现代化演进过程的理论。1958 年，美国经济学家金德尔伯格在《经济发展》一书中认为经济发展的一般定义包括：物质福利的改善，尤其对贫困线以下的人而言；根除民众的贫困和与此关联的文盲、疾病及过早死亡；改变投入与产出的结构，包括把生产的基础结构从农业转向工业；实现适龄劳动人口的生产性就业，而不是只由少数具有特权者来组织经济活动；相应的，使具备广泛基础的利益集团更多地参与决策，以增进公众福利。从具体的发展方式上划分，发展经济理论包括均衡发展理论和非均衡发展理论。

1. 均衡发展理论

区域均衡发展理论的基本命题是：由于不发达地区存在生产与消费的低水平的均衡状态，这些地区的经济要增长，就必须打破这种均衡状态，使整个区域的经济同时得到增长。这个理论命题适用于落后地区经济增长的描述和开发。均衡发展战略主要有两种代表性理论，即罗森斯坦·罗丹（Resenstein-Rodan）的大推进理论和纳克斯（R. Nurkse）的平衡增长理论。

（1）大推进理论

大推进理论是均衡发展理论中最具代表性的理论，它是英国发展经济学家罗森斯坦·罗丹于 1943 年在《东欧和东南欧国家工业化的若干问题》中提出来的。该理论的核心是发展中国家或地区应对国民经济的各个部门同时进行大规模投资以促进这些部门的平均增长，从而推动整个国民经济的高速增长及全面发展。

自大推进理论面世以来，已为多数发展经济学家所接受，为发展中国家或地区的工业化提供了解决问题的可能途径。然而该理论有其局限性且并不完全切合实际，因而在实践中鲜有成功的案例。

（2）平衡增长理论

1953 年，美国经济学家纳克斯在《不发达国家的资本形成》一书中提出了贫困恶性循环理论。他认为，由于发展中国家的人均收入水平低，投资的资金供给（供给）和产品需求（消费）都不足，限制了资本形成，使得发展中国家长期陷于贫困的循环之中。贫困循环主要表现在两方面，分别是低收入→低储蓄能力→资本形成不足→低生产率→低收入、低收入→低购买力→投资引诱小→资本缺乏→低生产率→低收入。可以看出，两个循环都是从低收入又回到低收入，不断地恶化。纳克斯认为，要解决这两种恶性循环，就要实施平衡发展战略，即同时在各产业、各地区进行投资，既促进各产业、各部门协调发展，改善供给状况，又在各产业、各地区之间形成相互支持性投资的格局，不断扩大需求。

纳克斯的贫困恶性循环理论和平衡增长理论在某种程度上揭示了发展中国家的经济发展关键点是资本的获取，使国家意识到金融资源配置的重要性，但这一理论把储蓄水平和储蓄率混同了，认为穷国缺乏储蓄能力的观点并不符合事实，同时也没有提及利用外资的可能性。

2. 非均衡发展理论

区域不平衡发展与平衡发展的现实基础一样，都是不发达地区的低水平均衡现象，但主张打破这种均衡的方法和路径是不同的。不平衡发展与平衡发展的区别，就在于落后地区的闲置资本，不可能大规模地投向所有部门，而只能集中起来投入几类有带动性的部门，这样可以更有效地解决资本不足的问题。区域不均衡发展的理论众多，在此主要介绍四种具有代表性的理论。

（1）循环累积因果理论

该理论由瑞典经济学家缪尔达尔（G. Myrdal）于1957年提出，后经卡尔多、迪克逊和瑟尔沃尔等人发展、修正并具体化为模型。缪尔达尔人认为，一些条件较好的区域，在初始优势的基础上通过不断累积有利因素而实现超常发展，从而加剧了区域间的不平衡，由此产生两种效应：一是回流效应，生产要素从不发达区域向发达区域流动；二是扩散效应，生产要素从发达区域向不发达区域流动。在市场机制的作用下，回流效应远大于扩散效应，即发达地区更发达，落后地区更落后。

区域经济能否得到协调发展，关键取决于两种效应孰强孰弱。在欠发达国家和地区经济发展的起飞阶段，回流效应都要大于扩散效应，这是造成区域经济难以协调发展的重要原因。缪尔达尔等人认为，要促进区域经济的协调发展，必须有政府的有力干预。在经济发展初期，政府应当优先发展条件好的地区，以寻求更高的投资效率和更快的经济增长速度，通过扩散效应带动其他落后地区发展，但当发达地区经济发展到一定程度时，也要防止循环累积造成贫富差距扩大。

（2）不平衡增长理论

经济学家赫希曼（Albert Otto Hirschman）从稀缺资源应得到充分利用的角度系统地论述了区域经济不平衡增长的理论。不平衡增长理论认为，从发展中国家现有资源的稀缺和企业家的缺乏等方面来看，平衡增长理论是不可行的，发展中国家不能将有限的资源同时投放到所有经济部门和所有地区，而应当集中有限的资本和资源首先发展联系效应较大的产业，以此为动力逐步扩大对其他产业的投资，带动其他产业的发展。同时，地区发展也必须有一定的次序，不同的地区按不同的速度增长，优先发展部分地区使之具有规模经济效益，并能对其他地区产生强大的辐射作用。

不平衡发展理论突出了重点产业和重点地区，有利于提高资源配置的效率。但在实践中，必须慎防落入累积性因果循环，因为发达地区往往需要的是高质量的劳动力，而劳动力的移动则可能使得发达地区和落后地区间的工资差别、人均收入差别和经济发展水平差距越来越大。改革开放以来，我国先后发展起珠江三角洲、长江三角洲和环渤海经济圈，利用三个区域的快速发展，带动、辐射周边地区的发展，这是不平衡增长理论在国内的具体应用。

（3）增长极理论

增长极理论是由法国经济学家佩鲁（Perroux）于 20 世纪 50 年代初首先提出的。佩鲁着重强调产业间的关联推动效应，认为增长是以不同的强度首先出现在某些部门，主要是规模大、创新能力高、增长快速、居支配地位的且能促进其他部门发展的推进型单元即主导产业部门，通过不同渠道扩散，从而推动整个经济的增长。佩鲁的增长极理论作为一种发展理论不具备可操作性。然而布代维尔将增长极的概念推广到地理空间，并将增长极理论改造成区域经济发展的一种模式，使其应用于区域经济政策时发生了一些变化。

增长极理论作为发展经济学和区域经济学的重要理论分支，不仅在理论上丰富了经济学宝库，而且已被广泛运用于发展中国家的实践。中国三大经济增长极——长江三角洲、珠江三角洲和京津冀地区的经济发展，以及三大地区中部分经济强县发展的实践已经证明了增长极理论的重要性。

（4）中心–外围理论

1966 年，美国经济学家弗里德曼（J. R. P. Friedmann）根据罗斯托的经济发展阶段理论，以区域经济发展不平衡理论为基点，在其专著《区域发展政策》中提出了区域经济发展过程中的中心–外围模式。他认为，所有的区域经济系统都可以由中心和外围两个空间系统组成。由于资源、市场、技术和环境的分布差异，某些区域的空间集聚会形成累积发展，获得比其外围地区更强大的竞争优势，从而形成体系的中心，而外围地区则缺乏经济自主，处于依附地位，从而出现了空间二元结构，并随着时间的推移而不断强化，但是随着生产要素的流动，以及市场的扩大、交通条件的改善和城市化的加快，中心与外围的界限会逐步消失，即最终经济的持续增长推动了空间经济的一体化。

这一理论对促进区域经济协调发展具有重要指导意义，即政府与市场在促进区域经济协调发展中的作用缺一不可，既要强化市场对资源配置的基础性作用，促进资源优化配置；又要充分发挥政府在弥补市场不足方面的作用，并大力改善交通条件，加快城市化进程，以促进区域经济协调发展。尤其是在县域经济发展中，既要注重资源市场配置的作用，又要发挥政府对基础条件改善的作用。

第二节　概念界定

本课题原题目为"桥头堡战略与促进云南县乡经济跨越式发展的制度设计与财政政策"，在不改变研究内容和本质内涵的基础上，将题目调整为"桥头堡战略与促进云南县域经济跨越式发展的制度设计与财政政策"，原因如下：一是在云南省相关官方文件中的规范提法是县域经济跨越式发展，旨在与其保持一致；二是从定义上来看，县域经济是以县城为中心、乡镇为纽带、农村为腹地的区域经济，可以等同于县乡经济。"桥头堡战略与促进云南县域经济跨越式发展的制度设计与财政政策"这一题目，包括桥头堡战略、县域经济发展、跨越式发展、制度设计和财政政策等要素，因此首先需要对题目所涉及的相关概念进行界定。

一 县域经济发展的基本概念

县域经济与城市经济共同构成区域经济的基本要素，在国民经济运行中发挥着突出作用，并逐渐成为实现经济增长的重要支撑。到目前为止，尽管有众多对县域经济发展的定义，但尚未形成统一的认识。可见，县域经济发展是一个看似简单，但实际上较为复杂的问题，有待进一步深入理解。

1. 基于行政调控视角来看，县域经济区别于国家经济和区域经济，是以县级政权作为经济的调控主体、坚持市场导向原则的经济体系

例如，朱舜（2001）[①] 认为，县级政府对县域经济运行具有直接的调控权利和影响作用，因此县域经济发展具有典型的行政区划特征。余明刚（2007）[②] 认为，县域经济是以县级行政区划为地理空间，以县级政权为调控主体，坚持市场原则，具有地域特色和功能完备的区域经济。高同彪（2009）[③] 认为，县域经济是以县级区

---

① 朱舜：《西部县域经济空间结构模式选择与跨越式发展》，《农村经济》2001 年第 12 期，第 22～24 页。

② 余明刚：《立足县域特色 推进经济发展》，《新湘评论》2007 年第 8 期，第 36 页。

③ 高同彪：《关于县域经济可持续发展问题的若干思考》，《税务与经济》2009 年第 6 期，第 56～59 页。

划内的国土为载体，以县级政府为调控主体，在全县范围内优化配置资源。蒋小华、卢永忠（2010）① 认为，县域经济是一种行政区划型区域经济。刘荣等（2012）② 认为，县域经济是以县级政权为调控主体，以发展本地经济为宗旨的区域性经济。邓子基、杨志宏（2012）③ 认为，县域经济是在县级行政区划内，通过县级政府调控和优化资源配置而形成的区域经济形态。基于行政调控视角理解的县域经济发展特征包括以下几个方面：

◆独立性。县域经济发展的边界是县级行政区划。

◆能动性。是因为县域经济受到县级政权的主观调控，县委、县政府在县域经济发展中起到关键作用。

◆特色性。是指不同县域的经济发展依赖于自身的区位和资源等先天优势，存在发展模式及目标的差异。

2. 基于功能地位视角来看，县域经济是介于城市经济和农村经济、工业经济和农业经济、宏观经济和微观经济间具有统筹城乡及社会发展功能的经济体系

例如，谷家栋（2003）④ 认为，县域经济发展具有以农村人口为主、城镇与农村并存的特点，是工农、城乡协调互动的过程。朱孔来、倪书俊（2006）⑤ 认为，县域经济是以城市为中心、以农村

---

① 蒋小华、卢永忠：《县域经济发展问题研究——以剑川县为例》，《经济问题探索》2010年第5期，第179~183页。

② 刘荣、何敬中、杨志银、兰良平：《中西部地区县域经济的包容性增长——以云南昆明寻甸县为例》，《学术探索》2012年第5期，第62~68页。

③ 邓子基、杨志宏：《省管县改革、财政竞争与县域经济发展》，《厦门大学学报》（哲学社会科学版）2012年第4期，第73~81页。

④ 谷家栋：《城乡互动促进县域经济发展》，《宏观经济研究》2003年第4期，第49~50、55页。

⑤ 朱孔来、倪书俊：《试论县域经济的特点和发展》，《宏观经济管理》2006年第1期，第58~60页。

为基础、以市场为导向，由各种经济成分有机构成并且功能完备的行政区域经济。任玉平（2006）[①] 指出，县域经济不仅参与县域之间的地域分工，而且融合于更大的区域合作之中。高同彪（2009）[②] 认为，县域经济不仅在县域范围内配置资源，而且在更大区域的分工协作中获得比较优势。辜胜阻等（2008）[③] 以及龚承刚、李妍（2010）[④] 指出，县域经济是以县城为中心、以乡镇为纽带、以农村为基础的区域经济，是城镇经济和农村经济的结合部，是工业经济和农业经济的交汇点。李光富（2011）[⑤] 认为，县域经济作为经济社会中的一个基本单元，处于宏观经济与微观经济的结合部、城市经济与农村经济的连接点，是统筹经济社会发展的重要载体。基于功能地位视角理解的县域经济发展特征包括以下几个方面。

◆关联性。县域经济分别与城市经济和农村经济存在较为密切的联系。

◆统筹性。也就是说，在县域经济发展体系中，通过要素的集聚能够统筹城乡包括人口、经济和社会等各方面的一体化。

◆开放性。主要是指县域经济可以在更大的区域经济中通过职能分工获得比较优势。

---

① 任玉平：《加快县域经济发展的理论思考》，《中国青年政治学院学报》2006 年第 5 期，第 111～113 页。
② 高同彪：《关于县域经济可持续发展问题的若干思考》，《税务与经济》2009 年第 6 期，第 56～59 页。
③ 辜胜阻、李华、易善策：《依托县城发展农村城镇化与县域经济》，《人口研究》2008 年第 3 期，第 26～30 页。
④ 龚承刚、李妍：《基于优化 TOPSIS 法的湖北省县域经济综合实力评价》，《统计与决策》2010 年第 11 期，第 79～82 页。
⑤ 李光富：《永州县域经济发展中的问题及财政政策取向》，《地方财政研究》2011 年第 4 期，第 60～65 页。

3. 基于经济系统视角来看，县域经济被视为县域范围内所有经济要素、生产环节和行为活动等各个方面的集合体

例如，孙学文（1990）[①] 认为，县域经济是物质生产部门与非物质生产部门相互交织的社会经济综合体。李小三、徐鸣（2000）[②] 认为，县域经济是以县城、乡（镇）、村各层次经济元素间联系和比例关系为基本结构的经济系统。熊耀平（2001）[③] 认为，县域经济是包括生产、流通、分配和消费在内的区域性社会再生产过程，是各部门再生产各环节和各种运行机制构成的综合体。高焕喜（2005）[④] 提出，县域经济是指县域范围内生产力与生产关系的总和。何睿等（2008）[⑤] 将县域经济理解为，在一个县域范围内的所有社会物质生产和再生产活动。高同彪（2009）[⑥] 认为，县域经济是县域中各种经济关系和经济活动的总称，既包括农、林、牧、渔等部门，又包括工业、商业、交通运输和建筑等部门，还包括财政、金融、邮电通信等各项服务部门，以及以上各部门之间的经济关系和经济活动。吕婧、宋一陵（2010）[⑦] 基于"钻石模型"理论，提出县域经济是由生产要素、需求条件、相关产业与支持产业等要素

[①] 孙学文：《中国宏观经济变革的成就和问题》，《群言》1990 年第 4 期，第 21～23、27 页。

[②] 李小三、徐鸣：《关于县域经济的理论思考》，《江西社会科学》2000 年第 3 期，第 84～89 页。

[③] 熊耀平：《论县域经济跨越发展中的金融支持》，《湖湘论坛》2001 年第 4 期，第 37～38 页。

[④] 高焕喜：《县域经济有关基本理论问题探析》，《华东经济管理》2005 年第 4 期，第 71～73 页。

[⑤] 何睿、张明德、庞凤喜：《税收服务县域经济浅探》，《湖北社会科学》2008 年第 7 期，第 85～87 页。

[⑥] 高同彪：《关于县域经济可持续发展问题的若干思考》，《税务与经济》2009 年第 6 期，第 56～59 页。

[⑦] 吕婧、宋一陵：《基于"钻石模型"的资源型地区县域经济竞争力提升分析——以山西盂县为例》，《经济问题》2010 年第 8 期，第 127～129 页。

分工合作构成的经济体系。战焰磊（2010）[①] 认为，县域经济发展的核心内容包括县域经济发展的主导资源和动力源泉以及相应的资本结构、产业结构、所有制结构和运行机制等。王林伶（2011）[②] 指出，县域经济是以不同层次经济元素间的联系为基本结构，通过双向反馈的人资流、物资流、资金流和信息流来发挥整体功能的经济系统。基于经济系统视角理解的县域经济发展特征包括以下几个方面。

◆综合性。尽管县域经济作为国民经济发展的基本单元，但仍然具备作为经济发展体系所要求的基本要素。

◆适宜性。是因为县域经济不同于国民经济，在发展的过程中需要突出比较优势。

◆动态性。是指县域经济在不同阶段具有不同的发展重点，如在起初阶段可能以乡村农业生产为主，但将逐步向产业化转型。

2013 年，云南省委提出要"坚定不移推进工业化、信息化、城镇化、农业现代化'四化'同步发展，加快实现县域经济跨越式发展，更好地打造县域经济升级版"，并具体指出"加速新型工业化是遵循发展规律、加快现代化进程的必由之路；拓展全域信息化是顺应时代潮流、抢占发展制高点的战略选择；提升新型城镇化是转变发展方式、推动经济结构战略性调整的重要抓手；加快农业现代化，是统筹城乡发展、促进城乡一体化的基础保障"。

---

① 战焰磊：《中国县域经济发展模式的分类特征与演化路径》，《云南社会科学》2010 年第 3 期，第 109～113 页。
② 王林伶：《宁夏县域经济竞争力评价及实证研究》，《宁夏社会科学》2011 年第 3 期，第 31～34、42 页。

综上所述，上述三种视角所理解的县域经济发展具有不同特征，这些特征加上云南政策导向将综合形成云南县域经济发展的基本内涵（见图2-1），即以县级行政区划为地理空间，以统筹城乡发展为经济目标，基于工业化、信息化、城镇化和农业现代化为动力，在市场机制引导下，通过县级政府宏观调控和资源配置，形成的具有比较优势和独立特征的区域经济体系。

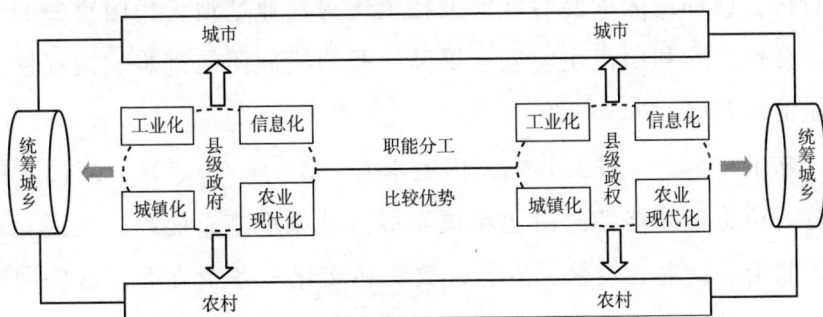

图2-1　县域经济发展内涵体系

二　桥头堡战略的关联性定位

桥头堡战略的关联性定位就是要正确界定桥头堡战略的政策内涵，深入理解云南县域经济发展在建设桥头堡战略过程中的作用和地位。

1. 云南桥头堡战略为县域经济跨越式发展带来契机

面向西南开放的桥头堡战略是继西部大开发以来云南面临的又一个重大发展机遇，也是云南县域经济发展的新一轮契机。《国务院关于支持云南省加快建设面向西南开放重要桥头堡的意见》（国发〔2011〕11号）指出，要加快把云南省建设成为面向西南开放的重要桥头堡，促进区域协调发展，加快边远地区脱贫致富，推动云南经济社会又好又快发展，实现各族群众共同富裕和边疆地区的繁荣稳定。《云南省加快建设面向西南开放重要桥头堡总体规划（2012～2020年)》也指出，要加快边远地区脱贫致富，增强云南省地区的综合经济实力，推动云南经济社会又好又快发展，实现各族群众共同富裕和边疆和谐稳定。该规划将云南定位为我国向西南开放的重要门户，我国沿边开放的试验区和西部地区实施"走出去"战略的先行区，西部地区重要的外向型特色优势产业基地，我国重要的生物多样性宝库和西南生态安全屏障，我国民族团结进步、边疆繁荣稳定的示范区。

从上述两个文件及其主要内容来看，作为一项"兴边富民"的工程，桥头堡战略涉及沿边城镇发展、基础设施、能源、交通、水利、物流、产业、金融、生态、教育和文化等各个方面，这些同时也属于县域经济发展的主要内容。更确切地说，桥头堡战略的实施为县域经济发展的各个方面创造了政策和制度条件。在云南省实施桥头堡战略中，通过调整产业结构，培育特色产业，改善基础设施条件，推进县域工业化、信息化、城镇化、农业产业化，不断扩大对内对外开放，云南县域经济发展面临新的契机。

专栏　云南加快建设面向西南开放重要桥头堡的目标和具体意见

【发展目标】

——到2015年，通道和物流体系基本完善，交通、能源、水利、通信等基础设施建设取得新进展；承接东中部地区产业转移和面向东南亚、南亚的出口加工基地初步形成；与东南亚、南亚国家的合作交流迈上新台阶；公共服务能力进一步增强，城乡居民收入显著提高，贫困人口数量大幅减少；高原湖泊、重点流域水质恶化和水土流失加剧趋势得到遏制，石漠化治理取得明显成效，森林覆盖率达到50%以上，全面完成国家"十二五"节能减排目标。

——到2020年，基本建成连接国内外的公路、铁路、管道、电网和电信设施，形成交通、能源、物流、信息等通道，面向西南开放的平台和窗口作用进一步增强，辐射带动能力明显提升；外向型产业和特色优势产业体系基本形成，区域布局和产业结构进一步优化，综合经济实力明显增强；农村居民人均纯收入显著提高，绝对贫困问题基本解决；社会事业取得长足发展，基本实现公共服务均等化；高原湖泊水质改善，江河上游水土流失面积明显减少，石漠化得到有效控制，森林覆盖率达到55%以上，生态安全屏障作用不断巩固，实现全面建设小康社会目标。

【具体意见】

一、强化基础设施建设，提高支撑保障能力

1. 构建比较完善的综合交通体系。2. 建设安全稳定经济清洁的能源保障体系。3. 建设国际性的信息枢纽。4. 建设保障有力的水利工程体系。

二、依托重点城市和内外通道，优化区域发展布局

1. 提升滇中城市经济圈的辐射带动能力。2. 建设重要的沿边开放经济带。3. 完善对外经济走廊。4. 增强对内经济走廊的纽带作用。

三、加强经贸交流合作，全面提升开放水平

1. 巩固发展睦邻友好关系。2. 全面提升对外经贸合作水平。3. 积极支持有条件的企业"走出去"。4. 深入开展对内区域经济合作。

四、立足资源和区位优势，建设外向型特色产业基地

1. 做大做强特色农业。2. 改造升级传统工业。3. 积极培育战略性新兴产业。4. 加快发展物流、会展等现代服务业。5. 大力提升金融业的支撑服务能力。6. 推动旅游业跨越式发展。

五、加强生态建设和环境保护，实现可持续发展

1. 继续推进水污染防治。2. 加快治理水土流失和石漠化。3. 加强生物多样性保护。4. 推进节能减排和循环经济发展。

六、大力发展社会事业，切实保障和改善民生

1. 优先发展教育事业。2. 加快发展医疗卫生事业。3. 大力发展民族文化事业。4. 着力完善劳动就业、社会保障和社会服务体系。

七、加快脱贫致富步伐，建设稳定繁荣边疆

1. 促进边疆和贫困地区加快发展。2. 促进各民族共同繁荣发展。3. 加强边防管控和出入境管理。4. 加快农垦企业改革发展。

八、加大政策支持力度，创新体制机制

1. 财税政策。2. 金融政策。3. 投资与产业政策。4. 土地政策。5. 价格和生态补偿政策。6. 人才政策。7. 体制机制改革。

资料来源：《国务院关于支持云南省加快建设面向西南开放重要桥头堡的意见》（国发〔2011〕11号）。

2. 云南县域经济跨越式发展有利于桥头堡战略的实施

发展县域经济是桥头堡战略的核心内容。县域经济是市场经济的摇篮，是城市经济的支撑，是区域经济发展的单元细胞，承载着实现城镇化的主要任务，担当着实现农村现代化的重要角色。没有县域经济的发展，就没有农业的现代化，更没有农民的市民化，不仅市场经济发展不完善，城市经济发展也将缺乏支撑，桥头堡战略的实施就会缺少精神和灵魂。

在桥头堡这一系统工程建设中，物质建设是载体和基础。《云南省加快建设面向西南开放重要桥头堡总体规划（2012～2020年）》提出，要借助桥头堡战略打造滇中城市经济圈、八个沿边经济区和四条经济走廊。届时，将建立以各大城市为核心、各中小城镇为节点的七大城市布局。昆明、玉溪、曲靖和楚雄等州市的各县都将为滇中城市经济圈的发展和建设提供强有力的后备支持，为桥头堡战略的实施注入活力。河口、瑞丽、畹町等县市将不断扩大与东南亚、南亚国家的经贸合作交流，打造云南与东南亚、南亚国家合作交流的重要通道。但是，云南地处中国西南边陲，县域众多，县域经济薄弱，各县市经济发展极不平衡，民族众多，如果不关注这一县域经济发展面临的客观省情，桥头堡战略所提出的规划目标将受到严重影响。

具体来讲，县域经济是云南社会经济可持续发展、桥头堡战略顺利实施的重要基础，只有打好这个基础，才有助于解决云南省的"三农"问题和城镇化问题，消除云南地区二元结构，促进城乡经济协调发展，为桥头堡战略规划的顺利实施奠定坚实的基础。因此，县域经济发展的好坏，对桥头堡战略的建设起着至关重要的作用，县域经济作为"桥头堡建设"的重要动力和区域经济发展的单元细胞必须受到全省各级政府的充分重视。

三 县域经济跨越式发展的内涵

社会经济发展落后、生产力水平低下、自然条件严酷和生态环境脆弱等，是云南当前面临的现实情况。尤其是对于贫困地区来讲，要想实现工业化、信息化、城镇化和农业现代化，加快小康建设步伐，无疑是一个巨大的挑战，唯一的出路就是牢牢抓住桥头堡战略契机，深化改革，发展特色产业，加快产业升级步伐，充分发挥后发优势，走超常规、创新型的跨越式发展路子。

1. 跨越式发展的理论内涵和实践经验

所谓跨越式发展，是指一定历史条件下落后者对先行者走过的某个发展阶段的超常规的赶超行为。具体来讲，就是要在特定的历史条件下，社会经济较为落后的县域在认清当前自身形势的基础上，摆脱历史条件的羁绊，总结发达地区走过的道路，利用自身具备的某些有利条件与契机，扬长避短，采用优惠政策和先进的技术，实现经济的跳跃式发展。跨越式发展不仅仅是在速度上和总量上超越先行者，还要在总结先行者经验的基础上，对过去所走过的道路进行深刻的反思，对未来的道路有明确的认识，少走弯路，不断开拓创新。纵观国内外的经济发展史，无论是理论上还是实践上，跨越式发展的战略都取得了成功，因此跨越式发展是落后地区追赶发达地区的必然选择。

从理论上来讲，跨越式发展就是要打破"梯度推移论"这一束缚在落后地区的"魔咒"，充分挖掘这些地区的优势，在发展过程中既要充分利用社会矛盾推动社会发展，又要尽可能地避免社会矛盾在推动社会发展进步过程中所产生的巨大破坏作用。所谓"梯度推移论"，是指无论是在世界范围内，还是在一国范围内，经济技术的发展是不平衡的，客观上已形成一种技术梯度，世界上每一种新行业、新产品、新技术都会随着时间的推移，由处在高梯度上的地区率先掌握并向处在低梯度上的地区一次次传递下去，通过扩散效应，达到区域经济发展的目的。这种理论否认了落后地区后发优势的存在，认为落后地区很难超越发达地区。但是这种理论没有看到落后地区对发达地区的学习效应，漠视了落后地区政府对推动经济发展的积极作用，也忽视了科技进步和产品创新给这些地区带来的机遇。正如江泽民同志所指出的那样，生产力可以跨越发展与生产力发展阶段不可跨越不是一回事，前者讲的是速度问题，后者讲的是时空问题。落后地区完全可以利用自身的资源优势与政策优势，抓住机遇，缩短生产力发展周期，跻身成为高梯度地区。

从实践上来说，跨越式发展是许多发展中国家和欠发达地区经济腾飞的必经之路。在经济发展史上，工业化进程较为落后的国家和地区以较短的时间超越先进国家和地区的事例屡见不鲜。18世纪，英国、法国等国家借着第一次科技革命的东风一跃成为世界资本主义强国，将荷兰、西班牙等国远远地甩在了后面。19世纪中后期，美国、德国、日本等国以后来者的身份紧紧抓住第二次技术革命的历史机遇，实现跨越式发展，赶超英国、法国等老牌发达国家。20世纪，新加坡、韩国以及中国的台湾和香港等国家和地区充分利用自身的地理位置、人才教育等优势，推行出口导向型战略，重点发展劳动密集型的加工产业，在短时间内实现了经济的腾飞，一跃成为全亚洲最发达、最富裕的地区。它们也因此被称为"亚洲四小龙"，成为当代成功实现跨越式发展的典型例子。

2. 云南县域经济跨越式发展的定义

就云南县域经济发展而言，尽管县域社会经济发展落后、生产力水平低下的事实客观存在，但云南气候宜人，矿产资源丰富，又是中国面向东南亚各国的桥梁，具有重要的区位优势，在承接东部产业转移，加强中国与东南亚、南亚各国交流合作过程中扮演着重要的角色。根据上述跨越式发展理论以及云南的实际，可以将云南县域经济的跨越式发展界定为以下内容。

第一，要在县域经济总量上实现进一步的突破，要把经济总量这个"蛋糕"做大；在速度上要缩短时间周期，提高效率，在遵循发展规律的前提下，用尽可能短的时间达到经济增长与社会发展的目标。

第二，在经济结构上，要优化产业结构，加快产业升级，按照有先有后、有所侧重的原则，扬长避短，集中力量发展优势产业；在发展质量上，要兼顾当前发展与长远发展，以及经济和社会、生态环境的协调发展，提高经济发展的质量。

第三，要将民生问题放在重要的位置，经济的发展和稳定离不开广大群众的支持，要加大在教育、医疗卫生、社会保障等方面的投入，为县域经济的可持续发展提供坚实的保障。

四 制度设计与财政政策的范畴

何为制度设计？制度设计的程序、原则以及与县域经济跨越式发展的关系如何界定？何为财政政策？财政政策的内容是什么？财政政策如何与制度设计相联系共同作用于县域经济跨越式发展？对于这些问题的理解将直接关系到本研究的政策定位。

1. 制度设计及其与县域经济跨越式发展的关系

制度是规范和约束人类行为的准则，制度生成是一个具有动态特征的、无意识自发演进和有意识人为设计双向演进统一的过程。制度设计是指约束特定行动和关系的行为准则，不是行为主体随心所欲的自我意志的产物，而是需要遵循一定的规则和要求。从理论上讲，制度设计包括五个重要环节：一是确定清晰的制度目标体系，包括总体目标、分目标及路径方向；二是制定公平的制度实体，该环节需要经历理论创新、实证调研、科学论证、专家咨询、公开听证、利益博弈、主体表决等过程，即通过科学和民主实现制度实体的公平特征；三是制定科学的制度执行程序，主要保证在制度执行过程中不偏离制度设计目标；四是设计实现制度公正执行的受控机制，主要针对制度在执行过程中主观上可能出现的非理性行为，有针对性地构建制度公共执行的监督机制，最大限度地减少制度执行中人为的不公正现象；五是设计实现制度公正的自控机制，即如何在不进行外生干预的情况下自动实现制度目标。另外，关于制度设计还要坚持相关原则，如效率原则、交易费用最小化原则、激励相容原则、帕累托改进原则等。

县域经济跨越式发展，从微观层面讲，本身就是一个县域生产函数的决定过程，并遵循生产函数关系：$Y = AF(K, L, S, R)$。其中，Y 表示社会经济产出，A 表示技术投入，K、L、S、R 分别表示资本、劳动、土地、资源等生产要素。从宏观层面讲，县域经济跨越式发展又体现为社会分配过程，将所生产的产品分配使用到消费、投资、政府购买和净出口环节，$Y = C + I + G + NX$，其中 C、I、G 和 NX 分别代表消费、投资、政府购买和净出口。微观层面的生产和宏观层面的分配构成整个县域经济的循环，前者属于县域经济发展的推力，后者属于县域经济发展的拉力。就此而言，实现县域经济跨越式发展的制度设计就是要不断增大推力和拉力（见图 2 - 2）。

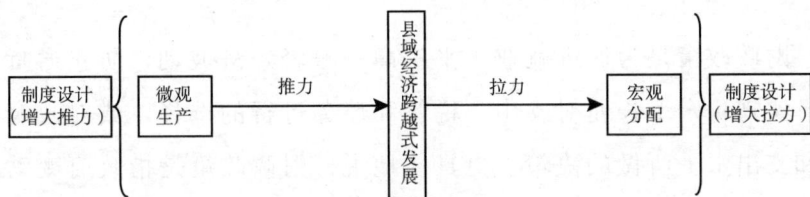

图 2 - 2 县域经济跨越式发展的制度设计机制

在微观生产领域，就是要实现资本、劳动、土地和资源等生产要素在数量和质量上的增加，以及生产技术水平的提升，这也是针对增大推力的制度设计要确定的分目标，根据这些目标设计需要哪些制度实体，如招商引资、提升资源附加值等，再确定这些制度如何执行，以及在执行过程中针对偏离目标行为制定相关约束机制等。在宏观分配领域，就是要实现消费、投资、政府购买和净出口最大化，这也是针对增大拉力的制度设计要确定的分目标，根据这些目标设计需要哪些制度实体，如增加边际消费倾向、增进产品出口等，再确定这些制度如何执行，以及在执行过程中针对偏离目标行为制定相关约束机制等。

就云南省而言，针对实现县域经济跨越式发展的问题，目前提出了需要注重"四化"同步发展的解决办法，即工业化、信息化、城镇化和农业现代化同步发展。实际上，"四化"同步发展也就是如何作用于驱动县域经济微观生产和宏观分配所产生的推力以及拉力的提升。本书在确定县域经济跨越式发展的总体目标以及提升推力和拉力的分目标基础上，就是要通过分析工业化、信息化、城镇化和农业现代化分别与这些目标的内生关联，以此确定工业化、信息化、城镇化和农业现代化相应促进县域经济跨越式发展的制度体系，包括制度实体、制度执行程序、实现制度公正的受控机制和自控机制等。

2. 财政政策及其与县域经济跨越式发展的关系

财政政策是为促进就业水平提高、减轻经济波动、防止通货膨胀、实现稳定增长而对支出、税收和债务进行的选择，或对政府收入和支出水平所做的决策。更具体地说，财政政策是指政府变动税收和支出以便影响总需求进而影响就业和国民收入的政策。其中，变动税收是指改变税率和税率结构，变动支出是指改变政府对商品和劳务的购买支出以及转移支付。财政政策的主要工具包括三个方面。一是财政支出。财政支出可分为政府购买和政府转移支付两类，其中政府购买是指政府对商品和劳务的购买，如购买军需品、机关公用品以及政府雇员报酬、公共项目工程所需的支出等都属于政府购买，其规模直接关系到社会总需求的增减；政府转移支付是指政府在社会福利保险、贫困救济和补助等方面的支出，尽管转移支付不能算作国民收入的组成部分，但它可以通过政府将收入在不同社会成员之间进行转移和重新分配。二是财政收入。其中的税收是政府收入中最主要的部分，它是国家为了实现其职能按照法律预先规定的标准，强制地、无偿地取得财政收入的一种手段，其与政府购买支出、转移支付一样具有乘数效应，即税收的变动对国民收入的变动具有倍增作用。此外，当政府税收不足以弥补政府支出时，就会发行公债，公债成为政府财政收入的又一组成部分。三是政府间财政体制，主要包括支出责任划分、收入分享、转移支付等，主要通过政府间收支分权关系来影响各级地方政府发展经济的积极性。

在县域经济发展过程中，除了政府购买作为市场分配环节的重要部分而直接影响社会总需求以外，其他财政政策发挥的均是引导作用。换句话说，财政政策的制定通过对制度设计的影响进而实现对县域经济跨越式发展的影响，主要是提升制度所产生的边际生产能力。例如，在城镇化动力提升过程中，制定了实现农民转变为市民的相关制度，但这些制度的推进取决于其他相关制度产生的影响，包括财政政策在提供城镇公共服务过程中发挥的作用。

第三章 县域经济发展经验与
模式的比较研究

经验与模式本身就属于解决问题的方法论，是为了解决特定问题，在一定的抽象、简化和假设条件下，对已经发生事件本质特征的归纳，从而为新事物发展提供依据和范式，当然这些经验和模式将受到新事物特有属性的影响而需要进行创新优化。实现云南县域经济发展，需要借鉴实践中县域经济发展的成功经验和典型模式，再结合自身特征进行实践创新，并用于指导云南桥头堡战略下的县域经济跨越式发展，最终县域经济模式组合。

第一节 典型国家地方经济发展经验借鉴①

由于政治体制和行政区划的不同，世界其他国家的地方经济与我国的县域经济在内容和特点上都具有较大的差别，但是这些国家发展地方经济的成功经验和发展模式对云南乃至中国发展县域经济都具有重要的借鉴意义。本章主要以韩国、日本、美国为借鉴对象，探讨其发展地方经济的做法、成效以及对云南实现县域经济跨越式发展的重要启示。

---

① "典型国家地方经济发展经验借鉴"部分主要参考的文献如下。

[1] 陆相欣：《韩国的新村运动及其启示》，《理论探索》2007 年第 2 期，第 108～110 页。

[2] 南刚志：《韩国"新村运动"对我国新农村建设的启示》，《理论前沿》2008 年第 10 期，第 31～32 页。

[3] 李晗斌：《日本产业集群政策分析》，《现代日本经济》2009 年第 5 期，第 29～35 页。

[4] 张浩川：《论日本产业集群政策及其对我国的启示》，《复旦学报》（转下页注）

一 韩国的"新村运动"

20 世纪 60 年代末，韩国农业发展严重滞后，城乡居民收入差距扩大；农民土地经营规模小，农业科技投入不足；农村人口大量流向城市，引发诸多城市问题，农村劳动力老龄化问题凸显。随着韩国出口导向型发展战略取得成功，政府财力增长，已有能力支援农业和农村，以便缩小城乡差距。于是，在朴正熙总统的倡议下，韩国政府自 1970 年开始便发起了"新村运动"。大力倡导"勤勉、自助、合作"理念来振奋农民精神，以农民自主为基本动力，以政府支援为辅助措施，带动农民进行新村建设，实现城乡统筹发展。韩国的"新村运动"自 1970 年开始，一直延续至今，其间经历了四个发展阶段：20 世纪 70 年代以改善农村环境、克服贫困为其特征；20 世纪 80 年代以创新"新村运动"中央会、实现政府与民间的互动与共助、改良农产品品种、农产品加工等为其特征；20 世纪 90 年代主要发展为国内最大国家级服务组织；进入 21 世纪以后，提出了以一户农家拥有一台 PC、一个网页为标志的第二次"新村运动"。其具体做法如下。

◆在发展初期，政府主导向全国 3.3 万个行政里（村）和居民区无偿提供水泥，用以修房、修路等基础设施建设，并筛选出 1.6 万个村庄作为"新村运动"样板，带动全国农民主动

（接上页注①）（社会科学版）2010 年第 4 期，第 81～89 页。

[5] 邰绍辉：《日本产业集群政策评析及其经验借鉴》，《广东广播电视大学学报》2011 年第 6 期，第 102～105 页。

[6] 彭浩熹：《美国区域经济发展对中国的启示》，《湘潭师范学院学报》（社会科学版）2009 年第 6 期，第 52～55 页。

[7] 金志奇：《美国区域经济发展及其对我国的启示》，《现代财经》（天津财经大学学报）2003 年第 1 期，第 58～61 页。

[8] 陈季宁：《美国区域经济发展经验及启示》，《中共南宁市委党校学报》2004 年第 2 期，第 45～47 页。

创造美好家园。

◆在发展中期，采取培育、社会跟进的发展模式，把工作重点转移到鼓励发展畜牧、农产品加工、特色农业、农村保险以及农协组织上来，逐步培育社会发展实体，为今后国民的自我发展奠定坚实的基础。

◆在发展后期，逐步转入国民主导型发展模式，让农业科技推广、农村教育机构、农村经济研究等组织机构在"新村运动"中发挥主导作用，政府通过制定规划、协调工作、提供服务，运用财政、服务等手段为国民的自我发展创造更有利的环境。

二　日本的"产业集群计划"

产业集群被认为是提升区域创新和经济发展的有力工具，而成功的产业集群则往往被认为是成功的产业集群政策作用下的结果。日本作为较早制定产业集群政策的国家之一，其产业集群政策被认为是其经济发展与繁荣的重要因素。学界一般认为日本的产业集群政策明确提出于20世纪90年代，但通过对战后日本政府推行的产业导向政策的梳理，发现日本产业集群政策的诞生可以追溯到20世纪60年代的《全国综合开发计划》。从20世纪60年代开始至21世纪初，日本的产业集群集合可以分为四个阶段。

◆"二战"后至20世纪60年代初，对原有工业区的周边地带进行开发，形成以东京、名古屋、大阪、北九州为中心的临太平洋狭长工业带，这在一定程度上促进了同类及相关产业向特定地区的集聚，为产业集群的形成奠定了基础。

◆20世纪60～90年代，由于战后日本以经济增长为目的的开发政策带来了产业、人口等向经济发达地区过度集中，造成区域差距扩大、环境污染等问题，日本政府分别于 20 世纪 60 年代中后期至 70 年代中期实行了平衡发展战略，于 20 世纪 70 年代中期至 90 年代中期实行了工业分散布局战略，这两个战略的实施使得在传统产业集聚区以外的地区形成了大量以大企业为中心、众多中小企业为之配套的产业群，为产业集群的形成创造了条件。

◆20 世纪 90 年代，经济全球化趋势日益显著，发展中国家逐步崛起，日本经济却陷入衰退，大量国内大型企业为追寻成本优势而转移至中国等发展中国家及地区，国内出现严重的产业空心化现象，日本政府开始实行支持创新的政策，这一政策使得中小企业逐步摆脱了对大企业的依赖，在一定程度上促进了"官、产、学"之间的往来。

◆21 世纪初，随着国际竞争的日益激烈，国家竞争力的培育成为世界各国关注的焦点，为了在国际竞争中获胜，日本制定和实施了产业集群政策，试图通过形成产业集群，提升产业竞争力，促进区域经济发展，打造国家竞争优势。

三　美国的"区域经济发展战略"

现在的美国是世界经济最发达的国家之一，但它曾经的区域经济发展很不平衡。美国西部和南部经济体系相较于北部来说不够健全，各个经济区域的收入差距使得落后地区私人资本的积累规模扩大相对缓慢，同时不同区域的财政收入相差较大，落后地区利用集中的财政资金调节经济的能力很弱。这种不均衡不仅弱化了美国经济发展的激励与动力，而且加剧了美国社会的不稳定。自 20 世纪 30 年代以来，历届政府高度重视对落后地区经济的调整，到 20 世纪 90 年代，各个落后地区都增强了自我发展能力，区域内经济的平衡发展取得了显著成效。采取的主要措施有以下几个方面。

◆美国地方政府管理模式高效。单从在促进地方经济发展中所起的作用来说，虽然美国县郡政府远没有我国的县级政府大，但其地方政府在公共管理和公共服务上采取自主性管理，这种管理模式的管理成本比较低，减轻了纳税人的负担。

◆重视城镇规划建设和管理。美国的城镇化水平非常高，地方政府历来十分重视城镇的建设规划和管理。美国地方政府在尽可能满足人们生活需要的基础上，充分尊重和发扬当地的生活传统，最大限度地绿化和美化环境，并且根据各自的实际，塑造了大量不同特点的城镇和培育了有个性的城镇，从而为吸引外资和促进经济发展提供了有利的环境。

◆科学管理农业，保证并提高农民收入。美国是一个以农业立国的国家，农业生产有着得天独厚的自然条件。然而由于其农产品供过于求，农产品价格和农民收入很不稳定，容易对农业及整个经济和社会带来不利影响。因此，美国政府一直奉行对农业支持保护政策，连同其优越的自然条件一道促进了农业发展和农民增收。

◆地方财政支出主要用于提供公共物品和社会服务，这也为美国区域经济的协调发展奠定了良好的基础。

四　重要启示

上述国家在壮大区域经济、促进区域间经济协调发展上的一些措施和政策，从宏观上对云南实现县域经济跨越式发展有着重要的启示，具体来看，主要包括以下几个方面。

首先，无论是美国、日本还是韩国，在其区域经济发展中，都将农业的现代化作为促进其他产业发展和加快城镇化的前置条件，都对农业实行保护政策，都通过各种手段增加农民收入，保护农民利益。云南作为一个农业大省，县域经济发展的基础是农业，提高农民收入、优化农村公共服务和基础设施建设、缩小城乡差距是县域经济健康发展的先决条件。

其次，美、日、韩三国在区域经济发展上都注重结合当地的实际，利用自己的优势发展新产业和特色经济。不同国家、不同地区县域经济发展的道路是不一样的。云南各地县域内城镇化水平和经济发展水平差异较大。应该因地制宜，结合当地实际，大力发展特色经济，在差别化竞争中确立自己的核心优势。

再次，高度重视城镇的规划建设。不仅要注重中小城镇的建设和规划，使之成为大城市和乡村的纽带，缩小城乡差距，而且要合理地规划产业集聚，将人才、技术、信息等多种资源要素有效地组织起来，实现合理的配置。

最后，注重人才引进，为县域经济发展提供人才支撑。人力资本是经济发展的关键要素之一，加大人力资本投资，对缩小落后地区和发达地区差距、发挥区域比较优势、形成合理的区域分工格局、实现可持续发展等都有着非常重要的影响。

第二节　国内县域经济发展实践模式借鉴[①]

我国幅员辽阔，各地区之间的资源禀赋、历史人文等差异巨大，因此，各地方发展县域经济的模式也不尽相同。尽管如此，各地区县域经济发展所提供的支持政策和发展经验仍然值得借鉴。

[①] "国内县域经济发展实践模式借鉴"部分主要参考的文献如下。

[1] 胡晋青：《山西县域经济发展问题研究》，《山西财政税务专科学校学报》2007 年第 2 期，第 7～10 页。

[2] 姚晓嘉、王新玲、徐敬卿：《山西县域经济可持续发展模式的建构》，《山西财政税务专科学校学报》2011 年第 3 期，第 65～68 页。

[3] 《河南县域经济发展大事记》，《决策探索》2008 年第 2 期，第 23～24 页。

[4] 王志电：《河南县域经济发展研究》，《地域研究与开发》2011 年第 2 期，第 56～58 页。

[5] 王献亭：《河南省县域经济发展模式研究》，《经济研究导刊》2011 年 （转下页注）

一　国内典型县域经济发展实践

1. 东北地区

(1) 辽宁省：财政、金融和市场准入

辽宁省现有县级行政建制 100 个，其中县和县级市 44 个、市辖

（接上页注①）第 32 期，第 26 ~ 27、43 页。

　　[6] 吴春静：《浅析陕西省县域经济的发展现状》，《职业》2011 年第 8 期，第 124 页。

　　[7] 范晓静：《山东县域经济发展的现状、问题与对策探讨》，《湖南商学院学报》2013 年第 1 期，第 29 ~ 32 页。

　　[8] 柳思维：《湖南县域经济发展："十一五"特征与"十二五"策略》，《湖南农业大学学报》（社会科学版）2011 年第 4 期，第 1、5 ~ 8 页。

　　[9] 林国铨：《福建县域经济发展现状及对策研究》，《农学学报》2012 年第 2 期，第 64 ~ 69 页。

　　[10] 黄明辉：《贵州县域经济发展现状及问题与对策》，《六盘水师范学院学报》2012 年第 1 期，第 85 ~ 88 页。

　　[11] 杨松、何伟：《江苏省县域经济综合实力评价》，《安徽农业科学》2012 年第 21 期，第 11097 ~ 11099 页。

　　[12] 周明生：《新苏南模式：若干认识与思考》，《江苏行政学院学报》2008 年第 2 期，第 43 ~ 51 页。

　　[13] 陈友放：《从"苏南模式"到"新苏南模式"的启示》，《产业与科技论坛》2006 年第 6 期，第 22 ~ 24 页。

　　[14] 董晓宇：《"苏南模式"的理论和实践 30 年回顾》，《现代经济探讨》2008 年第 8 期，第 19 ~ 24 页。

　　[15] 陆立军、杨志文：《县域经济社会协调发展的"义乌模式"》，《开发研究》2009 年第 2 期，第 1 ~ 7 页。

　　[16] 陆立军：《略论"温州模式"的精髓与创新》，《中国农村经济》2004 年第 12 期，第 33 ~ 39 页。

　　[17] 王建业：《基于特色产业集群的巩义县域经济发展研究》，《企业活力》2012 年第 8 期，第 11 ~ 15 页。

　　[18] 李刚、于继忠：《"农商经济"与"太和模式"——兼论对中西部县域经济发展的启示》，《安徽商贸职业技术学院学报》（社会科学版）2011 年第 3 期，第 23 ~ 26 页。

　　[19] 于继忠、李刚、杨珮：《太和模式与比较优势悖论——兼论中西部地区县域经济发展的道路选择》，《石家庄经济学院学报》2011 年第 2 期，第 52 ~ 55 页。

　　[20]《珠三角地区外企加薪潮蔓延　部分企业欲迁往内陆》，《中国经济报》2010 年 6 月 9 日。

　　[21] 陈曦、陈玲：《山东县域生产总值占全省 89.7%》，《中国县域经济报》2012 年 7 月 9 日。

　　[22]《促进"义乌模式"的创新发展》，《浙江日报》2006 年 3 月 13 日。

　　[23] 蔡理让等：《河南发展县域经济的主要做法和启示》，陕西调研之窗，2011 年 3 月，http://www.sxzys.gov.cn/news - 1928。

区 56 个。在 44 个县（市）中有县级市 17 个、少数民族自治县 8 个。截至 2009 年，辽宁省县域总人口为 2374.1 万人，占辽宁省总人口的 55.7%；县域行政区域土地面积为 13.1 万平方公里，占全省总面积的 88.5%；44 个县（市）生产总值为 6700 亿元，占全省 GDP 的 44.44%。辽宁作为我国重要的老工业基地，既是工业大省，也是农业大省，但其农业基础薄弱。在中央实施振兴老工业基地以前，辽宁县域经济一直是辽宁经济发展的"短板"。在中央实施振兴东北老工业基地及党的十六大报告提出"大力发展农产品加工业，壮大县域经济"后，辽宁省开始重视县域经济的发展，制定并实施了一系列政策措施促进县域经济的发展。在第十一届全国县域经济百强县名单中，辽宁省进步显著，新增 3 个入围县（市），共有 10 个县（市）入围全国百强。

在 2006 年辽宁省委、省政府印发的《关于加快县域经济发展的若干意见》中，将发展工农业、建设新农村等作为辽宁省县域经济发展的主要任务，并提出了十条关于促进辽宁县域经济发展的政策措施，包括实行财政鼓励支持政策、扩大县（市）经济管理权限、实施税费优惠政策、加强金融服务、改进建设用地管理、放宽市场准入条件、优化非公有制经济发展环境、促进农村劳动力转移、加大科技和人才支持力度以及加大对欠发达县的扶持力度。

（2）吉林省：县域经济纳入政绩考核

吉林省县域地区包括 20 个县、20 个县级市和 2 个具有县域功能的市辖区。吉林省县域总人口为 1919.7 万人，约占全省总人口的 70.4%；县域总面积为 18 万平方公里，约占全省总面积的 96%。截至 2011 年末，全省县域生产总值为 6469.6 亿元，占全省 GDP 的 61.4%。进入 21 世纪以来，吉林省各县市的经济都有较快的发展，综合实力也在不断增强。而从区域来看，吉林省中部地区的县域经济实力较强，而西部和东部等地区的县域经济发展基础比较薄弱，这反映出吉林省县域经济发展具有明显的区位导向型特征。吉林省中部城市群密集，城市辐射力较强，使得中部县（市）在承接大城市产业转移和辐射中占有一定的优势，而从发展速度来看，资源开发等大项目的带动以及工业化进程的加快均有效地推动了县域经济快速发展。

2005 年吉林省人民政府印发的《进一步支持县域经济发展若干意见》指出，为进一步加大"县域突破"战略的实施力度，促进县域经济发展，增强县域经济实力和竞争力，变"快走"为"快跑"，实现吉林老工业基地振兴和全面建设小康社会的目标，应从政策扶持、农村建设、城镇规划等多个方面入手促进县域经济的发展，并提出对县域经济发展情况每年考核一次，考核结果通报全省，并将考核情况与县（市）主要领导调整任用挂钩。

2. 华北地区

（1）河北省：分类指导县域发展

河北省所辖县（市）共 136 个，数量居全国第 2 位。2010 年，河北省县域总人口为 5851 万人，占全省总人口的 83.72%；行政区域面积为 18.77 万平方公里，占全省总面积的 17.54%；县域生产总值达 15170.6 亿元，占全省 GDP 的 74.4%。河北省作为沿海经济省份，毗邻京津，交通发达，资源丰富，具有良好的内部环境和发展的外部环境，为河北省县域经济的发展和县域经济综合竞争力的提升提供了良好机遇。其自然区位条件决定了省内各个县域的不同特色，东南平原地带由于地形平坦，交通便利，是传统农业和现代工业发展的聚集地，西北部的各县由于地处山区，基础设施落后，不适合大规模现代农业和工业的发展，因此该地区县域经济的发展长期滞后，而东北部的唐山和秦皇岛等县（市）区域条件相对优越，地势平坦，沿海临港，一直是河北省经济发展的"领头羊"。

河北省委、省政府在 2013 年印发的《关于加快县域经济发展的若干意见》中提出，未来河北省县域经济的发展重点和主要任务应是：对各地县域经济发展实施分类指导，做大做强特色主导产业，推进园区建设和发展，实施"大县城"战略；把做大县城作为带动县域经济发展的龙头，大力发展民营经济，深化县域内的改革开放。同时，在《关于加快县域经济发展的若干意见工作任务分解方案》中从简政放权、产业政策、财政政策、金融服务、用地管理、人才科技支撑等方面为县域经济发展提供政策支持。

（2）山西省：能源工业强县战略

山西省共有县（市）96 个，其中县级市 11 个。2009 年山西省县域总人口为 2650 万人，占全省总人口的 72.4%；县域生产总值为 2312 亿元，占全省 GDP 的 55.33%。而在这 96 个县（市）中，产煤县（市）有 71 个，占整个县域总数的 74%。山西素有"地下聚宝盆""华夏文明摇篮"之美誉，是西电东送、西气东输、西煤东运的开发主体和重要通道，是承东启西的重要枢纽，厚实的工业基础和迅速发展的新兴产业，为山西县域经济发展提供了大好契机。但是，山西县域的自然条件、地理资源等因素造成了其县域经济对资源的过度依赖以及省内县域经济发展的极度不平衡。从山西省县域经济的发展现状来看，经济强县无一例外走的是工业强县特别是能源工业强县的路子。

为促进县域经济发展，山西省委、省政府于 2011 年出台了《关于进一步加快县域经济发展的若干意见》，提出要在 2015 年力争所有县（市）经济总量均超过 50 亿元，所有县（市）地方财政一般预算收入均超过 4 亿元，并明确了未来山西县域经济发展的主要任务及方针政策，并于 2013 年 3 月发布了《山西省县域经济发展考核评价暂行办法》，用以系统化地测评各县（市）县域经济发展的状况。

3. 华中地区

(1) 河南省：强县发展激励机制

河南地处华夏腹地，现有 88 个县和 20 个县级市。河南省县域人口为 8134 万人，占全省总人口的 81.8%；县域面积为 15.11 万平方公里，占全省总面积的 90.5%；2009 年，河南省县域生产总值达到 13829 亿元，占全省 GDP 的 71%，其中有 17 个县（市）生产总值超过 200 亿元，最高的达到 352.8 亿元。从分布情况来看，经济强县大多分布在中原城市群经济带或资源丰富地带，而经济弱县则主要分布在工业不发达的黄淮海平原区以及贫困山区。河南省县域经济实力在中西部地区来说较强，在第十一届全国县域经济百强县名单中，河南省共有 6 个县（市）入围，而在同期的中部地区县域经济百强名单中，河南省占据了 36 席，远远多余其他中部五省。

河南省县域经济的发展，可以追溯到 1992 年。当时，河南就选择经济总量排名前 18 位的县进行特别试点，其内容包括：扩大县在经济发展中的审批权；稳定一把手任职期限；县委书记、县长由省委组织部直管；县项目直接报省里审批；等等。这就是广为人知的"十八罗汉闹中原"。2004 年，在河南省首次发展壮大县域经济工作会上，时任河南省委书记李克强对县域经济发展的定位准确而明晰：发展壮大县域经济是实现中原崛起的重要支撑。而后，河南省先后出台了《关于发展壮大县域经济的若干意见》《关于发展壮大县域经济的补充意见》《关于加快黄淮四市发展若干政策的意见》《关于促进县域经济又好又快发展的若干意见》四个文件，对奖励强县快县、完善用人机制、加大财政转移支付以及加快工业化、城镇化进程和推进农业现代化等做了详尽的安排部署。

(2) 湖南省：下放县域经济发展权限

湖南省纳入县域考核的有 97 个行政单位，其中包括 16 个县级市和 9 个市辖区。2010 年，湖南省县域人口为 6286 万人，县域总面积为 20.58 万平方公里，分别占全省总人口与总面积的 88.7% 和 97.2%；县域生产总值为 10450.06 亿元，占全省 GDP 的 65.7%，其中 GDP 过百亿元的县（市）有 42 个。"十一五"期间，湖南县域经济的发展取得了较大成就，积累了成功的经验，呈现五个特征：新型城镇化与工业化的结合、产业结构调整与转变经济增长方式的结合、政府主导与市场自身动力的结合、形成特色与培植优势的结合、体制创新与结构调整的结合。同时，从各县（市）所处的地理区位、地域特点、资源优势等方面出发，形成了适合自身发展的特殊经济发展模式。目前，湖南省县域经济发展已经形成了长株潭经济区、环洞庭湖经济区、大湘西经济区、泛湘南经济区等县域经济发展四大分区，这四大分区各自的发展特色可以归纳为农业主导的传统型增长模式、工商企业较发达的城郊型模式、以骨干加工企业为龙头的产业化发展模式、以个体私营经济为支柱的民营经济主体模式、旅游经济带动模式以及城镇经济带动模式。

在 2012 年召开的湖南省加快县域经济发展政策文件征求意见座谈会上，湖南省政府提出，自 2013 年起，依照新出台的《关于进一步加快县域经济发展的决定》和《县域经济考核实施办法》，按照四大区域分类对县域经济进行考核评估，通过科学设定考核指标体系，加大科技创新、民生改善、生态环境等指标权重，更加注重考核各地经济发展总量、人员均量、发展质量的统一，并加大对先进县（市）的表彰力度。同时，将选取经济强县和人口在 90 万人以上的大县，进行扩大经济管理权限试点，赋予试点县（市）与地级市相同的经济管理权限。

4. 华南地区

广东省：政府和市场良性互动。

广东省共有 67 个县（市），包括 23 个县级市和 44 个县。县域面积达 14.58 万平方公里，占全省总面积的 80%；县域常住人口为 4434.85 万人，约占广东省常住总人口的 47%；67 个县域单位在 2010 年实现地区生产总值 8647.5 亿元，并于 2011 年首次突破万亿元，达到 10166.8 亿元，占 2011 年全省 GDP 的 19.02%。广东经济总体实力在全国名列前茅，但县域经济发展水平落后于江苏、浙江、山东等省份，在第十一届全国百强县排行榜中，广东仅有两个县（市）入围。从省内来看，珠三角各县（市）由于毗邻港澳及珠三角都市群，区位条件好，受珠三角地区经济的辐射，加上 20 世纪 80 ~ 90 年代区域经济的超常发展，经济发展已成规模，而粤东西北的县（市），虽然自然资源丰富，但由于交通、区位等限制，地域资源优势得不到充分的发挥，加之财政资金缺乏，县域经济发展较滞后。

2012 年 12 月，广东县域经济研究与发展促进会发布了《2012 年广东县域经济综合发展力研究报告》，这已是该会连续四年发布广东县域经济研究报告。该报告为广东县域经济的发展提出了六条建议：进一步强化扩大内需，促进经济平稳增长；进一步优化经济结构，促进经济协调可持续发展；进一步推动政府转型，促进体制机制创新发展；进一步推进市场化改革，促进政府和市场主体良性互动；进一步加强社会管理，促进社会公共服务均等化发展；进一步统筹社会经济协调发展，促进幸福县域建设。

5. 华东地区

（1）江苏省：发挥中心城市的辐射作用

2010 年，江苏省共有 50 个县（市），其中包括 26 个县级市和 24 个县，县域面积约占全省总面积的 3/4，覆盖了江苏的大部分面积，人口数量约占全省总人口的 2/3，50 个县（市）的生产总值为 21779.98 亿元，占全省 GDP 的比重达到 52.58%。改革开放的 30 多年是江苏县域经济高速发展、成效显著的时期，其具有代表性的

"苏南模式"也被多地借鉴。长期以来，江苏省一直是我国县域经济的强省，在50个县（市）中有5个县（市）的GDP超过千亿元，而在第十一届全国县域经济百强县（市）中，江苏占据了29席，并且前10位有江阴市、昆山市、张家港市、常熟市、吴江市、太仓市、宜兴市7个县（市）属于江苏。然而，江苏省县域经济的差异也是显而易见的，苏南、苏中、苏北发展不平衡，苏南地区14个县（市）的GDP超过了全省县域GDP的一半，而苏北地区24个县（市）和苏中地区13个县（市）的GDP仅占全省县域GDP的20%左右。

20世纪80~90年代，江苏南部县域乡镇企业高歌猛进、异军突起，并持续高速发展若干年，江苏也是全国第一批全面实行以市带县、城乡融合的省份，这在工业化快速发展而城镇化发展相对较弱的条件下大大增强了中心城市对周边乡镇的辐射作用。此后推行的一系列改革措施也增强了县城以及重点中心镇的集聚功能，并通过取消户籍限制等政策促进农村剩余劳动力向城镇和非农产业转移。20世纪90年代中后期，为节约用地、集约经营，降低县域经济发展成本，江苏省正式提出了城市化战略。21世纪初，江苏省又提出了"优先发展大中城市、重点发展县城和重点中心镇，加速城市化和城市现代化建设的工业向同区集中、人口向城镇集中、居住向社区集中"的"三集中"发展思路。

（2）山东省：促强扶弱带中间

截至2010年底，山东省共有县级市31个、县60个。县域内人口总数为6843.1万人，占全省总人口的71.44%；县域土地面积为12.50万平方公里，占全省土地总面积的79.57%；县域生产总值为22634亿元，占全省GDP的62.7%。山东省县域经济发展总体上高于全国平均水平，以2010年全国百强县排名为例，山东省共有26个县（市）入围，百强县数量仅次于江苏省。近年来，山东省县域经济发展成效显著，发展迅速且呈现多元化发展格局，工业化和城镇化发展较快，农业经济呈集约化发展。然而，山东省县域经济发展水平的区域分布特征与区域发展总体格局基本一致，即发达的县（市）主要分布在东部地区，落后的县（市）主要分布在西部地区，而近年来发达县（市）与欠发达县（市）之间的差距呈现越来越大之势，2010年山东省的26个百强县地方财政预算收入占全省县域的62.8%。

早在2003年，山东省就制定并实施了"促强扶弱带中间"的县域经济发展战略，以及"双30工程"（重点支持30个经济强县加快发展、重点帮扶30个欠发达县促进跨越式发展）。之后，又制定了以市为单位强力推进县域发展的战略，并明确强调要以富民强县为目标，以协调推进工业化、城镇化、农业现代化为方向，以创新驱动、提质增效、统筹发展为着力点，更加注重提高资源配置效率和培育竞争优势，更加注重推动技术进步和调整产业结构，更加注重优化空间布局和促进城乡统筹，更加注重保障民生幸福和改善生态环境，全面提升县域经济的内生动力和综合竞争力，使其成为保持经济平稳较快发展的主导力量、转方式调结构的重要基础、实施重点区域带动战略的强大载体、建设经济文化强省的关键支撑。

（3）福建省：重点发展现代农业

福建省共有58个县（市），其中沿海县（市）25个、山区县（市）33个。2010年，县域生产总值达到7988亿元，占全省GDP的55.6%，有90%的土地面积属于县域范围，有75%的人口居住在县域。从福建省内部县域经济发展状况来看，其县域经济发展存在东西部严重不平衡现象，呈"子弹"形发展态势。福建省进入全国县域经济百强的县（市）基本不变，主要集中在东部沿海地区，县（市）的排名相对稳定，竞争力较强，这些经济强县大多围绕重要中心城市的周边分布，综合实力日益增强；中等发展水平县的分布与交通干线分布一致，发展潜力巨大；经济后发县则集中分布在边远山区，发展后劲相对较弱。

2004 年，福建省提出建设海峡西岸经济区的构想，把加快县域经济作为重要发展战略并出台了《关于加快县域经济发展的若干意见》。2011 年，福建省委、省政府又出台了《关于进一步加快县域经济发展的若干意见》，指出要突出发展重点，推进县域工业转型升级，大力发展现代农业，把发展服务业作为新的增长点，鼓励民营经济新一轮创业，加强以交通、水利为重点的基础设施建设，提高县城规划建设管理水平，充分发挥小城镇的示范带动作用，保护好青山绿水，增创体制机制新优势，提升县域经济开放水平，进一步保障和改善民生，加强和创新社会管理，进一步壮大县域经济综合实力。同时还提出，要加大政策扶持力度，继续简政放权，保障用地需求，加强财政激励保障，加大县域产业发展扶持力度，加大金融的支持力度，实施扩权强镇，探索优化区划调整，加大对苏区老区县（市）的支持力度，完善人才支撑，增强县域经济发展的活力和动力。

6. 西部地区

（1）贵州省：非均衡发展战略

贵州省目前共有 78 个县（市）。贵州省县域人口为 3552 万人，占全省总人口的 89%；县域面积为 16.31 万平方公里，占全省总面积的 92.6%；2009 年，贵州省县域生产总值为 2718 亿元，占全省 GDP 的 69.5%，其中突破 100 亿元的县（市）仅有 4 个。尽管贵州县域的经济发展水平、县域财力水平和城镇化水平仍然明显低于全国，并且省内也存在县域经济发展不平衡的问题，但贵州县域经济的发展有其自身的优势。新一轮西部大开发政策的出台和扶贫力度的加大，能够为贵州县域经济的发展提供政策和财力支持，贵州省内丰富的能源资源、矿产资源和旅游资源以及超过 70% 居住在农村的丰富的劳动力资源也是其未来县域经济实现快速发展的动力。

贵州省有 55 个县（市）被列入国家扶贫开发工作重点县，即俗称的贫困县，这一数量占全省总数的 70.5%。1999 年，贵州省委、省政府颁布《关于建设经济强县的实施意见》，针对贵州省县域经济整体发展落后的事实，为提高县域经济发展水平，采取"非均衡发展"战略，首批将 20 个经济基础较好的县（市）列入经济强县建设对象，"先予后取，放活促强，讲究实效"，力图发挥其先锋带头作用，促进贵州省县域经济快速发展。2004 年，又颁布了《关于进一步推进经济强县建设的意见》，提出了后续建设经济强县的工作部署，至今共有 27 个县（市）被列入经济强县。

（2）陕西省：重点发展模式定位

陕西省是一个农业大省，共辖 83 个县及县级市，其中县 80 个、县级市 3 个。陕西省县域人口为 2415.57 万人，占全省总人口的 64.2%；县域面积为 18.15 万平方公里，占全省总面积的 88.2%；2009 年，陕西省县域经济实现地区生产总值 4108.97 亿元，财政总收入为 482.18 亿元，分别占全省的 64.2% 和 47%。陕西省县域经济的整体实力不强，在第一届到第七届县域经济基本竞争力评价中，没有一个县进入全国百强。"十五"以来，陕西省确立了工业强县战略，立足本地实际，依托当地资源优势，积极实施农业产业化；以"一村一品""一县一业"为发展目标，大力发展特色经济，经济结构不断优化，第十一届全国县域经济榜已有神木和府谷两个县（市）上榜。陕西省可分为陕北、关中、陕南三大区域，这三大地块区域特色明显，资源条件及开发利用方式存在差异，县域经济发展模式也不同，归结起来陕西省县域经济发展模式有城郊型县域经济发展模式、资源型县域经济发展模式和农业发展型县域经济发展模式。

为保证县域经济的快速发展，陕西省还采取了一系列具体措施。2003 年，省政府做出了《关于加快发展壮大县域经济的决定》，并在 2009 年集中出台了一批具体的政策措施，其中包括《陕西省县域经济社会发展监测考评暂行办法》《关于推进县域发展加强县级领导班子建设的若干意见》《关于加快县域工业化发展纲要（2009 ~ 2012 年)》《关于加快县域城镇化发展纲要》《关于财税支持县域发展意见》《关于金融支持县域发展意见》等，这些文件从农业、工业、城镇化建设，以及相关财政支持、政府考评角度出发，进一步明确了县域经济发展的方向、目标和方式。

二　发达地区县域经济发展模式

1. 苏南模式：民营经济发展

苏南模式是以民营经济为主导的县域经济发展模式的典范。苏南模式最早是由费孝通先生在 1983 年所写的《小城镇·再探索》中提出来的，当时苏南的概念相对狭小，主要是指江苏南部的苏州、无锡、常州三市所辖的 12 个县（市）。由于这里有着得天独厚的区位环境和发展实业的历史传统，孕育产生了以集体经济为主、以乡镇企业为运行主体的苏南模式。

苏南模式的主要特征是：农民依靠自己的力量发展乡镇企业，乡镇企业的所有制结构以集体经济为主，乡镇政府主导乡镇企业的发展。苏南地区采取以乡镇政府为主组织资源的方式。政府出面组织土地、资本和劳动力等生产资料，出资办企业，并指派"能人"担任企业负责人。这种组织方式将能人（企业家）和社会闲散资本结合起来，很快跨越了资本原始积累阶段，实现了苏南乡镇企业在全国的领先发展。不可否认，在计划经济向市场经济转轨初期，政府直接干涉企业，动员和组织生产活动，具有速度快、成本低等优势，因而成为首选形式。

苏南模式虽然创造了历史的辉煌，但其在制度、区域、规模、产业层次等方面存在局限性，需要不断地向前演进发展，新苏南模式就是在这种不断演进变化中逐步形成的。20世纪90年代中后期，苏南乡镇集体企业引人注目的产权制度改革即所谓"改制"，相当彻底地明晰了集体所有制企业的产权，基本上取消了乡镇政府对乡镇企业的直接支配权和经营权，从而意味着原苏南模式历史使命的完成，也标志着新苏南模式的形成。

2. 义乌模式：区域分工合作商圈

义乌地处浙江省中部，是隶属金华市的县级市，人多地少，国家投资贫乏，资源禀赋不足，市境东、南、北三面环山，缺乏区位优势和交通优势。而其培育了中国乃至全世界规模最大、人气最旺、绩效最好的小商品市场，并以此带动了县域经济的发展，基本内容可以总结为"建一处市场，富一方经济，活一方流通，带动一方产业"。国内外与义乌市场有联系的经济主体和区域，包括前向的产业支撑区域和后向的产品销售区域，形成了一个以义乌为中心的区域经济分工合作与交流网络。网络成员或借助义乌中国小商品市场这一平台，把自身的产品销往各地，或通过义乌市场，采购来自全国各地乃至国外的小商品。义乌作为一个流通枢纽，把国内外的许多贸易商与生产者联系在一起，形成了一个巨大的区域分工合作网络，专家称之为"义乌商圈"。

尽管义乌一度与"脏、乱、差"和"假冒伪劣"画上了等号，但其具有延续性、长久性的发展方向，最终实现了依靠个体私营经济和专业批发市场发展经济的道路。同时，义乌市作为浙江省第四轮强县扩权改革的唯一试点城市，也能为其他地区开展县级行政管理体制改革，稳步、合理地推进"市县分置""省直管县"提供一定的试点经验，并有助于丰富和拓展我国行政管理体制改革的理论与实践。

3. 温州模式：个体经济发展支撑

所谓温州模式，是指通过发展个体、私营经济而带动县域经济全面进步的发展模式。该模式的主要成因是：人均耕地少、国家投入少、可用资源少、交通条件差的特殊不利条件；传统的经商意识、能吃苦创业的精神；敢于突破政治和市场风险的改革胆识；完全的市场化运作与政府的积极规划、合理引导相结合；等等。这些因素与当时短缺经济的背景、农村最先改革的机会和政策环境相结合，实现了区域经济迅速发展，完成了资本的原始积累。温州模式是在推进私营经济发展的过程中，每个企业专注于各自核心能力的培养，大量的企业集群加上合理的分工协作，产生了诸多协同优势，带动了县域经济的全面发展。其精髓是温州人在经济发展中表现出来的务实品格、变通能力和企业家精神，其实质是一条通过自发的市场取向改革，改变自身贫穷落后的命运，走向共同富裕的道路。

温州模式实现了两个结合。一是区域内的个体私营家庭工业、专业市场和流通服务业，与劳动力"走出区域"在全国和世界各地进行加工、服务的有机结合，即区内发展与"走出去"发展相结合。二是工业和流通服务业与小城镇集聚相结合。20 世纪 80 年代中后期，针对温州模式存在的企业规模小、家族式经营、科技含量低等问题，政府大力推进股份制、股份合作制等现代企业制度，进一步加速了该模式的发展。

三　落后地区县域经济发展模式

1. 巩义模式：工业经济的主体地位

巩义模式是 20 世纪 90 年代后被舆论界倡导的第一个中西部县域经济发展经验模式。巩义模式是通过抓好县属工业来带动整个县域经济社会全面进步的发展模式。这种模式坚持工业经济在县域经济中的主体地位，把项目建设作为县域经济的先导和中轴，县内外优势资源锁定和聚集在这个中轴配置。项目建设集中于煤炭电力、金属冶炼、水泥建材、化工化纤、机械制造、耐火材料和电线电缆七大行业，形成数千家工业企业，工业的发展使巩义县的综合实力居河南省县域经济首位，巩义县号称"中原第一县"。巩义县历史悠久，文化底蕴深厚，商业文化氛围浓厚，有很好的资源禀赋，周边矿产资源丰富，同时地理位置优越，交通便利，位于郑州和洛阳两大城市连线的中心位置，这些优势使其能够形成工业特色产业集群。

然而，巩义模式也有其局限性。首先，工业特色产业集群的形成和发展受其具体县域环境的影响较大，巩义县因特殊的地理位置和资源环境，其发展也具有特殊性；其次，农业产业化步伐缓慢，县域工业化的一个重要方向是实现农业产业化，只有农业产业化得到充分发展，工业经济才有稳固的基础，县域经济才算真正走上可持续发展的道路。

2. 农安模式：农业产业化经营

农安模式，就是通过狠抓农业产业化经营来带动县域经济发展的模式。这种模式主要是利用农业资源丰富的优势，通过优化农业结构，走高效益农业的富民强县之路。农安县是国家重点产粮大县，过去为国家粮食供给做出了巨大贡献。但粮食大县、工业小县、财政穷县的状况始终困扰县域经济发展。改革开放以来，特别是1992年以来，农安县从本县实际出发，确立了"以粮食生产为根本、靠畜牧业和多种经济壮枝干、向加工业增值要果实"的效益农业发展思路，在稳步发展粮食生产的同时，大力发展畜牧业、乡镇企业、多种经营和农副产品加工业，积极探索产粮大县富县裕民的发展之路。

总结农安模式，其基本经验有三点：一是粮食是县域经济发展的一大优势，抓粮食生产的积极性任何时候都不能动摇；二是发挥粮食优势要跳出就粮抓粮的传统格局，实行以效益为核心，多业并举，最大限度地发挥粮食的增值效益；三是必须把增加农民收入作为根本出发点和落脚点，使农民收入与粮食产量同步增长。

3. 太和模式："三二一"产业发展顺序

太和县地处皖西北，属于经济欠发达地区。特别是在 1990 年以前，太和县和皖西北地区其他县（市）一样，既没有坚实的经济基础，也没有得到经济发展的优惠政策，属于以农业为主的人口大县。而其在县域经济实践中没有遵循传统的"一二三"产业的发展顺序，而是采取第三产业的繁荣促进第二产业、带动第一产业的独特的发展模式。在太和县经济发展过程中，农民从商成为第三产业快速发展的主要动力，并坚持走"三二一"产业顺序的发展模式，被称为"太和模式"，即通过优先发展农商经济，实现第三产业优先发展，再用第三产业带动第二产业、反哺第一产业，最终实现县域经济快速发展的目标。在第三产业得到快速发展的情况下，县政府在"十一五"期间实施"主攻工业"发展战略，经过几年的发展，第二产业逐步壮大起来。

太和县在缺乏资源、区位等优势，工业发展相对滞后，比较优势不明显的情况下，大力发展农商经济，依靠自身的努力，通过商贸的繁荣带动第二产业的发展壮大，走出了一条特色经济发展之路，也为中西部不发达地区提供了一个范例。

第三节　县域经济发展的模式组合与作用机理

无论是从典型国家地方经济发展的经验，还是从国内县域经济发展的实践模式来看，县域经济发展均不是采取单一的政策取向，而是进行不同维度的模式组合。实际上，县域经济发展内涵的系统性特征就决定了县域经济发展模式的多样性，理论界对此从不同视角进行了归纳。例如，赵伟（2007）[①] 基于产业驱动视角，将县域经济发展模式分为工业驱动型、农业驱动型、第三产业驱动型、资源禀赋驱动型。马廷玉、邬冰（2009）[②] 指出辽宁省县域经济发展从农业型县域和林矿型县域演化为加工型县域，再分别演化为创新型县域、城市群县域和商贸型县域。战焰磊（2010）[③] 将县域经济发展分为区位导向型、资源导向型、资本导向型、企业导向型。宋效中等（2010）[④] 将中国县域经济发展模式分为资源主导型、产业主导型、综合发展型。乐菲菲等（2011）[⑤] 以山东省为例，将县域经济发展模式分别归纳为特色产业主导型、创新导向型、产业集群带动型、大企业带动型、资源开发型、开放带动型、城乡协调发展型。然而，正是因为县域经济发展具有系统性特征，加上我国地域辽阔且县域差异较大，单纯以特定区域为样本或从某一视角归纳县域经济发展模式并不具有普遍适用性。

由此可知，县域经济发展是由不同维度的各种因素共同作用的结果，所有维度构成县域经济发展必不可少的要素，不同维度的因素取决于特定县域内生特征，以此才能构成县域经济发展的模式组合（见图 3 - 1）。具体来看，县域经济发展主要由两个方面的宏观要素构成：一是运行机制，即如何实现县域经济发展体系的有效运转，包括选

① 赵伟：《县域经济发展模式：基于产业驱动的视角》，《武汉大学学报》（哲学社会科学版）2007 年第 4 期，第 481～486 页。

② 马廷玉、邬冰：《基于县域经济视角的辽宁产业园区发展研究》，《东北大学学报》（社会科学版）2009 年第 6 期，第 519～523 页。

③ 战焰磊：《中国县域经济发展模式的分类特征与演化路径》，《云南社会科学》2010 年第 3 期，第 109～113 页。

④ 宋效中、贾谋、骆宏伟：《中国县域经济发展的三大模式》，《河北学刊》2010 年第 3 期，第 136～139 页。

⑤ 乐菲菲、朱孔来、马宗国：《山东县域经济的八种典型模式》，《宏观经济管理》2011 年第 7 期，第 68～69 页。

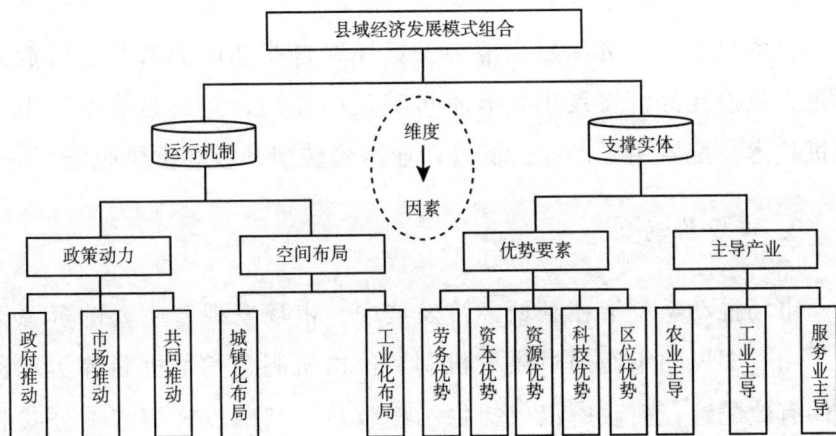

图 3 - 1　县域经济发展模式组合

择何种政策动力、如何进行空间布局等；二是支撑实体，即县域经济发展究竟以什么为支撑，包括优势要素和主导产业的选择。

一　基于政策动力维度分类

1. 政府推动型

政府推动型是指在县域经济发展中，政府直接介入经济运行的各个领域，经济发展完全依赖政府外生作用，即政府除了发挥完全市场经济体制下应有的基本职能以外，还进入具体的规划设立、制度构建、招商引资、技术引进、项目管理和资金运作等环节。较为典型的是"苏南模式"。在该模式中主要采取以乡镇政府为主组织资源，包括政府组织土地、资本和劳动力等生产资料，政府出资办企业并指定负责人等，呈现明显的政府干预特征。尤其是在经济转轨时期，这种政府直接干预生产活动的经济发展模式体现出速度快、成本低的显著优势，但伴随着经济的快速发展，政企不分带来的消极作用也逐渐明显。可见，这种发展模式比较适合于较为落后的发展阶段。例如，欧阳功林（2004）[①]指出，欠发达地区经济缺乏活力，投资机会少，资源吸引能力差，导致这些地区的自我发展能力不足，政府在经济发展中具有不可替代的作用，尤其是要发挥引进先进技术、配置主导产业、促进产业结构转型升级等重要职能。

2. 市场推动型

市场推动型是指在县域经济发展中，市场发挥着主要的资源配置作用，即民间组织通过供求机制、价格机制、竞争机制等实现资源的有效配置，而政府仅仅提供制度政策、基础设施等基本公共服务。较为典型的是"温州模式"。该模式以家庭工业和专业化市场的方式发展非农产业，形成小商品和大市场的发展格局，呈现典型的生产要素市场化特征，即按照市场供需要求组织生产，资金、技术、劳动力等生产要素均可自由流动，形成健全的市场网络。但该模式发展最大的不足是受制于市场机制的健全程度，在不完善的市场体系下，往往会面临企业融资存在障碍、难以形成规模经济等问题。可以看出，市场推动型的县域经济发展模式突出表现为个体户、私营企业和家庭工业等特点，适合于市场化程度较高的地区。例如，刘启明（2000）[②]认为，县域经济发展首先要坚持的是以"民有"为主的认识，这样才能通过竞争机制提高资源配置效率，推进市场经济发展，同时还能明确县级政府提供必要的地方性公共产品职责，从而缓解政府"跑项目"带来的财力紧张状态。

3. 共同推动型

共同推动型是指在县域经济发展中，以地方政府为主导规划，

---

① 欧阳功林：《县域经济发展与地方政府职能转换》，《统计与决策》2004 年第 4 期，第 38 ~ 39 页。

② 刘启明：《论县域经济发展中的"三个为主"》，《经济问题》2000 年第 11 期，第 21 ~ 23 页。

通过开拓市场渠道发展外向型经济，这样既可以充分利用政府集聚资源的能力实现规模经济发展，又可以通过适度的市场竞争提升资源配置效率。较为典型的是"珠江模式"。该模式兴起于计划经济向市场经济转轨时期，在国家政策的支持下，将自身的区位、土地和劳动等资源与外来资源相结合，形成以地方政府为主导的外向型工业经济发展模式。其典型特点是地方政府具有独立的决策权和竞争压力，企业也有相对独立的产权结构，兼有计划体制和不断渗透的市场机制。不难看出，这种县域经济发展模式介于政府推动型和市场推动型之间，适合于大多数具有本土资源且容易融合外来资源的县域，即具备一定的市场基础。例如，刘靖（2010）[①] 以东北地区县域经济发展为例，指出转变粗放型经济增长模式离不开地方政府的积极引导，同时也需要增强市场体系的支撑力。

二　基于空间布局维度分类

1. 城镇化布局型

城镇化主要表现为农村人口向城镇转移、城镇面积不断扩张的过程，其对县域经济发展的影响大致可以概括出三条路径：一是与城镇化相伴随的居民收入提高和边际消费倾向提升，直接扩大消费需求；二是在城镇化进程中，伴随着城镇人口增加和城镇空间扩张，大量的基础设施建设促进投资增长；三是城镇化不断带动产业结构调整，尤其是通过基础设施和配套服务的完善，为工业、服务业等带来巨大的要素聚集、外部经济等效应，促进第二、第三产业的发展。

当前，多数地区都将城镇化作为县域经济发展的重要战略，并

---

① 刘靖：《转变东北地区县域经济粗放型增长模式过程中的地方政府行为研究》，《东北师大学报》（哲学社会科学版）2010 年第 1 期，第 34～37 页。

形成了具有自身特色的城镇化发展模式。例如，汪金敖（2000）[①]提出，城镇化是县域经济发展的突破口。刘国斌、陈治国（2006）[②]指出，通过城镇化推动县域经济发展，要改革现行户籍制度和人口政策，建立相应的社会保障制度，同时要扩大内需和对外开放。许经勇（2006）[③]指出，像中国这样经济文化较为落后、农村人口比重较大、城乡二元结构延续时间较长的国家，只有促进城镇化才能促进农村经济发展。闫冠宇（2008）[④]指出，县域经济发展与城镇化建设是一个相互促进、相互制约的过程，县域经济发展为统筹城乡进而加速城镇化提供动力，而城镇化反过来对县域经济发展具有较大的促进作用，包括促进县域剩余劳动力转移、形成集聚效应、扩大消费需求和提高人力资源素质等。刘吉超（2012）[⑤]指出，中国城镇化水平相对较低的县域地区必然成为未来城镇化和工业化的主战场，而坚持工业化与城镇化融合发展的产业新城则成为县域经济可持续发展的新引擎。

2. 工业化布局型

工业化通常被定义为工业（特别是其中的制造业）或第二产业产值在国民生产总值中的比重不断上升的过程，以及工业就业人数在总就业人数中的比重不断上升的过程。发展县域经济的关键在于走新型工业化道路，推进工业化发展的布局包括园区化和

[①] 汪金敖：《农村城镇化：县域经济发展的突破口》，《求索》2000年第5期，第22～25页。

[②] 刘国斌、陈治国：《利用城镇化发展县域经济的战略选择》，《当代经济研究》2006年第10期，第61～62页。

[③] 许经勇：《中国特色城镇化、农民工特殊群体与发展县域经济》，《当代经济研究》2006年第6期，第55～58、73页。

[④] 闫冠宇：《县域经济与城镇化互动发展的内在机理研究》，《武汉大学学报》（哲学社会科学版）2008年第3期，第389～393页。

[⑤] 刘吉超：《工业化与城镇化融合发展是中国县域经济的新引擎》，《未来与发展》2012年第10期，第10～14页。

集群化两种模式。

园区化是指政府规划指定区域，在该区域内进行基础设施建设并设置某类特定行业和形态的企业、公司等，进行统一集中管理，包括工业园区、农业园区、科技园区、物流园区等，该种模式在县域经济发展中具有较强的集聚效应和规模效应。顾宝凤（2002）[①] 指出，加快工业园区建设是推动县域经济结构调整、产业升级的需要，是提高企业集聚程度、发挥集中效益的重要方式，是降低土地和基础设施配套建设成本的最佳选择。聂汉清、夏振明（2006）[②] 以屯留县为案例，展示了建设新型工业园区对优势产业和工业项目的聚合作用。陈学军（2008）[③] 强调园区经济是带动县域经济发展的龙头，并提出发展园区经济对壮大县域经济的思考，包括强化招商引资、完善园区规划、打造园区品牌、创新园区机制等。马廷玉、邬冰（2009）[④] 指出，产业园区建设已经成为县域经济发展的推动力，但就辽宁省县域产业园区的情况看还存在诸多问题，如体制束缚严重、自我发展能力弱、企业规模小、产业层次低、产业链条不完整等。赵强、刘钦虎（2012）[⑤] 提出，园区作为县域经济发展的龙头和引擎，是集聚区域资源和嫁接发展优势的有效载体，实施园区带动战略有助于承接产业转移、转变经济发展方式、实现工业化和城市化等。此外，园区化发展模式已经在县域经济发展中进行了广泛的实践。例如，内蒙古通辽

---

① 顾宝凤：《园区经济：县域经济加快发展的新载体》，《价格月刊》2002 年第 11 期，第 9 页。

② 聂汉清、夏振明：《屯留县：让园区经济成为县域经济的"火车头"》，《人民论坛》2006 年第 7 期，第 61～62 页。

③ 陈学军：《发挥园区经济在县域经济的增长极作用》，《西南农业大学学报》（社会科学版）2008 年第 4 期，第 31～33 页。

④ 马廷玉、邬冰：《基于县域经济视角的辽宁产业园区发展研究》，《东北大学学报》（社会科学版）2009 年第 6 期，第 519～523 页。

⑤ 赵强、刘钦虎：《实施园区带动战略　引领县域经济跨越发展》，《中国市场》2012 年第 27 期，第 69～71 页。

市的扎鲁特旗主要有煤炭、农畜产品两大优势产业，该旗把加快扎哈淖尔、鲁北两大产业园区建设作为拉动县域经济发展的重点工程来抓，有效地促进传统产业转型升级，产业集聚效应十分明显。

集群化主要针对产业集聚，是指在特定区域中，具有竞争性和合作关系且在地理上集中并有相互关联的产业组成的群体，即产业在一定空间范围内高度集中并形成产业链，有利于降低企业制度成本，提高企业规模经济效应和范围经济效应，提升产业的市场竞争力。赵建芳（2004）[①] 提出产业集群对县域经济发展的四个重要作用：一是形成产业分工链、优化经济结构和产生外部规模效应；二是有利于培育和提升竞争力和创新力；三是有利于加快工业化和城镇化；四是可以通过建立循环经济来节约环境治理成本。贺耀敏（2004）[②] 指出，发展县域经济就要以培养和扶持县域集群经济为突破口，尤其要形成多种产业和各种经济相互关联的集群成长模式。江激宇等（2005）[③] 提出，区域集群战略是县域经济发展的重要策略。区域集群是指一些同类企业和相关联的上下游企业以及支持性产业和有关机构，按照专业分工和产业联系的原则，结网扎堆于某一区域，形成区域产业集群，既是产业和企业的集聚，也是地理空间上的集中。谢方、王礼力（2008）[④] 通过案例调查发现，西部产业集群发展和县域经济发展水平呈现显著相关性，这种

---

① 赵建芳：《论产业集群与县域经济》，《甘肃社会科学》2004 年第 6 期，第 220 ~ 222、225 页。

② 贺耀敏：《集群式经济：我国县域经济发展的新思路——兼论我国县域经济发展的几个认识误区》，《西北大学学报》（哲学社会科学版）2004 年第 1 期，第 154 ~ 157 页。

③ 江激宇、叶依广、许多：《区域集群战略：发展壮大县域经济的一种思路》，《农业经济问题》2005 年第 8 期，第 61 ~ 64、80 页。

④ 谢方、王礼力：《西部产业集群与县域经济发展相关性实证分析——有关陕西户县纸箱产业集群的个案分析》，《哈尔滨工业大学学报》（社会科学版）2008 年第 1 期，第 65 ~ 68 页。

相关性源于集群的三种效应:一是农村工业经济提升效应;二是农村剩余劳动力快速转移效应;三是农民增收和收入结构多元化效应。魏民洲(2008)[①] 指出,打造地方产业集群是加快县域经济发展和提升县域经济竞争力的有效途径,而政府在此过程中应该提供有效的政策环境,培育优势特色产业,推进产业集中,加快小城镇建设,优化投融资体制。李姗姗(2011)[②] 通过实证分析揭示出产业集群与县域经济相辅相成、相互促进,但在工业化发展前期,二者相互促进的作用有限。

三 基于优势要素维度分类

1. 劳务优势型

劳务优势型是指本地资源匮乏但具有劳动力优势的县域,充分利用政府和民间力量加大劳务培训投入,不断向外输出劳务,通过在异地打工积累资金和技术,然后返乡进行创业来带动县域经济发展。杨彦生(2003)[③] 就陕西省镇巴县的情况进行分析,提出,劳务输出是发展县域经济的有效路径,发展劳务输出的关键因素包括三个方面:一是地处大山深沟,地瘠民贫,交通闭塞,信息不灵;二是耕地短缺,自然灾害频繁;三是具有丰富的劳动力资源优势。吴玉堂(2009)[④] 指出,通过加大培训力度、加强劳务输出管理、打造劳务经济品牌来促进劳务经济发展,已经成为各地农民增收的

① 魏民洲:《产业集群与县域经济发展》,《陕西师范大学学报》(哲学社会科学版)2008 年第 5 期,第 81~85 页。

② 李姗姗:《产业集群与县域经济发展关系研究——以河南省为例》,《农业经济》2011 年第 7 期,第 32~34 页。

③ 杨彦生:《劳务输出是发展县域经济的有效途径》,《中国城市经济》2003 年第 4 期,第 69~70 页。

④ 吴玉堂:《劳务经济与区域经济发展》,《漯河职业技术学院学报》2009 年第 4 期,第 88~90 页。

重要渠道和县域经济发展的重要支撑，包括离土不离乡的就地转移和跨区域的劳务输出两种模式。骆欣、袁鑫（2010）[①] 指出，虽然劳务输出有效地促进了农民收入提高和县域经济发展，但也存在诸如劳动力素质与产业结构不相适应、劳动力异地转移无序化、劳动力合法权益得不到保障等问题。

2. 资本优势型

资本优势型是这样一种经济发展模式，它凭借本地区资本增值载体优势，搭建资本集聚平台，并辅之以优良的资本运动环境，依靠多渠道增加区域资本供给以带动整个县域经济发展。梁兴辉、王丽欣（2009）[②] 认为，中国县域经济发展模式有三种。一是以公有经济为主的县域经济发展模式。在一些县或乡，主要是靠公有经济特别是集体经济来发展壮大其经济实力的，如苏南地区大部分乡镇企业的创业资本源于社区范围内的集体投入。二是以民营经济为主的县域经济发展模式。民营经济是一种非国有的经济形式和经营方式，包含私营经济和个体经济等，具有灵活、适应市场能力强的特点，一些县（市）的经济搞得比较活，就在于充分发挥了民营经济的作用。同时，在公有经济中通过全面引入民营机制，盘活存量资产，以民营化为主体形成块状经济，能够带活县域经济，促进县域经济全面发展。三是以外资经济为主的县域经济发展模式。这类县域经济发展模式是指利用县域内便利的经济发展优势，地处沿海、沿江等的区位优势以及良好的对外交通运输条件，发展以流通组织系统为主导的商贸产业，以商招商，以

---

① 骆欣、袁鑫：《浅论劳务输出对县域经济的影响——以正安县为例》，《经营管理者》2010年第21期，第73页。
② 梁兴辉、王丽欣：《中国县域经济发展模式研究综述》，《经济纵横》2009年第2期，第123~125页。

"外"引"外"，形成以开放谋发展的模式。

唐路元（2005）[①] 指出，目前我国绝大多数县域经济的总量都不大，资本总量相对也小，然而即使在这种情况下，也存在较大数量的县域经济资本外流问题。引起该问题的原因是多方面的，要完全解决该问题也是不可能的，只能通过改革金融政策、完善县域金融服务体系、改善县域经济信用环境、加大财政支持县域经济发展的力度来减少县域资本流失或增加流入县域经济的资本量。

3. 资源优势型

资源优势型是指通过充分利用当地所特有的自然资源和人文资源，促进和带动县域经济的发展。宋效中等（2010）[②] 认为，资源主导型县域经济发展模式有三种主要类型：第一种是某些县域因其特殊的气候和地形条件而物种繁多，具有发展农副产品加工业的资源优势；第二种是某些地区拥有丰富的矿产资源，可以依托矿产资源发展资源型工业；第三种是一些县域第一、第二产业相对薄弱，但拥有丰富的自然风光、历史古迹、民俗文化等旅游资源，据此可以大力发展旅游业，通过旅游业带动诸如交通运输业、宾馆服务业、旅游商品生产等部门的发展。

赵伟（2007）[③] 则认为，所谓的资源优势是相对的，表现在静态和动态两个方面。静态比较优势是指自然形成的比较优势，如矿产资源，人类活动可以在数量上影响其赋存状况，却无法从根本上

---

① 唐路元：《县域经济资本外流问题探析》，《开发研究》2005 年第 2 期，第 53～55 页。

② 宋效中、贾谋、骆宏伟：《中国县域经济发展的三大模式》，《河北学刊》2010 年第 3 期，第 136～139 页。

③ 赵伟：《县域经济发展模式：基于产业驱动的视角》，《武汉大学学报》（哲学社会科学版）2007 年第 4 期，第 481～486 页。

改变其禀赋格局。动态比较优势是指可以由人类的经济活动造就出来的比较优势，如县域内的人口，在经济发展到一定阶段或科学技术发展到一定程度之后，动态比较优势对经济生活的影响力大大增强，其重要性往往超过了静态比较优势，成为决定产业布局和地区经济发展的关键因素。

4. 科技优势型

科技优势型是以科技为突破点来发展高技术产业，积极进行科技创新和改革，充分利用科技成果带动农业及其他各类型企业的发展，从而推动整个县域经济发展的一种模式。付野等（2011）[①] 认为，科技进步对县域技术效率的提升具有显著的正向促进作用。县域科技活动越活跃，技术效率的提升就越快，技术效率也就越高，而伴随着技术效率的提升，经济增长质量就会得到改善。县域科技进步中的科技投入作为生产要素能够直接促进县域经济的发展，同时，科技进步也能通过提升要素利用率、优化县域产业结构、促进县域产业升级、改善县域经济的进出口结构、塑造县域经济发展所需的核心竞争力等渠道和机制，渗透于其他生产要素中，以促进县域经济的增长。

邢志广、李果（2006）[②] 认为，县域经济竞争的关键在于科技，依靠科技形成的特色集群才具有生命力和竞争力，而加强县域科技创新的支撑作用已成为县域经济可持续发展的必然选择。目前，一些县域经济发展起点低、产业规模小、结构不合理、技术含量低、环境污染大等问题日益突出，粗放型的发展越来越难

---

① 付野、张广胜、田慧勇：《基于 DEA 的农业科技龙头企业技术创新效率评价——以辽宁省为例》，《社会科学辑刊》2011 年第 1 期，第 133～137 页。

② 邢志广、李果：《县域经济发展战略探讨》，《宏观经济管理》2006 年第 4 期，第 57～59 页。

以为继，迫切需要创新发展动力，加强县域科技创新体系的建设，把发展县域经济的重点从总量扩张转向量质并举。因此，发展县域经济必须加大科技资源投入，引进和培养科技人才，增加特色产品的科技含量，提高科技在特色经济发展中的贡献率。一是通过科技进步，淘汰落后生产技术，加强传统产业的技术改造升级，推广应用先进适用技术。二是依托产业集群的聚合效应推进科技进步，进行特色产业品牌创新。三是增强企业的技术创新主体地位，为加快科技成果转化和推广提供良好的服务。四是解决县域经济发展的人才缺乏"瓶颈"，既要以良好的政策环境和事业引进人才、留住人才，又要大力发展教育和其他社会事业，提高县域人口素质，着力开发人力资源，把人口资源转变为发展县域经济和参与市场竞争的优势。

5. 区位优势型

区位优势型是指根据县域的区位优势，确立县域经济的发展方向。梁兴辉、王丽欣（2009）[①] 认为，这种模式中最为典型的例子就是大城市依托型，靠近经济发达的大中城市或地区，就为大城市提供辅助配套支持，或从大城市的经济结构调整中得到发展机遇。乐菲菲等（2011）[②] 认为，走大城市辐射带动县域经济发展的路子，不仅需要坚持依托中心城市，主动对接、承接产业转移，发展配套经济，而且应该坚持城乡统筹、工农联动、城乡联动一体化发展，创新方式，拓宽渠道，加大对"三农"的支持力度，全面解放和发展农村生产力，走以城带乡、以工补农、城乡协调发展的县域经济

---

① 梁兴辉、王丽欣：《中国县域经济发展模式研究综述》，《经济纵横》2009 年第 2 期，第 123～125 页。

② 乐菲菲、朱孔来、马宗国：《山东县域经济的八种典型模式》，《宏观经济管理》2011 年第 7 期，第 68～69 页。

之路。

战焰磊（2010）① 则认为，并非所有县域均适合区位导向型县域经济发展模式。他指出，适合此类发展模式的县域经济通常具有以下特点：邻近现代工业生产力和城市文明辐射力强的大城市；交通条件便利；与大城市的交往比较密切；吸收大城市辐射的功能比较强。而区位导向型县域经济的优点在于在区位优势既定的条件下，经济社会历史积淀壁垒比较低，起步发展比较快，见效比较迅速，而且得益于区位优势的相对稳定性，经济发展动力相对持久。但是，区位导向型县域经济易出现对区位中心过度依赖的问题，经济发展的自主性不强，与区位中心的风险联动性比较明显，区位中心的重大变迁可能会对县域经济造成致命的影响。

四 基于主导产业维度分类

1. 农业主导型

农业主导型强调农业在县域经济中的基础性作用，发挥农业较强的前向产业关联效应，以带动县域整体经济发展。魏秀芬、于战平（2005）② 提出的"农业产业化带动模式"、赵伟（2007）③ 提出的"农业驱动型县域经济发展模式"、何黎明（2006）④ 提出的"以农业产业化为主的专业化基地型县域经济发展模式"都可归入此类。一般来讲，贫困县的县域经济多属于此类。这种经济的特点是县域

① 战焰磊：《中国县域经济发展模式的分类特征与演化路径》，《云南社会科学》2010 年第 3 期，第 109～113 页。
② 魏秀芬、于战平：《我国县域经济的发展模式》，《农村经营管理》2005 年第 3 期，第 47～48 页。
③ 赵伟：《县域经济发展模式：基于产业驱动的视角》，《武汉大学学报》（哲学社会科学版）2007 年第 4 期，第 481～486 页。
④ 何黎明：《县域经济发展模式的理论思考》，《决策探索》2006 年第 8 期，第 21～22 页。

内有较多可供利用的农业自然资源，政府充分利用当地自然资源优势，大力进行农业的深度开发，农业基础产业的地位得到了进一步加强，逐步形成了以商品性农业生产为龙头，兴办以农产品为原料的加工业，使得整个县域经济得到了长足的发展。而由于各县资源条件和开发利用的情况不同，又可以把农业主导县分为种植业特色的农业主导县、畜牧业特色的农业主导县和渔业特色的农业主导县等。

　　赵伟（2007）[①] 认为，这种模式并非单一的或一致的，内部也有很大的差异。他指出，这种模式形成的条件有三个：一是农业资源较为丰富，农业发展条件较为优越；二是除了农业资源以外没有别的资源；三是一般远离中心城市，接受城市辐射较难。而这种模式面临的主要问题也有三个：一是主要产品的技术含量不高，因而产品附加值偏低，影响了资金积累；二是农业科技开发投入偏少，农业科技推广体系不够健全，农产品更新换代步伐过慢；三是市场制度建设相对滞后。

　　2. 工业主导型

　　一些县提出"工业立县""工业强县"的战略，强调工业在县域经济发展中的主导作用，我们可称之为工业主导型。姜保雨（2006）[②] 针对中部县域经济，认为只有树立以工业化为主导的理念，把大力发展工业、培育支柱产业、加速实现工业化作为实现跨越式发展的突破口和主动力，建立起现代工业体系，提升县域经济整体实力，才能从根本上改变中部县域经济长期所处的不利

---

①　赵伟：《县域经济发展模式：基于产业驱动的视角》，《武汉大学学报》（哲学社会科学版）2007 年第 4 期，第 481～486 页。

②　姜保雨：《中部县域经济发展模式研究》，《商场现代化》2006 年第 21 期，第 147～148 页。

地位。而赵伟（2007）[①] 提出"工业驱动型"发展模式，并认为这种模式具体可分为三种情况，即大城市依托型工业化、内生型工业化和开放型工业化。

费月升、林洪涛（2006）[②] 认为，工业主导型的主要特点是农村工业成为县域经济的支柱产业，工业产值占社会总产值的比重较高，县域工业的蓬勃发展是推动全县经济发展的主要力量。同时指出，在工业主导型县域经济中，具有外向型特点的发展类型值得重视，其主要特点是积极参与国际经济合作与交流，发挥本县经济的优势，取得较好效益，该类县域经济较多地以国际市场为导向，工业产值中外销产值的比重较大。

3. 服务业主导型

梁兴辉、王丽欣（2009）[③] 认为，突出服务业在县域经济发展中的带动作用的模式，可以称之为"服务业主导模式"。彭玮、邹进泰（2011）[④] 提出，依靠第三产业（服务业）带动县域经济发展的模式主要有两种。一种是批发市场带动模式。通过发挥自身优势，在当地形成全省、全国乃至世界范围内的批发市场，由批发市场带动当地相关产业的发展，从而引领县域经济的全面发展。另一种是旅游资源开发模式。该模式主要针对第一、第二产业相对薄弱但有丰富的旅游资源的县域，这类县域具有发展旅游业的巨大优势，以旅游业带动县域经济的发展。

---

① 赵伟：《县域经济发展模式：基于产业驱动的视角》，《武汉大学学报》（哲学社会科学版）2007 年第 4 期，第 481～486 页。

② 费月升、林洪涛：《县域经济主导产业发展模式》，《边疆经济与文化》2006 年第 3 期，第 65～66 页。

③ 梁兴辉、王丽欣：《中国县域经济发展模式研究综述》，《经济纵横》2009 年第 2 期，第 123～125 页。

④ 彭玮、邹进泰：《中西部地区县域现代化的路径选择》，《江汉论坛》2011 年第 5 期，第 67～70 页。

　　赵伟（2007）① 认为，服务业包括的具体行业广泛，就业容量和潜力很大，随着消费水平的普遍提高，将成为未来县域经济发展的重要领域。他认为，批发市场带动模式形成的条件有四个：一是自身特色产品的专业化生产有一定的规模和影响力，需要批发市场；二是兴办的同类专业市场在全国比较早，一般在 20 世纪 80 年代初期起步；三是传统的务工经商意识较浓，民营经济活跃；四是政府的积极引导和协调。

---

① 赵伟：《县域经济发展模式：基于产业驱动的视角》，《武汉大学学报》（哲学社会科学版）2007 年第 4 期，第 481～486 页。

第四章　云南县域经济发展：基于全国视角的评价与比较

研究云南县域经济发展，不能就云南分析云南，而要认清云南县域经济在全国的位次，从与其他省份存在差异的地方寻找发展的突破口——"弥补劣势、利用优势"。从省际县域经济发展关系的视角来看，省域经济表示为所辖县域经济的集合。基于此，本章将以县域经济发展为对象构建指标体系，并收集全国31个省份的相应指标数据进行实证评价，重点将云南与各地区的县域经济发展进行排序与比较。

第一节　县域经济发展差异评价的方法

本书评价全国31个省份的县域经济发展差异，主要是将反映县域经济发展的相关指标进行分类与综合合成，具体步骤包括：首先，对所有指标进行标准化处理，即正向化和无量纲化；其次，对县域经济发展的各方面指标进行综合评价。具体选择功效系数法和因子分析法。

一　指标标准化处理：功效系数法

功效系数法是根据多目标规划原理，对每一项评价指标确定满意值和不允许值，以满意值为上限，以不允许值为下限，以此计算各指标实现满意值的程度。由于所选指标的单位并不一致，同时指标与目标间的关系有正有负，因此需要采取功效系数法，对以上各样本的指标进行标准化处理。

设第 i 个评价样本的第 j 项指标值为 x_{ij}，其中，$i=1$，2，3，…，31，表示全国 31 个省份的样本数量；$j=1$，2，3，…，表示所构建的县域经济发展指标个数。

对于正向指标而言，指标值越大越好，因此采用正向功效系数模型，将原始指标数据 $x_{ij} \in \left[\min\limits_{1 \leq i \leq 31}(x_{ij}), \max\limits_{1 \leq i \leq 31}(x_{ij}) \right]$ 控制到 $y_{ij} \in [q, k+q]$，计算公式如下：

$$y_{ij} = \frac{x_{ij} - \min\limits_{1 \leq i \leq 31}(x_{ij})}{\max\limits_{1 \leq i \leq 31}(x_{ij}) - \min\limits_{1 \leq i \leq 31}(x_{ij})} \times k + q \qquad (4-1)$$

对于负向指标而言，指标值越小越好，因此采用负向功效系数模型，将原始指标数据 $x_{ij} \in \left[\max\limits_{1 \leq i \leq 31}(x_{ij}), \min\limits_{1 \leq i \leq 31}(x_{ij}) \right]$ 控制到 $y_{ij} \in [q, k+q]$，计算公式如下：

$$y_{ij} = \frac{\max\limits_{1 \leq i \leq 31}(x_{ij}) - x_{ij}}{\max\limits_{1 \leq i \leq 31}(x_{ij}) - \min\limits_{1 \leq i \leq 31}(x_{ij})} \times k + q \qquad (4-2)$$

其中，q 表示指标下限值，本书取值 $q=50$；$k+q$ 表示指标上限值，本书取值 $k+q=100$。由此，$k=50$。

二　指标数据的合成：因子分析法

因子分析法是利用原始变量与因子之间的相关关系，从具有错综复杂关系的变量中提炼出数量较少的几个因子，同时，根据不同因子还可以对变量进行分类。因子分析法是将大量彼此可能存在相关关系的变量转换成少量彼此不相关的综合指标的一种多元统计方法。在我国省际县域经济发展的指标体系上，虽然所选指标在经济意义上具有独立性，但是在统计上仍然存在较强的相关性，不可避免地造成了信息重合，这样会扭曲县域经济发展综合评价的真正特征和内在规律。因此，本书选择因子分析法，将具有信息重叠的指标转化成少数几个具有独立关系并能反映经济内涵的综合因子，以此进行综合评价。

设存在 m 个可能存在相关关系的原始变量 X_1，X_2，$\cdots$，X_m，含有 p 个独立的公共因子 F_1，F_2，$\cdots$，F_p，为了达到降维目标，需要满足 $p \leqslant m$，原始变量 X_i 含有独特因子 ε_i，其中 $i = 1$，2，$\cdots$，m，各 ε_i 间互不相关，即 $E(\varepsilon) = 0$，并且 $\mathrm{COV}(F, \varepsilon) = 0$，每个 X_i 可由 p 个公共因子和与自身对应的独特因子 ε_i 线性表示。

$$\begin{cases} X_1 = \alpha_{11}F_1 + \alpha_{12}F_2 + \cdots + \alpha_{1p}F_p + \varepsilon_1 \\ X_2 = \alpha_{21}F_1 + \alpha_{22}F_2 + \cdots + \alpha_{2p}F_p + \varepsilon_2 \\ \vdots \quad \vdots \quad \vdots \quad \vdots \quad \vdots \quad \vdots \\ X_m = \alpha_{m1}F_1 + \alpha_{m2}F_2 + \cdots + \alpha_{mp}F_p + \varepsilon_m \end{cases} \quad (4-3)$$

用矩阵表示为：

$$\begin{bmatrix} X_1 \\ X_2 \\ \vdots \\ X_m \end{bmatrix} = \begin{bmatrix} a_{11} & a_{12} & \cdots & a_{1p} \\ a_{21} & a_{22} & \cdots & a_{2p} \\ \vdots & \vdots & \vdots & \vdots \\ a_{m1} & a_{m2} & \cdots & a_{mp} \end{bmatrix} \begin{bmatrix} F_1 \\ F_2 \\ \vdots \\ F_p \end{bmatrix} + \begin{bmatrix} \varepsilon_1 \\ \varepsilon_2 \\ \vdots \\ \varepsilon_m \end{bmatrix} \quad (4-4)$$

进一步简写为：

$$X = A \times F + \varepsilon \quad (4-5)$$

A 称为因子负荷矩阵，其元素 a_{ij} 表示第 i 个变量在第 j 个公共因子上的负荷，简称因子负荷。

第二节　县域经济评价的指标体系构建

国内关于县域经济评价的研究较多。例如，王庆丰等（2009）[①]

---

① 王庆丰、党耀国、王丽敏：《基于因子和聚类分析的县域经济发展研究——以河南省 18 个县（市）为例》，《数理统计与管理》2009 年第 3 期，第 495～501 页。

所建立的县域经济发展指标体系共有 23 个，分别从地区经济发展规模、地区产业结构、农业生产规模、工业生产规模、地区经济效益、人民生活水平等方面来反映县域经济发展的特征。具体包括国内生产总值（万元）、固定资产投资（万元）、社会消费品零售总额（万元）、地方财政收入（万元）、工业增加值（万元）、第一产业产值（万元）、第一产业比重（%）、第二产业产值（万元）、第二产业比重（%）、第三产业产值（万元）、第三产业比重（%）、农作物总播种面积（千公顷）、农业机械总动力（万千瓦）、粮食总产量（万吨）、企业数量（家）、产品销售收入（万元）、人均国内生产总值（元）、农村居民人均纯收入（元）、在岗职工平均工资（元）、居民储蓄存款余额（万元）、卫生机构床位数（张）、教育事业费（万元）、农村用电量（万千瓦小时）。王林伶（2011）[①] 构建了宁夏县域经济基本竞争力评价体系，其中一级指标 6 个、二级指标 34 个。一级指标有 6 个，具体如下。①市场影响力。县域经济主体在市场结构中处于支配者地位还是接受者地位，是其竞争力的突出表现。②经济增长力。经济增长速度是县域经济竞争力的集中表现，如果竞争力强，增长速度就快；如果竞争力弱，增长速度就慢。③经济激励力。各经济主体所获得的收入或效益提高，是县域经济可持续发展的关键。④结构转换力。经济结构转变、社会结构变迁是县域经济发展的基本过程。⑤社会和谐力。统筹城乡发展、缩小行业差距、社会事业发展是县域经济发展的软实力。⑥资源配置力。建设资源节约型和环境友好型社会，是县域经济发展的重要目标。张金萍等（2012）[②] 认为，黄河下游沿岸县域经济发展应从经济发展基础

---

① 王林伶：《宁夏县域经济竞争力评价及实证研究》，《宁夏社会科学》2011 年第 3 期，第 31～34、42 页。

② 张金萍、秦耀辰、张丽君、闵祥鹏：《黄河下游沿岸县域经济发展的空间分异》，《经济地理》2012 年第 3 期，第 16～21 页。

（人均地区生产总值、非农产业比重、人均地方财政收入、人均居民储蓄存款余额、城镇居民人均可支配收入、农村居民人均纯收入）、发展活力（地区生产总值增长率、人均全社会固定资产投资）和发展潜力（全员劳动生产率、财政收入占地区生产总值比重）等方面选取指标进行综合测度，进一步考虑人工神经网络的建模需求和数据的可获得性，共选取10项相关指标参与评价。这些研究的共性是将县域经济发展看成一个综合发展体系，鉴于此，本书也从不同角度构建县域经济评价体系。

一　基本原则

◆相关性——所选取的指标要与评价目标及准则相关，即反映评价准则的内容。

◆独立性——所选择的指标相对独立，即指标与指标间反映的内容尽量减少信息重叠。

◆可比性——将所选择的指标剔除规模因素，进行单位化处理，保证各地区指标数据具有可比性。

◆可取性——所选取的指标均能获取公开的数据资料。

二　指标选取

在借鉴国内关于县域经济发展评价指标构建的基础上，本书主要围绕经济运行、社会状况、人口发展、城镇化率、资源利用、环境保护六个方面进行县域经济发展指标体系的构建。

1. 经济运行指标

在经济运行评价方面，主要选取人均国内生产总值、人均第二产业产值、人均第三产业产值、人均全社会城镇固定资产投资、人均居民消费支出、城镇居民人均可支配收入、农村居民工资性收入占比和城乡居民收入比8个指标（见表4-1）。

表 4 - 1　经济运行指标体系

代码	指标	单位	方向
A1	人均国内生产总值	元/人	正向
A2	人均第二产业产值	元/人	正向
A3	人均第三产业产值	元/人	正向
A4	人均全社会城镇固定资产投资	元/人	正向
A5	人均居民消费支出	元/人	正向
A6	城镇居民人均可支配收入	元/人	正向
A7	农村居民工资性收入占比	%	正向
A8	城乡居民收入比	—	负向

2. 社会状况指标

在社会状况评价方面，主要选取千人卫生技术人员数、千人医疗卫生机构床位数、普通学校综合生师比、生均教育经费、广播电视综合覆盖率、城镇用水普及率、城镇燃气普及率、万人拥有公共交通车辆数、人均城镇道路面积、人均公园绿地面积和万人拥有公共厕所数11个指标（见表4-2）。其中，普通学校综合生师比主要根据小学生师比、初中生师比、普通高中生师比和普通高校生师比平均计算。

表 4 - 2　社会状况指标体系

代码	指标	单位	方向
B1	千人卫生技术人员数	人	正向
B2	千人医疗卫生机构床位数	张	正向
B3	普通学校综合生师比	—	负向
B4	生均教育经费	元/人	正向
B5	广播电视综合覆盖率	%	正向
B6	城镇用水普及率	%	正向
B7	城镇燃气普及率	%	正向
B8	万人拥有公共交通车辆数	标台	正向

续表

代码	指标	单位	方向
B9	人均城镇道路面积	平方米	正向
B10	人均公园绿地面积	平方米	正向
B11	万人拥有公共厕所数	座	正向

3. 人口发展指标

在人口发展评价方面，主要选取平均受教育年限、平均预期寿命、城镇登记失业率和城市人口密度4个指标（见表4-3）。其中，平均受教育年限主要根据未上过学的人口数、小学文化人口数、初中文化人口数、高中文化人口数、大专及以上人口数和6岁及以上人口数进行加权平均计算。

表4-3　人口发展指标体系

代码	指标	单位	方向
C1	平均受教育年限	年	正向
C2	平均预期寿命	岁	正向
C3	城镇登记失业率	%	负向
C4	城市人口密度	人/平方公里	负向

4. 城镇化率指标

在城镇化率评价方面，主要选取人口城镇化率、空间城镇化率和经济城镇化率3个指标（见表4-4）。其中，人口城镇化率为城镇人口占总人口的比重，空间城镇化率为城镇建成区面积占城镇总面积的比重，经济城镇化率为第二、第三产业产值占地区生产总值的比重。

表 4－4　城镇化率指标体系

代码	指标	单位	方向
D1	人口城镇化率	%	正向
D2	空间城镇化率	%	正向
D3	经济城镇化率	%	正向

5. 资源利用指标

在资源利用评价方面，主要选取人均耕地面积、森林覆盖率、人均水资源量、万元地区生产总值耗能4个指标（见表4－5）。

表 4－5　资源利用指标体系

代码	指标	单位	方向
E1	人均耕地面积	亩	正向
E2	森林覆盖率	%	正向
E3	人均水资源量	立方米/人	正向
E4	万元地区生产总值耗能	吨标准煤/万元	负向

6. 环境保护指标

在环境保护评价方面，主要选取城市单位面积生活垃圾清运量、单位面积生活污水排放量、单位面积工业废水排放量、单位面积工业废气排放量、单位面积工业固体废弃物产生量、生活垃圾无害化处理率、城市污水处理率、工业固体废弃物处置率、环境污染治理投资占GDP比重9个指标（见图4－6）。

表 4 - 6　环境保护指标体系

代码	指标	单位	方向
F1	单位面积城市生活垃圾清运量	吨/平方公里	负向
F2	单位面积生活污水排放量	吨/平方公里	负向
F3	单位面积工业废水排放量	吨/平方公里	负向
F4	单位面积工业废气排放量	亿标立方米/平方公里	负向
F5	单位面积工业固体废弃物产生量	吨/平方公里	负向
F6	生活垃圾无害化处理率	%	正向
F7	城市污水处理率	%	正向
F8	工业固体废弃物处置率	%	正向
F9	环境污染治理投资占 GDP 比重	%	正向

第三节　县域经济发展的评价结果分析

在采用以上方法构建指标体系的基础上，本书分别从《中国统计年鉴》《中国人口统计年鉴》《中国环境统计年鉴》等资料中收集 2011 年全国 31 个省份的相关数据进行实证评价。

一　经济运行：云南位居第 30 名

1. 描述统计分析

对我国 31 个省份的经济运行指标进行描述性统计分析，主要反映其集中趋势和离散趋势（见表 4 - 7）。

表 4 - 7　经济运行指标描述性统计

变量代码	极小值	极大值	均值		标准差	离散系数
			统计量	标准误		
A1	16413.00	85213.00	39441.87	3376.00	18796.78	0.48
A2	16127.00	57202.00	35673.32	1785.21	9939.63	0.28
A3	18611.00	71051.00	29766.00	2173.42	12101.12	0.41

续表

变量代码	极小值	极大值	均值		标准差	离散系数
			统计量	标准误		
A4	23661.00	74959.00	44992.71	2173.31	12100.47	0.27
A5	4730.00	35439.00	12789.48	1154.95	6430.49	0.50
A6	14989.00	36230.00	20607.39	963.18	5362.76	0.26
A7	14.79	65.36	41.03	2.40	13.34	0.33
A8	2.07	3.98	2.91	0.09	0.52	0.18

注：表中数据为 SPSS 18.0 计算结果。

2. 综合因子分析

对指标数据进行标准化处理，在通过因子分析的 KMO 和 Bartlett 检验基础上，根据因子分析基本原理，按照尽可能提取指标信息原则，选取了 4 个公因子，累计方差贡献率为 95.03%。

◆公因子 1——在人均第三产业产值、城镇居民人均可支配收入、人均国内生产总值、人均居民消费支出上具有较高的载荷系数，反映经济生活，其方差贡献率为 37.25%。

◆公因子 2——在人均第二产业产值和人均全社会城镇固定资产投资上具有较高的载荷系数，反映工业投资，其方差贡献率为 18.87%。

◆公因子 3——在农村居民工资性收入占比上具有较高的载荷系数，反映农民收入，其方差贡献率为 20.12%。

◆公因子 4——在城乡居民收入比上具有较高的载荷系数，反映城乡差距，其方差贡献率为 18.79%。

3. 评价结果分析

根据因子方差贡献率以及各因子的经济内涵，将各因子得分进行加权平均，得到各地经济运行综合得分。其中，东部地区为0.5000，中部地区为 - 0.2228，西部地区为 - 0.3099，而云南为 - 0.6989，位居全国第30名（见表4 - 8）。

表 4 - 8　我国各地经济运行综合得分

地区名称	经济生活（公因子1）	工业投资（公因子2）	农民收入（公因子3）	城乡差距（公因子4）	综合得分	得分排名
	37. 25%	18. 87%	20. 12%	18. 79%		
北　京	3. 4111	- 1. 7875	- 0. 1358	0. 1325	0. 9521	3
天　津	1. 3691	1. 9461	0. 4418	0. 6707	1. 1170	2
河　北	- 0. 8380	0. 4141	0. 5380	0. 6743	0. 0010	11
山　西	- 0. 8401	0. 0344	0. 9992	- 0. 4115	- 0. 1869	18
内蒙古	0. 7261	2. 4809	- 1. 3341	- 0. 4490	0. 3946	6
辽　宁	0. 0842	1. 1061	- 0. 4078	0. 7118	0. 2984	9
吉　林	- 0. 3570	0. 0886	- 1. 4980	1. 4703	- 0. 1446	14
黑龙江	- 0. 8410	- 1. 2292	- 1. 4900	2. 4207	- 0. 3991	25
上　海	2. 2803	- 1. 0503	1. 4420	0. 8323	1. 1228	1
江　苏	0. 6497	1. 3320	0. 8567	0. 4219	0. 7620	4
浙　江	0. 8302	0. 4120	0. 9180	0. 8240	0. 7431	5
安　徽	- 0. 8320	- 0. 2051	0. 3723	0. 0041	- 0. 2792	22
福　建	0. 2337	0. 3721	0. 4537	0. 0841	0. 2704	10
江　西	- 1. 0830	- 0. 3966	0. 2073	0. 9561	- 0. 2627	20
山　东	0. 1148	1. 1428	0. 3727	0. 1519	0. 3702	7
河　南	- 1. 0183	0. 2935	0. 2297	0. 6176	- 0. 1654	15
湖　北	- 0. 5719	- 0. 3796	- 0. 0847	0. 7141	- 0. 1713	16
湖　南	- 0. 6391	- 0. 4659	0. 6391	0. 1504	- 0. 1730	17
广　东	0. 2113	- 0. 6761	1. 9288	0. 0849	0. 3632	8
广　西	- 0. 3818	- 0. 4944	0. 0042	- 1. 0617	- 0. 4440	27
海　南	0. 0403	- 1. 7128	- 1. 1811	0. 3041	- 0. 4999	28

续表

地区名称	经济生活（公因子1）37.25%	工业投资（公因子2）18.87%	农民收入（公因子3）20.12%	城乡差距（公因子4）18.79%	综合得分	得分排名
重 庆	− 0.4078	0.0889	0.4903	− 0.3592	− 0.1064	12
四 川	− 0.8860	− 0.2995	0.3991	0.2093	− 0.2730	21
贵 州	− 0.2628	− 1.3277	0.1370	− 1.9567	− 0.7042	31
云 南	− 0.0008	− 1.1664	− 0.8040	− 1.6027	− 0.6989	30
西 藏	1.1729	0.7287	− 2.7421	− 1.5846	− 0.2813	24
陕 西	− 0.3799	0.8043	0.8234	− 1.4983	− 0.1080	13
甘 肃	− 0.5502	− 0.5739	0.1492	− 1.6356	− 0.6040	29
青 海	− 0.7048	0.5982	0.1295	− 0.7954	− 0.2793	23
宁 夏	− 0.1540	0.1686	− 0.1202	− 0.7135	− 0.1880	19
新 疆	− 0.3753	− 0.2464	− 1.7340	0.6331	− 0.4257	26
东 部	0.7624	0.1362	0.4752	0.4448	0.5000	高
中 部	− 0.7728	− 0.2825	− 0.0781	0.7402	− 0.2228	中
西 部	− 0.1837	0.0634	− 0.3835	− 0.9012	− 0.3099	低

二 社会状况：云南位居第 28 名

1. 描述统计分析

对我国 31 个省份的社会状况指标进行描述性统计分析，主要反映其集中趋势和离散趋势（见表 4 – 9）。

表 4 – 9 社会状况指标描述性统计

变量代码	极小值	极大值	均值		标准差	离散系数
			统计量	标准误		
B1	2.68	14.20	5.07	0.39	2.19	0.43
B2	2.77	7.55	4.06	0.20	1.13	0.28
B3	12.26	19.12	15.91	0.31	1.72	0.11

续表

变量代码	极小值	极大值	均值		标准差	离散系数
			统计量	标准误		
B4	4425.00	31577.00	10053.81	1104.68	6150.58	0.61
B5	90.40	100.00	97.08	0.42	2.33	0.02
B6	90.78	100.00	96.29	0.58	3.21	0.03
B7	71.56	100.00	90.78	1.49	8.28	0.09
B8	7.20	22.38	11.48	0.55	3.06	0.27
B9	4.04	23.62	13.64	0.76	4.25	0.31
B10	7.01	17.87	11.48	0.46	2.54	0.22
B11	1.73	5.33	3.02	0.17	0.97	0.32

注：表中数据为 SPSS 18.0 计算结果。

2. 综合因子分析

对指标数据进行标准化处理，在通过因子分析的 KMO 和 Bartlett 检验基础上，根据因子分析基本原理，按照尽可能提取指标信息原则，选取了 5 个公因子，累计方差贡献率为 89.84%。

◆公因子 1——在生均教育经费、千人卫生技术人员数、千人医疗卫生机构床位数、普通学校综合生师比、万人拥有公共交通车辆数上具有较高的载荷系数，反映教育医疗交通，其方差贡献率为 30.08%。

◆公因子 2——在城镇用水普及率和城镇燃气普及率上具有较高的载荷系数，反映用水用气，其方差贡献率为 26.01%。

◆公因子 3——在人均公园绿地面积和人均城镇道路面积上具有较高的载荷系数，反映道路绿化，其方差贡献率为 12.95%。

◆公因子 4——在万人拥有公共厕所数上具有较高的载荷系数，反映公共卫生，其方差贡献率为 11.74%。

◆公因子5——在广播电视综合覆盖率上具有较高的载荷系数，反映文化传媒发展，其方差贡献率为9.06%。

3. 评价结果分析

根据因子方差贡献率以及各因子的经济内涵，将各因子得分进行加权平均，得到各地社会状况综合得分。其中，东部地区为0.4274，中部地区为 - 0.2181，西部地区为 - 0.2383，而云南为 - 0.4794，位居全国第28名（见表4 - 10）。

表4 - 10　我国各地社会状况综合得分

地区名称	教育医疗交通（公因子1）	用水用气（公因子2）	道路绿化（公因子3）	公共卫生（公因子4）	文化传媒发展（公因子5）	综合得分	得分排名
	30.08%	26.01%	12.95%	11.74%	9.06%		
北　京	3.6339	- 0.0204	- 0.4842	- 0.3550	0.5022	1.1917	1
天　津	1.2660	0.9184	0.3695	- 0.8228	0.0217	0.6848	2
河　北	- 0.8624	1.3004	0.6916	1.3551	0.8731	0.2531	8
山　西	- 0.0645	0.4807	- 0.4838	0.2021	- 0.4319	0.0040	15
内蒙古	0.5523	- 1.9245	1.3409	1.8604	- 0.1033	- 0.1740	22
辽　宁	0.3514	0.4653	- 0.4803	- 0.2734	0.5755	0.2216	10
吉　林	0.3077	- 1.1301	- 0.1119	0.9809	0.7576	- 0.1506	21
黑龙江	0.3379	- 1.7966	- 0.0281	2.3679	0.8147	- 0.3022	25
上　海	2.1341	0.3577	- 2.0401	- 0.9091	1.4082	0.6120	3
江　苏	0.0542	1.0896	1.2313	1.0292	0.2193	0.4900	5
浙　江	- 0.2632	1.2821	- 0.0222	1.1727	0.7947	0.3308	6
安　徽	- 1.1466	0.4701	0.2802	- 0.4284	0.4567	- 0.1483	20
福　建	- 0.1532	0.9746	0.1433	0.0290	0.1664	0.2465	9
江　西	- 1.1389	0.6197	0.2548	- 0.6726	0.6973	- 0.0872	19
山　东	0.2464	0.9162	2.2872	- 0.8910	- 0.6430	0.5629	4
河　南	- 1.4628	- 0.9382	- 1.6032	0.4124	1.4066	- 0.7816	30

续表

地区名称	教育医疗交通（公因子1）	用水用气（公因子2）	道路绿化（公因子3）	公共卫生（公因子4）	文化传媒发展（公因子5）	综合得分	得分排名
	30.08%	26.01%	12.95%	11.74%	9.06%		
湖北	-0.8903	0.9498	-0.6239	0.0818	0.6154	-0.0468	18
湖南	-0.3728	0.2027	-0.5449	-0.5936	-1.0671	-0.2318	23
广东	-0.4169	0.3079	0.1769	-1.2604	0.8626	0.0570	12
广西	-0.8875	-0.3194	-0.0008	-0.7018	0.1365	-0.3455	26
海南	-0.1194	0.1011	1.0500	-1.2465	-0.8466	0.0508	13
重庆	0.0727	-1.5237	1.6815	-1.7744	1.2912	-0.0406	17
四川	-0.4761	-1.0378	-0.3577	-0.2923	0.6866	-0.4063	27
贵州	-0.9212	-1.1232	-1.8023	-1.0053	-1.8432	-0.9918	31
云南	-0.6079	-0.6411	-0.8568	-0.6908	-0.0905	-0.4794	28
西藏	0.6002	-1.2190	0.6567	0.3502	-2.4530	-0.2800	24
陕西	-0.0442	0.1100	-0.0301	0.5710	0.0269	0.0142	14
甘肃	-0.2590	-1.0139	-0.7432	-0.4742	-1.3215	-0.5703	29
青海	-0.1083	1.5521	-1.0761	1.6677	-1.6601	0.0832	11
宁夏	-0.0948	-0.4943	1.4840	-0.1039	-0.3502	0.0035	16
新疆	0.7330	1.0837	-0.3581	0.4152	-1.5027	0.3271	7
东部	0.5337	0.6994	0.2657	-0.1975	0.3576	0.4274	高
中部	-0.5538	-0.1427	-0.3576	0.2938	0.4062	-0.2181	中
西部	-0.1201	-0.5459	-0.0052	-0.0149	-0.5986	-0.2383	低

三　人口发展：云南位居第31名

1. 描述统计分析

对我国31个省份的人口发展指标进行描述性统计分析，主要反映其集中趋势和离散趋势（见表4－11）。

表 4 - 11　人口发展指标描述性统计

变量代码	极小值	极大值	均值		标准差	离散系数
			统计量	标准误		
C1	5.51	11.55	8.81	0.18	1.01	0.11
C2	68.17	80.26	74.91	0.49	2.75	0.04
C3	1.39	4.35	3.45	0.12	0.65	0.19
C4	515.00	5821.00	2724.74	237.58	1322.80	0.49

注：表中数据为 SPSS 18.0 计算结果。

2. 综合因子分析

对指标数据进行标准化处理，在通过因子分析的 KMO 和 Bartlett 检验基础上，根据因子分析基本原理，按照尽可能提取指标信息原则，选取了 3 个公因子，累计方差贡献率为 97.77%。

　◆公因子 1——在平均预期寿命和平均受教育年限上具有较高的载荷系数，反映人口基本素质，其方差贡献率为 39.39%。
　◆公因子 2——在城市人口密度上具有较高的载荷系数，反映人口生存空间，其方差贡献率为 33.11%。
　◆公因子 3——在城镇登记失业率上具有较高的载荷系数，反映人口就业情况，其方差贡献率为 25.27%。

3. 评价结果分析

根据因子方差贡献率以及各因子的经济内涵，将各因子得分进行加权平均，得到各地人口发展综合得分。其中，东部地区为 0.5477，中部地区为 -0.2198，西部地区为 -0.3555，而云南为 -1.0949，位居全国第 31 名（见表 4 - 12）。

表 4-12 我国各地人口发展综合得分

地区名称	人口基本素质（公因子1）	人口生存空间（公因子2）	人口就业情况（公因子3）	综合得分	得分排名
	39.39%	33.11%	25.27%		
北 京	1.8198	0.8391	2.8778	1.7611	1
天 津	1.6389	0.0865	-0.5485	0.5478	4
河 北	0.0303	0.2983	-0.4875	-0.0128	16
山 西	0.1358	-0.2035	-0.0572	-0.0290	18
内蒙古	0.0814	1.4616	-0.6085	0.3705	10
辽 宁	0.6576	0.7745	-0.5114	0.3950	9
吉 林	0.4889	0.2940	-0.4972	0.1680	13
黑龙江	0.5854	-1.7706	-1.0687	-0.6400	28
上 海	2.0268	-0.6906	-0.5062	0.4519	7
江 苏	0.5040	0.5417	0.2451	0.4498	8
浙 江	0.6378	0.7810	0.3576	0.6139	3
安 徽	-0.0936	0.3926	-0.4588	-0.0233	17
福 建	0.2796	0.3458	-0.4448	0.1148	14
江 西	-0.2665	-1.3891	0.8472	-0.3588	22
山 东	0.3070	1.0372	0.0537	0.4888	6
河 南	-0.1133	-1.8085	0.2490	-0.5937	26
湖 北	0.2234	0.5930	-1.0812	0.0114	15
湖 南	0.1352	-0.0978	-1.2148	-0.2926	20
广 东	0.3495	0.0182	1.4937	0.5331	5
广 西	-0.0360	0.8823	-0.0420	0.2734	12
海 南	-0.0436	-0.0081	2.7138	0.6811	2
重 庆	0.1915	0.6936	-0.1419	0.2754	11
四 川	-0.0782	0.0233	-1.1077	-0.3099	21
贵 州	-1.3719	-0.5981	0.0076	-0.7533	29
云 南	-1.6330	-0.8443	-0.5846	-1.0949	31
西 藏	-3.0320	1.6541	0.9068	-0.4270	23
陕 西	0.0738	-2.3274	-0.1423	-0.7952	30
甘 肃	-1.0007	-0.8718	0.7677	-0.5000	24
青 海	-1.5818	0.1373	-0.1745	-0.6359	27
宁 夏	-0.3520	1.2226	-1.3887	-0.0867	19
新 疆	-0.5640	-1.4668	0.5463	-0.5827	25
东 部	0.7462	0.3658	0.4767	0.5477	高
中 部	0.1369	-0.4987	-0.4102	-0.2198	中
西 部	-0.7752	-0.0028	-0.1635	-0.3555	低

四　城镇化率：云南位居第29名

1. 描述统计分析

对我国31个省份的城镇化率指标进行描述性统计分析，主要反映其集中趋势和离散趋势（见表4–13）。

表4–13　城镇化率指标描述性统计

变量代码	极小值	极大值	均值		标准差	离散系数
			统计量	标准误		
D1	22.71	89.30	52.17	2.60	14.47	0.28
D2	0.01	15.85	1.75	0.56	3.12	1.78
D3	73.87	99.35	89.39	0.95	5.30	0.06

注：表中数据为 SPSS 18.0 计算结果。

2. 综合因子分析

对指标数据进行标准化处理，在通过因子分析的 KMO 和 Bartlett 检验基础上，根据因子分析基本原理，按照尽可能提取指标信息原则，选取了3个公因子，累计方差贡献率为100%。

◆公因子1——在经济城镇化率上有较高的载荷系数，主要反映经济城镇化，其方差贡献率为35.41%。

◆公因子2——在空间城镇化率上有较高的载荷系数，主要反映空间城镇化，其方差贡献率为32.46%。

◆公因子3——在人口城镇化率上有较高的载荷系数，主要反映人口城镇化，其方差贡献率为32.13%。

3. 评价结果分析

根据因子方差贡献率以及各因子的经济内涵，将各因子得分进行加权平均，得到各地城镇化率综合得分。其中，东部地区为0.4655，中部地区为 - 0.1800，西部地区为 - 0.3067，而云南为 - 0.5602，位居全国第29名（见表4 - 14）。

表4 - 14 我国各地城镇化率综合得分

地区名称	经济城镇化（公因子1）	空间城镇化（公因子2）	人口城镇化（公因子3）	综合得分	得分排名
	35.41%	32.46%	32.13%		
北　京	1.1242	0.8428	1.9099	1.2853	2
天　津	1.2129	0.5991	1.5183	1.1117	3
河　北	- 0.0725	- 0.0879	- 0.4721	- 0.2059	19
山　西	1.3911	- 0.6872	- 0.4795	0.1155	8
内蒙古	0.3888	- 1.0577	0.7472	0.0344	12
辽　宁	0.1974	- 0.6715	1.2564	0.2556	7
吉　林	- 0.3247	- 0.4981	0.5082	- 0.1134	14
黑龙江	- 0.7473	- 0.7046	1.0664	- 0.1507	17
上　海	0.4374	4.8267	0.4115	1.8538	1
江　苏	0.7138	0.1921	0.3951	0.4421	5
浙　江	1.1364	- 0.4815	0.5878	0.4349	6
安　徽	- 0.4031	0.1275	- 0.5019	- 0.2626	21
福　建	0.2628	- 0.7061	0.7455	0.1034	11
江　西	- 0.0620	- 0.2293	- 0.3956	- 0.2235	20
山　东	0.4471	0.2907	- 0.4552	0.1064	10
河　南	- 0.2641	0.3464	- 1.0335	- 0.3131	22
湖　北	- 0.5574	- 0.2444	0.3507	- 0.1640	18
湖　南	- 0.6019	- 0.0736	- 0.2831	- 0.3280	23
广　东	0.9567	- 0.4027	0.9798	0.5229	4
广　西	- 1.3519	0.1105	- 0.3174	- 0.5448	28
海　南	- 3.7942	0.3068	1.4134	- 0.7898	31

续表

地区名称	经济城镇化（公因子1）	空间城镇化（公因子2）	人口城镇化（公因子3）	综合得分	得分排名
	35.41%	32.46%	32.13%		
重　庆	0.5087	-0.4611	0.2493	0.1105	9
四　川	-0.5201	-0.0769	-0.5921	-0.3994	24
贵　州	0.0378	0.0918	-1.5079	-0.4413	25
云　南	-0.7968	0.1302	-0.9970	-0.5602	29
西　藏	0.5010	0.4308	-2.9207	-0.6212	30
陕　西	0.4492	-0.5009	-0.3512	-0.1164	15
甘　肃	-0.2080	-0.0293	-1.1509	-0.4529	26
青　海	0.6267	-0.6622	-0.4380	-0.1338	16
宁　夏	0.6232	-0.5682	-0.1903	-0.0249	13
新　疆	-1.3111	-0.1522	-0.0531	-0.5307	27
东　部	0.2383	0.4280	0.7537	0.4655	高
中　部	-0.1962	-0.2454	-0.0960	-0.1800	中
西　部	-0.0877	-0.2288	-0.6268	-0.3067	低

五　资源利用：云南位居第5名

1. 描述统计分析

对我国31个省份的资源利用指标进行描述性统计分析，主要反映其集中趋势和离散趋势（见表4-15）。

表4-15　资源利用指标描述性统计

变量代码	极小值	极大值	均值		标准差	离散系数
			统计量	标准误		
E1	0.19	4.64	1.58	0.19	1.08	0.68
E2	4.02	63.10	30.03	3.17	17.63	0.59
E3	89.12	145779.84	6519.76	4662.00	25956.91	3.98
E4	0.46	2.28	1.04	0.08	0.46	0.45

注：表中数据为SPSS 18.0计算结果。

2. 综合因子分析

对指标数据进行标准化处理，在通过因子分析的 KMO 和 Bartlett 检验基础上，根据因子分析基本原理，按照尽可能提取指标信息原则，选取了 3 个公因子，累计方差贡献率为 94.13%。

◆公因子 1——在人均耕地面积上具有较高的载荷系数，反映耕地资源空间，其方差贡献率为 50.70%。

◆公因子 2——在人均水资源量和万元地区生产总值耗能上具有较高的载荷系数，反映水电能源空间，其方差贡献率为 26.01%。

◆公因子 3——在森林覆盖率上具有较高的载荷系数，反映森林资源空间，其方差贡献率为 17.42%。

3. 评价结果分析

根据因子方差贡献率以及各因子的经济内涵，将各因子得分进行加权平均，得到各地资源利用综合得分。其中，东部地区为 −0.3903，中部地区为 0.2024，西部地区为 0.2228，而云南为 0.3876，位居全国第 5 名（见表 4 − 16）。

表 4 − 16 我国各地资源利用综合得分

地区名称	耕地资源空间（公因子 1）	水电能源空间（公因子 2）	森林资源空间（公因子 3）	综合得分	得分排名
	50.70%	26.01%	17.42%		
北　京	−1.4106	0.3178	0.0607	−0.6607	29
天　津	−1.2725	0.3240	−1.2201	−0.8217	30
河　北	−0.1936	−0.5444	−0.5335	−0.3534	25
山　西	0.2616	−1.0392	−1.0559	−0.3416	24

续表

地区名称	耕地资源空间（公因子1）	水电能源空间（公因子2）	森林资源空间（公因子3）	综合得分	得分排名
	50.70%	26.01%	17.42%		
内蒙古	2.4603	0.2259	- 0.1743	1.3553	3
辽　宁	- 0.0791	- 0.3621	0.2314	- 0.0998	13
吉　林	1.2784	0.3294	0.7658	0.9213	4
黑龙江	2.7335	0.5656	1.1804	1.8471	1
上　海	- 1.6119	0.3434	- 1.1897	- 0.9935	31
江　苏	- 0.9730	0.5789	- 1.0022	- 0.5496	27
浙　江	- 0.7646	- 0.0847	1.4468	- 0.1675	17
安　徽	- 0.3329	0.2858	- 0.1425	- 0.1267	16
福　建	- 0.6839	- 0.2288	1.7295	- 0.1115	15
江　西	- 0.3828	- 0.0582	1.5401	0.0627	11
山　东	- 0.5711	0.1752	- 0.7083	- 0.3903	26
河　南	- 0.4658	0.0867	- 0.5278	- 0.3246	22
湖　北	- 0.3555	- 0.0671	0.0462	- 0.2015	19
湖　南	- 0.4986	- 0.2984	0.7226	- 0.2173	20
广　东	- 0.9665	0.0235	1.0094	- 0.3273	23
广　西	- 0.0828	- 0.1093	1.2477	0.1561	9
海　南	- 0.1432	0.1115	1.2333	0.1819	8
重　庆	- 0.3381	- 0.1824	0.2211	- 0.1916	18
四　川	- 0.3884	- 0.2474	0.1611	- 0.2478	21
贵　州	0.4371	- 1.1582	- 0.1097	- 0.1049	14
云　南	0.5965	- 0.4049	0.9627	0.3876	5
西　藏	0.5355	4.6242	- 0.9333	1.3935	2
陕　西	0.0120	0.0730	0.4597	0.1117	10
甘　肃	0.8289	- 0.1708	- 0.9847	0.2171	7
青　海	0.0987	- 1.2559	- 1.7595	- 0.6195	28
宁　夏	1.1977	- 1.5354	- 1.3051	- 0.0207	12
新　疆	1.0746	- 0.3177	- 1.3720	0.2371	6
东　部	- 0.7882	0.0595	0.0961	- 0.3903	低
中　部	0.2797	- 0.0244	0.3161	0.2024	中
西　部	0.5360	- 0.0382	- 0.2989	0.2228	高

六 环境保护：云南位居第8名

1. 描述统计分析

对我国31个省份的环境保护指标进行描述性统计分析，主要反映其集中趋势和离散趋势（见表4-17）。

表4-17 环境保护指标描述性统计

变量代码	极小值	极大值	均值		标准差	离散系数
			统计量	标准误		
F1	0.10	1117.50	82.69	36.84	205.11	2.48
F2	0.60	3327.40	298.18	110.06	612.78	2.06
F3	7.70	65384.10	7661.15	2213.83	12326.07	1.61
F4	0.00	1.60	0.16	0.05	0.29	1.85
F5	1.70	12584.00	1142.47	425.42	2368.64	2.07
F6	41.70	100.00	80.93	2.95	16.18	0.20
F7	42.20	89.00	72.21	2.32	12.69	0.18
F8	0.00	60.74	18.81	2.91	16.23	0.86
F9	0.54	2.14	1.23	0.08	0.43	0.35

注：表中数据为 SPSS 18.0 计算结果。

2. 综合因子分析

对指标数据进行标准化处理，在通过因子分析的 KMO 和 Bartlett 检验基础上，根据因子分析基本原理，按照尽可能提取指标信息原则，选取了3个公因子，累计方差贡献率为83.26%。

◆公因子1——在单位面积工业废气排放量、单位面积生活污水排放量、单位面积工业固体废弃物产生量、单位面积城市生活垃圾清运量、单位面积工业废水排放量上具有较高的载荷系数，反映环境污染程度，其方差贡献率为 43.00%；

　　◆公因子 2——在生活垃圾无害化处理率、城市污水处理率、工业废气综合去除率、工业固体废弃物处置率上具有较高的载荷系数，反映环境治理程度，其方差贡献率为 27.72%；

　　◆公因子 3——在环境污染治理投资占 GDP 比重上具有较高的载荷系数，反映环境重视程度，其方差贡献率为 12.54%。

3. 评价结果分析

　　根据因子方差贡献率以及各因子的经济内涵，将各因子得分进行加权平均，得到各地环境保护综合得分。其中，东部地区为 -0.1991，中部地区为 0.0681，西部地区为 0.1372，而云南为 0.2998，位居全国第 8 名（见表 4-18）。

表 4-18　我国各地环境保护综合得分

地区 名称	环境污染程度 （公因子 1）	环境治理程度 （公因子 2）	环境重视程度 （公因子 3）	综合 得分	得分 排名
	43.00%	27.72%	12.54%		
北　京	-0.5976	0.4420	2.3388	0.1894	15
天　津	-0.8927	0.8425	-0.5360	-0.2673	27
河　北	-0.1740	0.1668	0.6602	0.0645	21
山　西	0.0180	-0.1327	2.0519	0.2764	12
内蒙古	0.3903	0.1903	1.2265	0.4510	2
辽　宁	0.2096	-0.3268	0.9839	0.1502	19
吉　林	0.1295	-0.8232	-0.8800	-0.3371	28
黑龙江	0.1527	-1.3459	-0.0512	-0.3717	29
上　海	-4.9958	-0.5568	-0.3330	-2.8279	31
江　苏	-0.4607	0.9744	-1.0412	-0.0760	23
浙　江	-0.0779	0.9265	-1.2244	0.0792	20
安　徽	0.1293	0.6585	-0.0824	0.2715	13

续表

地区 名称	环境污染程度 （公因子1） 43.00%	环境治理程度 （公因子2） 27.27%	环境重视程度 （公因子3） 12.54%	综合 得分	得分 排名
福　建	0.2782	0.9505	− 1.1476	0.2837	10
江　西	0.4256	0.4079	0.5892	0.4445	3
山　东	− 0.1757	0.9631	− 0.4206	0.1622	18
河　南	0.1252	0.6996	− 0.7205	0.1863	16
湖　北	− 0.0052	− 0.3326	0.1574	− 0.0884	24
湖　南	0.4929	0.0686	− 0.7617	0.1632	17
广　东	− 0.0746	0.0486	− 1.3683	− 0.2299	26
广　西	0.3621	0.5246	0.7888	0.4802	1
海　南	0.6027	0.1685	− 0.5759	0.2812	11
重　庆	0.0858	1.1326	0.0618	0.4269	4
四　川	0.6085	0.3393	− 0.3720	0.3714	6
贵　州	0.7784	0.0966	− 0.8901	0.3012	7
云　南	0.2084	0.2855	0.6441	0.2998	8
西　藏	0.4016	− 3.9821	− 1.3464	− 1.3067	30
陕　西	0.4642	0.2225	0.4813	0.3872	5
甘　肃	0.1051	− 1.3918	1.1649	− 0.2274	25
青　海	0.8490	− 0.1345	− 1.1237	0.2264	14
宁　夏	0.3245	− 1.2558	1.2823	− 0.0508	22
新　疆	0.3126	0.1731	0.4442	0.2866	9
东　部	− 0.5780	0.4181	− 0.2422	− 0.1991	低
中　部	0.1835	− 0.1000	0.0378	0.0681	中
西　部	0.4075	− 0.3166	0.1968	0.1372	高

注：在环境保护评价中，西藏绝大多数指标均未统计，因此所计算值不能反映其真实情况。

第五章　桥头堡战略下云南县域经济发展：
机遇、特征与分布

对云南县域经济发展进行准确定位，首先需要对桥头堡战略进行深入分析，这是国家政策对云南县域经济跨越式发展带来的机遇。除此之外，还需要对云南县域经济发展的整体态势、问题特征及区域分布进行了解。唯有如此，才能真正发掘云南实现县域经济跨越式发展面临的优势和劣势。

第一节　桥头堡战略与云南县域经济跨越式发展

一　桥头堡战略的背景及定位

1. 国家战略：将云南建设成面向西南开放的重要桥头堡

2009年7月，原国家总书记胡锦涛考察云南工作时明确指出，云南要充分发挥作为我国通往东南亚、南亚重要陆上通道的优势，深化同东南亚、南亚和大湄公河次区域的交流合作，不断提升沿边开放质量和水平，成为我国面向西南开放的重要桥头堡。总书记的重要指示，是统筹国内国际两个大局、促进区域协调发展和边疆长治久安的重要部署，是实施提升沿边开放水平大战略的重大举措。把云南建设成中国面向西南开放的桥头堡，已经云南省委八届八次全委会确立为云南科学发展的奋斗目标之一，对于推动全省经济社会发展具有十分重要的战略意义。同时，国家发改委启动编制指导意见，意味着这一战略正式上升到国家战略层面。

2011年5月6日，《国务院关于支持云南省加快建设面向西南开放重要桥头堡的意见》（国发〔2011〕11号）正式出台，标志着国家对云南面向西南开放重要桥头堡建设的部署进入了全面实施阶段，并从区位、通道、开放、产业、生态等方面明确了云南加快建设桥头堡的16大战略目标：

（1）我国向西南开放的重要门户，从陆上通往印度洋的战略大通道；

（2）我国沿边开放的试验区；

（3）西部地区实施"走出去"战略的先行区；

（4）西部地区重要的外向型特色优势产业基地，西南地区的重要经济增长极；

（5）我国重要的生物多样性宝库和西南生态安全屏障；

（6）我国民族团结进步、边疆繁荣稳定的示范区；

（7）国家重要的锗、铟、金稀贵金属和铜、铅、锌、磷等重要战略资源接续区；

（8）优势特色农产品生产加工、生物资源开发创新、新材料、清洁载能基地；

（9）我国重要的承接东部产业转移基地和出口加工贸易基地；

（10）面向东南亚、南亚的通信枢纽和区域信息汇集中心；

（11）以水电为主的绿色能源基地；

（12）跨区域电力交换枢纽；

（13）国内一流、国际知名的旅游目的地；

（14）面向东南亚的农业技术推广枢纽；

（15）实现各民族交往、交流、交融，共同繁荣发展；

（16）将以昆明为中心的滇中地区培育成为云南省经济发展的

重要增长极，把昆明建设成为全国性物流节点城市和区域性国际物流中心，以及面向东南亚、南亚的国际医疗和技术、人才交流区域中心。

2. 发展机遇：桥头堡战略将云南推向全国对外开放的前沿

中共云南省第九次代表大会指出，"胡锦涛总书记提出把云南建设成为面向西南开放的重要桥头堡"和"国务院出台支持桥头堡建设的意见"，把云南对外开放提升到国家战略层面，历史性地将云南推向全国对外开放的前沿。

（1）国家开放战略重大决策

桥头堡是中央统筹国内国际两个大局做出的重大决策，对于打造国际陆路交通枢纽，培育西南地区重要经济增长极，推动中国－东盟自由贸易区发展，加强与印度洋周边国家的开放合作，完善中国全方位对外开放格局，维护国家能源和经济安全，意义重大。

（2）云南发展的机遇

◆云南开放地位——提升了云南在全国开放格局中的重要地位，凸显了云南的区位优势，为构建第三欧亚大陆桥、开辟新的西向贸易通道提供了条件，为云南与西南乃至全国各省份开辟了新的合作方向，拓展了更为广阔的发展空间。

◆经济发展机遇与边疆和谐稳定——为云南跨越式发展提供了重大契机，有利于云南在更大程度上利用两种资源、两个市场，加快融入区域经济一体化和全球化；有利于吸引更多的生产要素汇集到这片充满希望的热土，加快经济发展方式转变；有利于加快民族贫困地区发展，实现各族群众共同富裕和边疆和谐稳定。

◆精神动力——增强了云南跨越式发展的重要动力，能够极大地提振各族人民加快发展的信心，激发广大干部群众团结奋斗的精神力量，释放巨大的发展潜力，成为跨越式发展的强大引擎。

二　云南县域经济跨越式发展面临的政策机遇

在国家关于桥头堡战略定位的指导下，云南省第九次党代会提出，推进云南面向西南开放的重要桥头堡建设，将壮大县域经济实力作为推动云南经济社会发展的重要内容，并对县域经济发展提出具体要求。

◆必须加快扩权强县步伐，最大限度地下放经济领域、社会事务管理权限，赋予县市区更大的发展自主权。

◆健全与主体功能区相配套的考核评价体系，完善激励约束机制，鼓励争先进位，把县域经济发展的成效作为领导干部考核任用的重要依据。

◆强化分类指导，加大以奖代补力度，鼓励县市区发挥当地资源和区位优势，打造有自身特色的支柱产业和优势产业，增强县域经济自我发展能力，形成一批县域经济强县。

纵观云南省第九次党代会关于桥头堡建设的重要部署，云南要实现县域经济跨越式发展，需要重点考虑以下核心问题及政策机遇。

1. 加快产业发展

云南省第九次党代会提出，要加快调整三次产业、轻重工业、传统产业与新兴产业以及所有制、投资、研发投入结构，推进产业特色化、规模化、集群化、高端化，构建多元发展的现代产业体系。

（1）加快产业转型升级，坚持三次产业协调发展

相较于全国及其他地区而言，云南农业比重较高，工业发展滞后，因此需要大力推进"工业强省""工业强市""工业强县"。

全国各区域及云南地区生产总值结构情况见表5-1。

表 5-1　全国各区域及云南地区生产总值结构情况

单位：%

地区	第一产业	第二产业	第三产业
全国	10.10	46.80	43.10
东部	6.49	49.72	43.79
中部	12.91	52.16	34.93
西部	13.15	49.99	36.87
云南	15.34	44.62	40.04

（2）在保障粮食安全的基础上，大力发展高原特色农业

云南省第九次党代会提出，要继续实施"百亿斤粮食增产计划"，发挥地域和气候优势，建设烟糖茶胶、花菜果药、畜禽水产、木本油料等特色原料基地，做大做强龙头企业，打造优势特色农产品品牌。

第一，继续实施"百亿斤粮食增产计划"。从实际看，2009~2011年，云南省粮食产量分别为1576.92万吨、1531.00万吨、1773.88万吨，已经实现粮食增产325.93万吨（超过160万吨），2011年总产量已经达到1773.88万吨（超过1700万吨），已经完成"百亿斤粮食增产计划"的第一步目标（见表5-2）。2020年完成规划目标，自给率可达到95%。

第二，打造优势农产品品牌。云南省的烟叶、甘蔗、茶叶、橡

表 5 - 2　云南粮食生产目标规划

单位：万吨

计划目标	2009 ~ 2020 年	第一步:2009 ~ 2012 年	第二步:2013 ~ 2020 年
增产总量	500	160	340
年总产量	2000	1700	2000

胶、松脂、大牲畜、木材等特色农产品的产量在全国及西部地区均位居前列（见表 5 -3），因此在未来 5 年要进一步做大特色农产品的品牌。

表 5 - 3　云南优势农产品产量及位次

农产品	单位	产量	全国		西部	
			份额（%）	排名	份额（%）	排名
烟　叶	万吨	99.1	33.01	1	54.06	1
甘　蔗	万吨	1750.9	15.80	2	19.39	2
茶　叶	万吨	20.7	14.06	2	39.94	1
橡　胶	吨	330635	47.86	2	99.89	1
松　脂	吨	168065	15.06	3	24.54	2
大牲畜	万头	923.1	7.54	3	13.75	2
木　材	万立方米	532.2	6.58	6	20.19	2

（3）继续做大特色优势产业

云南省第九次党代会提出，要做大做强云南省烟草产业、能源产业、矿产业、生物产业、旅游产业、光电子、新材料新能源等特色优势产业。

第一，烟草业发展。

云南省第九次党代会提出，在烟草产业建设方面，要优化卷烟结构，做大骨干产品规模，推进减害降焦和综合利用，开创烟草绿色生态、安全健康发展新境界。2010 年，云南省卷烟数量达 3573.8

亿支，占全国卷烟总量的 15.05%，居全国第 1 位。另外，云南"两烟"财政收入达 753.60 亿元，占财政总收入的 41.65%，烟草业是云南财政收入的主要来源。

第二，生物产业发展。

云南省第九次党代会提出，在生物产业方面要抓好原料基地建设、品牌培育和市场开拓，建设我国重要的生物产业基地。云南省高等动物、植物和花卉的种类均占我国的一半左右，是中国最重要的生物资源宝库。

第三，旅游产业发展。

2005 年云南省委、省政府提出"旅游二次创业"以来，全省接待海内外旅游者从 2005 年的 7011 万人次增加到 2010 年的 13837 万人次，年均增长 14.57%；全省旅游总收入也从 430 亿元相应增加到 1006 亿元，年均增长 18.53%，基本实现"两个翻番"。从接待入境旅游人数看，云南居西部第 1 位、全国第 9 位。

（4）通过产业集聚、园区建设推动经济发展

云南省第九次党代会提出，要通过企业、园区和产业的全面打造，确保云南省工业增加值、销售收入、利税三年倍增。如果按此推算，到 2013 年全省规模以上企业的工业增加值、销售收入和利税分别将增加至 493.82 亿元、12495.75 亿元和 2888.65 亿元，年均增幅将达到 25.99%。另外，云南省第九次党代会还提出，在加快引进世界 500 强和中国 500 强企业的同时，要打造"3 个 10"销售收入超千亿元企业、园区和产业。

2. 夯实基础设施

云南省第九次党代会提出，基础设施是经济社会发展的重要支撑，必须坚持基础先行，适度超前谋划和推进一批重大基础设施项目，从根本上缓解发展瓶颈制约。

（1）加快实施"兴水强滇"战略

根据云南省委、省政府 2011 年发布的《关于加快实施"兴水强滇"战略的决定》，到 2020 年，云南将建成水资源合理配置和高效利用体系、防洪抗旱减灾体系、水资源保护和河湖健康保障体系，从根本上扭转水利对经济社会发展的制约。当前云南省总库容量达 131.7 亿立方米，通过"润滇工程"的实施，将增加库容量 8.75 亿立方米；通过"滇中引水工程"与"牛栏江和清水海补水工程"的实施，年增加蓄水量将达 40.2 亿立方米。

第一，"滇中引水工程"。该工程拟以迪庆州德钦县金沙江奔子栏河段为取水水源，通过一条总长近 500 公里的"朔天水渠"将金沙江水引到滇池，每年调水量为 34.2 亿立方米，渠首设计流量达每秒 145 立方米，受水区包括丽江、大理、楚雄、昆明、玉溪、红河 6 个州市的 30 个县区。

第二，"牛栏江和清水海补水工程"。该工程完工后每年可为滇池提供约 6 亿立方米的生态用水，将极大地改善滇池流域水资源条件，改善滇池生态环境。

第三，"润滇工程"。先后开工陇川麻栗坝、楚雄青山嘴 2 座大型水库和 50 座中型水库，"润滇工程"52 件大中型水库建成后，将新增蓄水库容 8.75 亿立方米，极大地改善城乡供水紧张状况。

（2）构建现代综合交通运输体系

云南省第九次党代会提出，要推动形成以航空为先导、铁路和公路为骨干、水运和管道运输为补充、区域综合枢纽为联结，多种运输方式相互衔接、高效便捷、内通外畅、城乡一体的交通运输网络，重点推进"八出省四出境"铁路网、"七出省四出境"公路网、"两出省三出境"水运通道建设。

第一，"八出省四出境"铁路网（见图 5-1）。

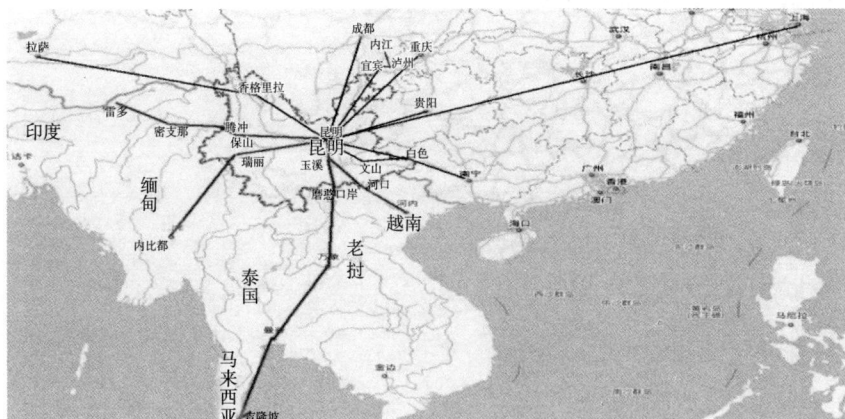

图 5 - 1　"八出省四出境"铁路网

第二，"七出省四出境"公路网（见图 5 - 2）。

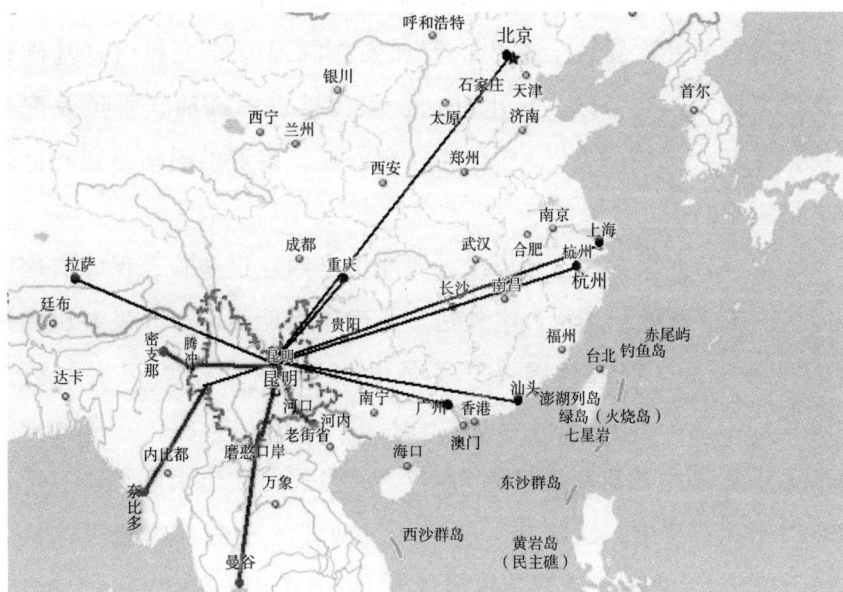

图 5 - 2　"七出省四出境"公路网

第三，"两出省三出境"水运通道（见图 5 - 3）。

图 5 - 3 "两出省三出境"水运通道

（3）加强能源保障能力和信息基础设施建设

云南省第九次党代会提出，要加强能源保障能力和信息基础设施建设，抓好西电东送、云电外送，积极推进中缅油气管道及配套建设，促进"三网融合"，建设面向东南亚、南亚的通信枢纽和区域信息汇集中心。

云南省第九次党代会还提出，要加快电网建设步伐，保障省内电力需求，抓好西电东送、云电外送。云南省水能资源可开发装机容量为 9795 万千瓦，约占全国可开发量的 25%，居全国第 2 位。截至 2010 年底，全省水电装机容量累计已达 2570 万千瓦，可开发量为 7225 万千瓦，占可开发总量的 73.77%。当前，在建水电装机容量达 1860 万千瓦，其中，澜沧江、金沙江"两江"干流在建装机容量为 1280 万千瓦，中小水电在建装机容量为 580 万千瓦。2010 年，云南省发电量为 1365.03 亿千瓦时，电力消费量为 1004.07 亿千瓦时，盈余 360.96 亿千瓦时，存在较大的外送空间。目前，云南电力"东送"广东、"外送"东南亚国家（越南、老挝、缅甸等）的电力大通道已基本形成。

3. 重构发展格局

（1）统筹区域发展

云南省第九次党代会提出，要加快构建"一圈一带六群七廊"的空间布局，推进滇中城市经济圈一体化，并引领滇东北、滇东南、滇西、滇西北、滇西南快速发展，同时要推动民族地区和贫困地区大踏步发展。

第一，构建"一圈一带六群七廊"的空间布局（见图5-4、图5-5）。其中，"一圈"是指滇中城市经济圈，包括昆明、玉溪、曲靖和楚雄4个州（市）；"一带"是指沿边对外开放经济带，包括云南省沿边25个县（市）；"六群"是指滇中核心城市群以及滇西、滇东南、滇西北、滇西南和滇东北次级城市群；"七廊"是指4条对外开放经济走廊和3条对内开放经济走廊。

图5-4　"一圈一带六群"的空间布局

第二，推进滇中城市经济圈一体化，带动新经济增长极形成。

云南省第九次党代会提出，要将滇中地区培育成全省跨域发展的重要引擎，通过跨区域优化资源和生产力配置，推动滇西、滇东南、滇西北、滇西南、滇东北加快发展。2010年，以昆明、玉溪、曲靖和楚雄为中心的滇中城市经济圈已经实现快速发展，2010年滇中城市经济圈的GDP高达4267.06亿元，占整个云南省国民生产总值的59.07%（见图5-6）。

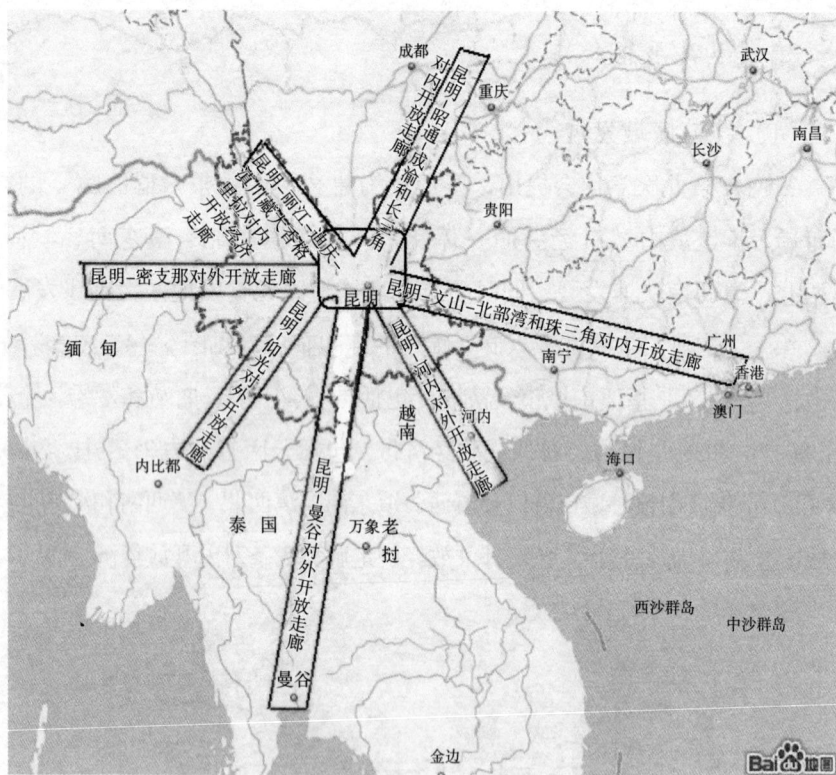

图5-5 "七廊"的空间布局

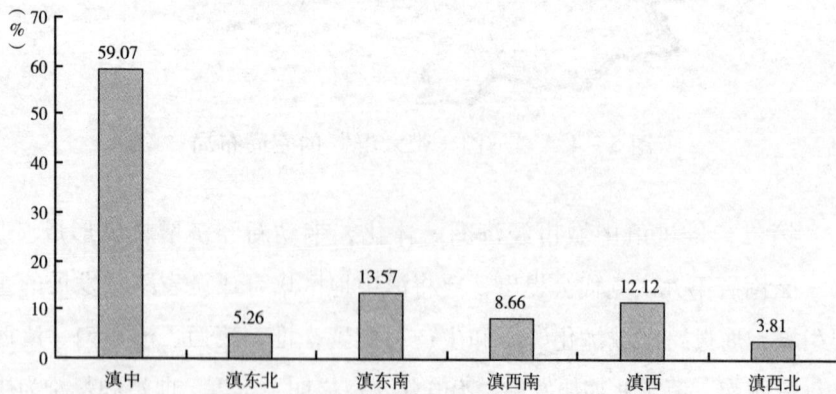

图5-6 各区域经济发展分布

第三，推进边疆、民族、贫困地区快速发展。

云南省第九次党代会提出，要立足边疆、民族、山区、贫困"四位一体"的基本省情，推动经济社会科学发展、和谐发展和跨域发展。

边境地区发展。要深入实施新一轮"兴边富民"和边疆解"五难"惠民工程，加快沿边开放经济带建设。

民族地区发展。要继续采取特殊扶持政策，实施扶持人口较少民族、特困民族和散居民族发展等重大工程，支持民族地区大力发展特色优势产业，增强"造血"功能。云南省共有 25 个少数民族、74 个民族州县。2010 年，民族州县人均生产总值仅为 11674 元，为全省平均水平的 74.07%；农村居民人均纯收入仅为 3333 元，为全省平均水平的 82.78%。

贫困地区发展。要坚持开发式扶贫方针，以边远、少数民族和贫困地区深度贫困群体为重点，以乌蒙山区、石漠化地区、滇西边境山区以及藏区等连片特困地区为主战场，推进专项扶贫、行业扶贫、社会扶贫。按照国家扶贫新标准线，全省共有扶贫对象 1500 万人。

（2）统筹城乡发展

云南省第九次党代会提出，要按照"守住红线、统筹城乡、城镇上山、农民进城"完善城镇化发展思路，统筹城乡发展。

◆守住红线：要坚守基本农田保护这一根红线。

◆统筹城乡：要消除城乡二元结构。

◆城镇上山：要建设山地城镇，引导工业项目、城镇建设向山地布局发展。

◆农民进城：要逐步把农村人口转变为城镇居民。

（3）促进生态环境发展

云南省第九次党代会提出，要始终坚持生态立省、环境优先，按照经济建设与生态建设同步进行、经济效益与生态效益同步提高、产业竞争力与生态竞争力同步提升、物质文明与生态文明同步前进的要求，走生态建设产业化、产业发展生态化之路，建设资源节约型、环境友好型社会。

4. 加强对外开放

（1）加快沿边开放步伐

云南省第九次党代会提出，要推进跨境交通及沿边干线公路等基础设施建设，提升口岸和通关便利化水平，建设外向型产业基地，将云南沿边地缘优势转化为经济优势，推进"重点开发开放试验区""跨境经济合作区""边境经济合作区""综合保税区""保税物流区"的建设。延边开放战略体系见图5-7。

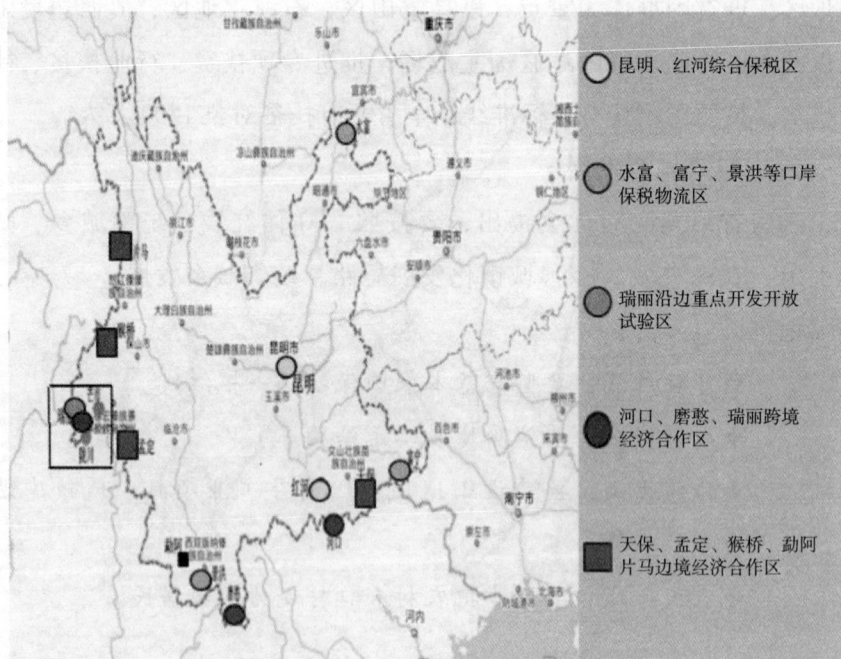

图5-7 延边开放战略体系

◆昆明、红河综合保税区

◆水富、富宁、景洪等口岸保税物流区

◆瑞丽沿边重点开发开放试验区

◆河口、磨憨、瑞丽跨境经济合作区

◆天保、孟定、猴桥、勐阿、片马边境经济合作区

(2) 拓展区域合作空间

云南省第九次党代会提出，要立足云南、带动西南、服务全国、面向太平洋和印度洋，深化与东南亚、南亚的全方位开放合作。

第一，打造对内对外经济走廊。

打造"七廊"，即4条对外开放经济走廊和3条对内开放经济走廊。

第二，积极提升国际合作水平。

云南省第九次党代会提出，要积极融入中国－东盟自由贸易区，提升与大湄公河次区域和孟中印缅区域合作层次及水平。

第二节　云南县域经济发展：条件分布、历史演进与基本特征

云南是一个经济较为落后的省份，同时也是一个传统的农业大省，全省的绝大多数人口都集中在县域，县域经济的发展状况在很大程度上影响着全省经济的整体实力和发展水平。本节将从云南县域的基本情况出发，回顾云南县域的发展历程与区域现状，总结云南县域经济发展呈现的特征。

一　云南县域分布概况

云南省位于中国西南边陲，省会为昆明。云南省简称"滇"或

"云",是人类文明重要的发祥地之一。全境东西最大横距为864.9公里,南北最大纵距为900公里,总面积约为39万平方千米,占全国总面积的4.11%,在全国各省级行政区面积中排在第8位。总人口为4596万人,占全国总人口的3.35%,人口排在第12位。与云南相邻的省份有四川、贵州、广西、西藏,中国云南的3个邻国是缅甸、老挝和越南,共有陆地边境线4061公里。从地理区位来看,云南地处低纬度高原,地理位置特殊,地形地貌复杂,所以气候也很复杂。另外,云南地势地貌复杂,境内高山峡谷相间,高原波状起伏。相对平缓的山区只占总面积的10%,大面积土地高低参差,纵横起伏,一定范围内又有和缓的高原面。截至2012年底,云南省设有地级市8个、少数民族自治州8个,其下管辖的市辖区有13个、县级市9个、县78个、少数民族自治县29个。

1. 县域地理情况

云南属青藏高原南延部分,地形以元江谷地和云岭山脉南段宽谷为界,分为东、西两部。东部为滇东、滇中高原,地形小波状起伏,平均海拔为2000米左右,表现为起伏和缓的低山和浑圆丘陵,发育着各种类型的岩溶地形。西部为横断山脉纵谷区,高山深谷相间,相对高差较大,地势险峻,西南部海拔一般为1500~2200米,西北部海拔一般为3000~4000米。西南部只是到了边境地区,地势才渐趋和缓,这里河谷开阔,海拔一般为800~1000米,个别地区下降至500米以下,形成云南的主要热带、亚热带地区。云南地理分区有五个特征。

◆高原波状起伏。相对平缓的山区只占总面积的10%,大面积土地高低参差,纵横起伏,一定范围内又有和缓的高原面。

◆高山峡谷相间。滇西北有著名的滇西纵谷区,高黎贡山为伊洛瓦底江与怒江的分水岭，怒山为怒江与澜沧江的分水岭，云岭为澜沧江与金沙江的分水岭，形成极其雄伟壮观的地貌形态。怒江峡谷、澜沧江峡谷和金沙江峡谷，气势磅礴，山岭和峡谷相对高差超过 1000 米，其中怒江峡谷南北长 300 余公里，被称为"东方大峡谷"。在 5000 米以上的高山顶部，常有永久积雪，形成奇异、雄伟的山岳冰川地貌。金沙江"虎跳涧"峡谷，与两侧山岭相对高差达 3000 余米，为世界著名峡谷之一。

◆地势阶梯递降。全省分三个梯层，滇西北德钦、香格里拉县一带为第一梯层，滇中高原为第二梯层，南部、东南和西南部为第三梯层，平均每公里递降 6 米。

◆断陷盆地错落。盆地和高原台地，西南地区俗称"坝子"，这种地貌在云南随处可见。云南有面积为 1 平方公里左右的大小坝子 1442 个，面积为 100 平方公里以上的坝子 49 个，最大的坝子是陆良坝子，其次是昆明坝子。

◆江河纵横、湖泊棋布。云南不仅山多，河流湖泊也多，形成了山岭纵横、水系交织、湖泊棋布的特色，山系主要有乌蒙山、横断山、哀牢山、无量山等。云南有大小河流 600 多条，分别属于伊洛瓦底江、怒江、澜沧江、金沙江（长江）、元江（红河）和南盘江（珠江）六大水系。这些河流分别注入南中国海和印度洋，多数具有落差大、水流急的特点，水能资源极其丰富。其中，伊洛瓦底江、怒江、澜沧江、元江为国际河流。云南有 40 多个高原湖泊，较著名的湖泊有滇池、洱海、抚仙湖、星云湖、阳宗海、程海、泸沽湖等。

2. 县域人口分布

2010 年全国第六次人口普查数据显示，云南省总人口为 4596.6

万人。2011年，全省总人口为4631.0万人，与2010年相比，全省净增人口34.4万人。2013年，常住人口达到4687万人。人口密度为119人/平方公里。云南按人口的分布特征可分为东、西两部，大致以哀牢山为界，东部地区土地面积为18.4万平方公里，占全省土地总面积的46.7%；人口占全省总人口的65.55%。西部地区土地面积为21.0万平方公里，占全省土地总面积的53.3%；人口占全省总人口的34.45%。在不到全省面积一半的东部地区，居住着全省约2/3的人口。人口分布"东密西疏"的特征非常明显。

云南各县（不包括各区）人口为3929.69万人，县域人口占全省总人口的84.85%。从县域人口分布情况来看，人口较多的县大多集中在东部地区；从城乡人口比例来看，城镇人口为1618.0万人，占总人口的35.20%；乡村人口为2978.6万人，占总人口的64.80%。从民族成分来看，云南是中国拥有少数民族种类最多的省份，各少数民族人口为1533.7万人，占总人口的33.37%；汉族人口为3062.9万人，占总人口的66.63%。少数民族人口中，彝族人口为502.8万人，是云南人口第一大少数民族。

3. 县域自然资源分区

（1）云南矿产储量大、矿种全，号称中国的"有色金属王国"

云南已发现矿产142种，有92种探明了储量，矿产地有1274处。云南的矿产资源在分布、结构上具有三个明显的特点。一是矿种全。有色、黑色、化工、建材、能源等资源、配套程度较高。二是分布广。金属矿产遍及108个县（市），煤炭已在116个县（市）被发现，其他非金属矿产各县（市）都有。资源相对集中，煤炭主要分布在滇东、滇东北，铁、铜、磷和玻璃石英砂主要分布在滇中，锡、钨、锤、铝主要分布在滇南，铅、钵、金、锑和稀有金属主要分布在滇西，构成了各有特色的矿产资源集中区。三是共生、伴生矿多，综合开发利用价值高。全省共生、伴生矿床约占 30.6%，兰坪金顶铅铸矿中伴生的镉、铊、天青石及银、硫、石膏等被综合开发后，其价值相当于主金属总值的一半。

（2）云南是全国植物种类最多的省份，素有"植物王国"的美誉

云南几乎集中了从热带、亚热带至温带甚至寒带的所有品种。在全国约 3 万种高等植物中，云南有 274 科 2076 属 1.7 万种。在众多的植物种类中，热带、亚热带高等植物约有 1 万种，中草药有 2000 多种，香料植物有 69 科约 400 种。云南有 2100 多种观赏植物，其中花卉植物有 1500 种以上，不少是珍奇种类和特产植物。云南独特的气候和地理环境，供养了种类繁多的野生动物栖息，形成了寒温热带动物交汇的奇特现象。云南拥有脊椎动物 1737 种、昆虫 1 万多种。脊椎动物中兽类有 300 种，鸟类有 793 种，爬行类有 143 种，两栖类有 102 种，淡水鱼类有 366 种。鱼类中有 5 科 40 属 249 种为云南特有。鸟兽类中有 46 种为国家一级保护动物，154 种为国家二级保护动物。在云南，各种珍贵动植物得到了有效的保护，对生物资源的合理开发正在进行，烟草、橡胶、茶叶、药材、热带水果具有相当的规模，花卉、咖啡、香料等产业正在兴起。

（3）云南的能源资源极为丰富，尤其是水能资源的开发前景最为广阔

云南省地跨六大水系，有 600 多条大小河流，正常年水资源总量为 2222 亿立方米，水能资源理论蕴藏量为 10364 万千瓦，可开发的装机容量为 9000 多万千瓦，年发电量为 3944.5 亿千瓦时。云南江河水能资源在开发上具有许多优越条件：一是可开发的大型和特大型水电站的比例高；二是水能资源分布比较集中，开发目标单一，开发选择性强；三是可开发的水能资源工程量相对较小，水库淹没损失小，技术经济指标优越。对云南丰富的水能资源的开发利用正

在有计划地展开。位于澜沧江的装机容量为 125 万千瓦的漫湾电站已经建成并投入运行。135 万千瓦的大朝山电站正在建设。此外，云南的光能、热能、风能、地热的利用前景都十分可观。煤炭保有储量居全国第 9 位，是我国南方的重要煤炭基地。

二 云南县域经济发展的历史演进

新中国成立以后，在党的正确领导下，云南制定了从边疆民族的实际出发、分类指导的政策。在这个时期，云南的县域经济得到一定程度的发展。但是 1957 年以后，由于长期受党内"左"倾错误的影响，新中国成立初期确立的党对云南的各项正确政策被肆意践踏，当初从边疆民族的实际出发、分类指导的政策，被污蔑为"边疆特殊论""民族落后论"；党的各项政治经济政策措施严重背离了云南现实，以阶级斗争取代经济工作和民族工作。在错误思想路线的指导下，党的各项政策严重背离了云南的实际，生产力遭到严重破坏，刚刚有起色的县域经济的发展又一次处于停滞状态下。因此，改革开放以前，云南的县域经济发展十分缓慢且极不平衡，许多县域依旧保持原始农耕的生产生活方式。

改革开放以后，中央做出把工作重点转移到国民经济建设上来的战略决策，根据党中央的文件精神，云南重新确立了解放思想、实事求是的思想路线，使云南能够重新审视自己的省情，从实际出发制定各项政策。从 1978 年至今，云南的县域经济发展可分为四个阶段。

1. 县域经济起步阶段 (1978~1991 年)

在这个阶段，云南省委、省政府从实际出发将云南省情概括为边疆、山区、民族"三位一体"。从处于"社会主义初级阶段低层次"的认识出发，在生产力基础极为薄弱的条件下，客观分析云南的边疆、山区、民族地区的发展条件，突出发挥云南的资源优势，选准起步产业，明确了"以农业为基础，发展农业促轻工，依靠轻工积累资金，集中财力保重点建设"的发展思路，重点发展第一产业。具体来说，可以归纳为以下两个方面。

一是农村改革启动，农村经济迅速恢复。党的十一届三中全会以后，全国进入了改革开放新时期。云南经济体制改革首先从农村开始，在农村改革发展中先后推行家庭联产承包责任制，完善统分结合的双层经营体制，改革人民公社体制，创新提出"三结合一体化"的农业产业化模式，全面建设社会主义新农村，云南农村逐步在探索实践中走出了一条具有边疆特色的改革发展道路。1984 年，全省粮食和经济作物都获得了较大增产，粮食总产量从 1979 年的 160 亿斤增加到 201 亿斤，达到历史最高水平。1983 年，农村人民公社体制改革在全省正式铺开，到 1984 年 6 月底，全省废除人民公社、设区建乡工作全面完成。这次体制改革，为农村进一步改革发展创造了条件。

二是在普遍实行家庭联产承包责任制、废除政社合一的人民公社体制之后，以锐不可当之势推向城市国有企业、商业流通、财政金融和经济工作的其他领域。以计划经济时对企业的直接调控逐步转变为"国家调节市场、市场引导企业"的间接调控。先后培育起烟草、矿业、电力、旅游、生物资源开发五大支柱产业。通过这五大支柱产业的集聚，保证了能够集中起一定的财力、物力，用于发展能源、交通、农田水利、教育和科技等事业，改善云南极为薄弱的发展条件，极大地改善了农村地区的发展条件，为云南县域经济的发展奠定了良好的基础。1980 年全国城市规划工作会议确定了"控制大城市规模，合理发展中等城市，积极发展小城市"的总方针，云南省积极落实会议精神，城镇化建设突飞猛进。尽管当时仍然存在严格的城乡户籍分隔政策，但在集体经济和个体私营经济的蓬勃发展下，城乡集贸市场迅速涌现，农民大量进入城市和小城镇，城市暂住人口开始出现。

2. 县域经济快速改革阶段（1992～1999 年）

1992 年，邓小平同志视察南方发表重要谈话，从理论上深刻回答了长期困扰和束缚人们思想的许多重大问题。同年，党的十四大明确提出建立社会主义市场经济体制，农村改革以市场为导向，进一步深化发展。由于云南农村的社会经济条件较差，家庭经济缺乏竞争力，与沿海、内地相比，缺乏单一家庭经济转化为市场经济的内在动力。因此，需要结合云南实际，通过改革创新来推动农村经济发展。对此，提出"三结合一体化"的农业经营体制。省委主要领导率相关部门负责人，到思茅地区（今普洱市）和西双版纳傣族自治州的普洱（今宁洱县）、思茅（今翠云区）、江城、景洪、勐海、勐腊等县的 20 多个商品基地、加工企业、乡村基层进行调查，总结了当地干部群众创造的成功经验，提出了实行城乡结合、科技与经济结合、开放与开发结合、农工商一体化综合经营体制，这一思路被总结为"三结合一体化"的经营体制。"三结合一体化"极大地推动了云南农村经济的快速发展，全省各地迅速掀起了一个大办商品生产基地的热潮。截至 1994 年，全省建起了 30 个商品粮基地县、25 个甘蔗基地县、30 个优质茶叶基地县、31 个商品猪基地县、21 个牛羊商品基地县和 5 个禽蛋基地县，还建设了一批水果、干果、蔬菜和水产品基地县。以农副产品为原料的一大批"绿色企业"崛起成为新的经济支柱，花卉等产业发展成为新的支柱产业，云南农村走上了农业产业化的发展道路。

3. 县域经济快速发展期（2000～2008 年）

云南从真正意义上提出"县域经济发展"这个概念是在西部大

开发之后，其间云南的县域经济得到了快速发展。特别是 2004 年以来，云南省委、省政府出台了《关于加快县域经济发展的决定》和《云南省县域经济综合评价及考核办法》等 4 个配套文件，在全省 16 个州市认真筛选确定了 47 个试点县，用 2005～2007 年共 3 年的时间开展县域经济发展试点工作。47 个试点县占全省县级行政区划总数的 36.4%，其总面积占全省的 36.3%，人口占全省的 48%。省政府对 47 个试点县在投资财政、经济管理权限等方面给予了重点倾斜。经过 3 年试点工作的顺利开展，47 个试点县实现了农业增产、工业增效、后劲增强的总体目标，对全省县域经济发展的领跑和带动作用十分突出。同时，云南也加大了对贫困县的扶持力度。大力实施整村推进和产业培植、劳动力培训转移"一体两翼"战略，积极推进"兴边富民工程"。到 2008 年，全省农业增加值达到 1021 亿元，较上年增长 7.6%。粮食生产在大灾之年再获丰收，总产量达 1588 万吨，较上年增长 2.7%。特色优势产业发展较快，全省经济作物种植面积完成 3900 万亩，增加 300 万亩；新增核桃等木本油料作物种植面积 550 万亩。农业产业化、乡镇企业和农民专业合作组织发展加快，农产品直接出口额达 8 亿美元。全省农村居民人均纯收入达到 3102 元，比上年增加 469 元，实际增长 9.1%，增幅居全国各省份前列。

在农村体制改革方面，完善了集体林权制度改革。2006 年，省委率先在罗平、屏边、砚山、景谷、永平、腾冲、潞西、兰坪、云县 9 个县市进行集体林权制度改革试点，在总结经验的基础上，省委、省政府于 2006 年 9 月出台《关于深化集体林权制度改革的决定》，对全省深化集体林权制度改革的主要范围和内容做出了明确规定。2007 年，围绕"山有其主，主有其权，权有其责，责有其利"等改革目标，集体林权制度改革在全省铺开。截至 2009 年 6 月 30 日，全省集体林确权面积达 25587 万亩，占全省集体林面积的 93%，确权到户

629.87 万户；发证面积达 22211 万亩，占全省集体林面积的 80.7%，464 万户领到了"林权证"，全省集体林权制度主体改革基本完成。

4. 县域经济新机遇时期（2009 年至今）

2009 年 7 月，胡锦涛总书记考察云南工作时明确指出，云南要充分发挥作为我国通往东南亚、南亚重要陆上通道的优势，深化同东南亚、南亚和大湄公河次区域的交流合作，不断提升沿边开放质量和水平，成为我国面向西南开放的重要桥头堡。2011 年 3 月全国"两会"期间，桥头堡战略被列入《中华人民共和国国民经济和社会发展第十二个五年规划纲要》，标志着云南桥头堡建设上升为国家战略。紧接着，《国务院关于支持云南省加快建设面向西南开放重要桥头堡的意见》与《国家发改委关于云南省加快建设面向西南开放重要桥头堡总体规划（2012～2020 年）》正式颁布，标志着桥头堡战略已正式成为我国面向东南亚和南亚进一步开放的国家战略，而且正式进入实施阶段。云南县域经济面临新的发展机遇。

三 云南县域经济发展的特征归纳

云南的县域面积占总面积的 85% 以上，县域人口占全省总人口的 84.85%。云南民族众多，少数民族自治县有 29 个。县域地区资源丰富，但地形地貌复杂，地质灾害多发。进入 21 世纪以来，云南省各县依靠其丰富的自然资源与气候优势大力发展烟草、旅游、能源、生物、矿产等行业，经济发展呈现良好的态势。在经济快速发展的同时，县域经济整体上依然落后，各县市间的经济差距依旧很大。具体来看，有以下几个特点。

1. 县域经济快速发展，但区域发展不平衡

县域经济不发达是云南的一大省情。云南现有县区级行政单位

129 个，其中市辖区 13 个、县及县级市 116 个。116 个县市中的绝大多数是农业弱县、工业小县、财政穷县和农民生活水平低、生活质量差的县。改革开放以后，尤其是近年来，云南县域经济得到了快速发展。据统计，2005~2011 年，全省县域 GDP 年均增长 12.1%；农业实现稳定增长，粮食生产实现连续 9 年增产。但是这种发展是基于县域经济水平薄弱、实力较差的基础之上的，2011 年云南县域经济平均生产总值约为 65 亿元，不到全国水平的 70%，仅为江苏的 10% 左右。同时，云南县域经济呈现区域发展不平衡的特点。2011 年，云南经济有 35% 是昆明贡献的，县域经济发展较好的大理市经济总量仅为五华区的 1/3，与全国百强县第 100 名相差 80 多亿元。而 2011 年生产总值排名前十位的县市是排名后十位的 13.8 倍。人均生产总值最高的安宁市是 48956 元，最低的镇雄县是 5077 元，前者是后者的 9.6 倍。

2. 工业化有待提高，县域经济支柱不强

据统计，云南经济总量中有 70% 是由烟草和矿产资源贡献的，云南的烟草对云南经济的贡献率估计在 50% 左右，烟草工业的产值一度占云南工业产值的 50% 以上；而矿产资源行业贡献率估计在 30% 左右，在云南的公司中除了烟草公司之外，产值过 100 亿元的公司都与矿产资源相关，而这些公司几乎是国有的中央企业控股的公司。宁洱县是云南省开展县域经济发展的试点县之一，连续两年被评为县域经济发展先进县。然而，在推进县域进一步发展的进程中，该县同样面临工业发展不足的问题：工业企业规模普遍较小，真正能起到骨干带动支撑作用的企业数量较少，缺乏能壮大一个行业、带动一个产业的规模大、发展快、势头好的大型企业。此外，该县工业经济大多为传统的劳动密集型产业，产品技术含量低，附加值不高。高新技术产业比重也明显偏低，高新技术产业增加值占工业增加值的比重远低于全省平均水平。

3. 民营经济发展较快，开始成为县域经济发展的主力军

经过多年发展，以中小微企业为主体的民营经济增加值已经占到全省生产总值的 42.1%。云南省提出，"确保每年新增贷款的 50% 以上用于支持中小微企业""各州市确保每年批准的民营企业用地不少于当年批准建设用地面积的 50%""设立省级加快民营经济发展专项资金"，着力破解民营企业发展面临的融资难、用地难、审批难和办事难等发展"瓶颈"。力争 5 年后云南非公经济增加值达 9000 亿元以上，占全省生产总值的比重超过一半。

第三节　云南省 129 个县（市、区）的县域经济发展综合评价

从上述分析可以看出，区域不平衡是云南县域经济发展的典型特征。本节重点重构县域经济发展指标体系，并分类别对云南省 129 个县（市、区）的县域经济发展进行综合评价，进而从评价结果中针对各县域经济发展进行特征定位。

一　评价指标体系重构

在从全国视角评价云南县域经济发展中，尽管已经从经济运行、社会状况、人口发展、城镇化率、资源利用、环境保护六个方面构建了县域经济发展评价体系，但就云南各县（市、区）发展评价而言，受统计数据的约束，难以按照上述指标进行数据收集，因此需要对省内 129 个县（市、区）的经济发展评价进行指标体系重构。为此，县域经济发展评价主要从经济运行、社会发展、生态环境三个大类展开。

1. 经济运行指标

在经济运行指标的选择上，主要从经济发展到财政发展，再到

居民收入上考虑，包括人均地区生产总值、人均一般预算收入、人均规模以上固定资产投资、人均社会消费品零售额、城镇职工平均工资和农村居民人均纯收入 6 个指标（见表 5 - 4）。

表 5 - 4　经济运行指标体系

指　标	代码	方向	单位
人均地区生产总值	A01	正向	元/人
人均一般预算收入	A02	正向	元/人
人均规模以上固定资产投资	A03	正向	元/人
人均社会消费品零售额	A04	正向	元/人
城镇职工平均工资	A05	正向	元/人
农村居民人均纯收入	A06	正向	元/人

2. 社会发展指标

对于社会发展指标，主要从城镇化、居民生活、社会就业、教育发展、医疗卫生、交通条件等方面进行选择，包括城镇化率、恩格尔系数、单位从业人员占比、中小学生均校舍面积、生均教学实验仪器设备价值、中小学危房率、人均受教育年限、千人卫生机构数、千人卫生机构床位数、5 岁以下儿童死亡率、公路覆盖率、有线电视覆盖率、有效灌溉面积占比 13 个指标（见表 5 - 5）。

表 5 - 5　社会发展指标体系

指　标	代码	方向	单位
城镇化率	C01	正向	%
恩格尔系数	C02	负向	%
单位从业人员占比	C03	正向	%
中小学生均校舍面积	C04	正向	平方米/生
生均教学实验仪器设备价值	C05	正向	万元/生
中小学危房率	C06	负向	%
人均受教育年限	C07	正向	年
千人卫生机构数	C08	正向	所/千人
千人卫生机构床位数	C09	正向	张/千人
5 岁以下儿童死亡率	C10	负向	‰
公路覆盖率	C11	正向	公里/平方公里
有线电视覆盖率	C12	正向	%
有效灌溉面积占比	C13	正向	%

3. 生态环境指标

在生态保护方面，具体从城市绿化、废弃物排放处理以及森林覆盖情况等方面选择相关指标，包括建成区绿化面积占比、工业废水排放达标率、工业烟尘排放达标率和森林覆盖率4个指标（见表5-6）。

表5-6　生态环境指标体系

指　　标	代　码	方　向	单　位
建成区绿化面积占比	D01	正向	%
工业废水排放达标率	D02	正向	%
工业烟尘排放达标率	D03	正向	%
森林覆盖率	D04	正向	%

二　县域经济发展差距分类测度

在上述构建县域经济发展指标体系的基础上，仍然采用功效系数法对指标进行标准化处理，采用因子分析法对经济运行、社会发展和生态环境各类县域经济发展指标进行综合评价。

1. 经济运行差距评价

（1）描述性统计分析

经济运行指标描述性统计见表5-7。

表5-7　经济运行指标描述性统计

指标代码	样本容量	距离	最小值	最大值	平均值		标准差	离散系数
					统计量	标准误		
A01	129	82764.30	4007.84	86772.14	14152.71	989.08	11233.84	0.7938
A02	129	4740.00	144.00	4884.00	913.70	60.04	681.93	0.7463
A03	129	61818.00	2741.00	64559.00	14557.64	1018.48	11567.70	0.7946
A04	129	42508.00	1396.00	43904.00	5156.35	505.12	5737.05	1.1126
A05	129	29044.00	16586.00	45630.00	27764.46	381.20	4329.63	0.1559
A06	129	7461.00	1460.00	8921.00	3792.95	125.73	1427.98	0.3765

（2）确定公因子

经济运行因子分析的 KMO 值为 0.825，Bartlett 球度检验统计量观测值为 499.29，相应的 P 值接近于 0，适合做因子分析。同时，提取具有独立关系的 4 个公因子，累计方差贡献率为 93.72%，完全能够反映原始指标的信息（见表 5-8）。

表 5-8　初始和旋转后因子方差贡献情况

评价对象	初始因子解			旋转后最终因子解		
	特征值	方差贡献率	累计贡献率	特征值	方差贡献率	累计贡献率
公因子 1	3.97	66.12	66.12	1.95	32.44	32.44
公因子 2	0.86	14.36	80.47	1.46	24.32	56.77
公因子 3	0.44	7.28	87.75	1.11	18.48	75.25
公因子 4	0.36	5.97	93.72	1.11	18.47	93.72

（3）识别公因子

正交旋转后因子载荷矩阵见表 5-9。

表 5-9　正交旋转后因子载荷矩阵

指标代码	公因子 1	公因子 2	公因子 3	公因子 4
A06	0.82	0.40	0.21	0.08
A02	0.79	0.20	0.48	0.14
A01	0.64	0.63	0.12	0.27
A04	0.33	0.87	0.30	0.07
A03	0.34	0.31	0.83	0.26
A05	0.12	0.10	0.18	0.97

注：表中划"＿＿＿"的表示具有较大载荷值的公因子。

◆公因子 1——在农村居民人均纯收入、人均一般预算收入、人均地区生产总值上具有较高的载荷系数，反映一般经济，其方差贡献率为 34.62%。

◆公因子 2——在人均社会消费品零售额上具有较高的载荷

系数，反映消费情况，其方差贡献率为 25.95%。

◆公因子 3——在人均规模以上固定资产投资上具有较高的载荷系数，反映投资情况，其方差贡献率为 19.72%。

◆公因子 4——在城镇职工平均工资上具有较高的载荷系数，反映城镇收入，其方差贡献率为 19.71%。

(4) 评价结果

云南省 129 个县（市、区）经济运行综合得分及排名见表 5 – 10。

表 5 – 10　云南省 129 个县（市、区）经济运行综合得分及排名

财政代码	地区名称	公因子 1（一般经济）	公因子 2（消费情况）	公因子 3（投资情况）	公因子 4（城镇收入）	综合得分	综合排名
		34.62%	25.95%	19.72%	19.71%		
0101	盘龙区	0.3305	3.6402	0.7223	0.6773	1.33496	5
0102	五华区	- 0.1565	7.2065	0.7010	0.3068	2.01461	1
0103	西山区	0.5978	3.9022	2.0345	- 1.4583	1.33338	6
0104	官渡区	2.1355	3.0468	2.2016	0.0651	1.97696	2
0105	呈贡县	1.4469	- 1.5746	3.9532	2.0282	1.27163	7
0106	安宁市	4.6849	- 2.1950	2.2095	0.8994	1.66532	4
0107	富民县	1.3930	- 0.0907	- 0.1563	- 1.0275	0.22539	28
0108	晋宁县	2.0365	- 1.0880	1.3593	- 0.6644	0.55981	15
0109	宜良县	1.5752	- 0.0674	- 0.7875	- 0.5858	0.25706	26
0110	石林县	0.7189	- 0.3323	1.4569	- 0.1929	0.41194	18
0111	嵩明县	0.8604	- 0.7326	1.8163	- 0.7771	0.31276	22
0112	禄劝县	- 0.6019	- 0.3293	0.3968	0.5717	- 0.10290	61
0113	东川区	0.2621	- 0.4499	1.2421	- 1.1002	0.00209	46
0114	寻甸县	- 0.3039	- 0.4449	- 0.0384	0.7758	- 0.07533	53
0301	昭阳区	- 0.4922	0.5948	- 0.7666	0.6483	- 0.03944	50
0302	鲁甸县	- 0.6996	- 0.3379	- 0.1118	- 0.5209	- 0.45463	116
0303	巧家县	- 0.8248	- 0.2628	0.7377	0.5714	- 0.38658	104
0304	盐津县	- 0.8409	- 0.2930	- 0.3840	0.2455	- 0.39450	109
0305	大关县	- 0.8913	- 0.2174	- 0.5261	0.0373	- 0.46137	118
0306	永善县	- 0.5814	- 0.2446	- 0.9183	0.2904	- 0.38861	106

续表

财政代码	地区名称	公因子1（一般经济）34.62%	公因子2（消费情况）25.95%	公因子3（投资情况）19.72%	公因子4（城镇收入）19.71%	综合得分	综合排名
0307	绥江县	- 0.8650	- 0.3556	0.7517	0.1947	- 0.20514	73
0308	镇雄县	- 0.9982	- 0.3000	- 0.7977	0.9683	- 0.38989	108
0309	彝良县	- 0.7890	- 0.2189	- 0.3559	- 0.3166	- 0.46255	120
0310	威信县	- 0.7623	- 0.3436	- 0.2053	- 0.0052	- 0.39455	110
0311	水富县	0.6962	- 0.1803	- 0.5933	1.0696	0.28805	23
0401	麒麟区	0.5481	1.4278	- 0.2828	2.5839	1.01380	8
0402	沾益县	0.8492	- 0.5507	0.1046	1.1817	0.40462	19
0403	马龙县	0.3708	- 0.7715	0.3160	0.3592	0.06129	42
0404	宣威市	- 0.3171	0.1512	- 0.4296	0.7246	- 0.01243	49
0405	富源县	0.6870	- 0.5923	- 0.2337	0.3861	0.11415	38
0406	罗平县	0.1543	- 0.0920	- 1.3816	2.1678	0.18439	34
0407	师宗县	0.1487	- 0.4221	- 0.2605	0.0588	- 0.09786	59
0408	陆良县	0.6938	- 0.0964	- 1.0488	0.1573	0.03934	44
0409	会泽县	- 0.5381	- 0.4481	- 0.7320	1.7751	- 0.09704	58
0501	红塔区	3.0777	3.4067	- 3.3319	2.0223	1.69108	3
0502	通海县	1.7444	- 0.1660	- 1.6709	- 0.0395	0.22354	29
0503	江川县	1.1932	- 0.3133	- 0.9143	- 0.5680	0.03953	43
0504	澄江县	2.1808	- 0.5621	- 0.3513	- 0.4026	0.46051	17
0505	华宁县	1.3253	- 0.3010	- 1.5006	0.3774	0.15918	35
0506	易门县	1.5162	- 0.2757	- 0.7783	- 0.7489	0.15228	36
0507	峨山县	1.6445	- 0.6069	- 0.2275	- 0.2125	0.32509	21
0508	新平县	1.7597	- 1.0547	- 0.4080	0.4699	0.34768	20
0509	元江县	0.6498	0.0636	- 1.1865	0.7068	0.14679	37
0601	个旧市	1.9736	0.0388	- 0.7390	0.0799	0.56336	14
0602	开远市	1.5479	- 0.1510	- 0.1095	0.9476	0.66189	13
0603	蒙自县	0.9530	- 0.4911	0.3814	- 0.3091	0.21678	30
0604	建水县	0.3311	- 0.3202	0.0669	- 0.7101	- 0.09524	56

财政代码	地区名称	公因子1（一般经济）	公因子2（消费情况）	公因子3（投资情况）	公因子4（城镇收入）	综合得分	综合排名
		34.62%	25.95%	19.72%	19.71%		
0605	石屏县	-0.0484	-0.0630	-0.2481	-0.8161	-0.24289	85
0606	弥勒县	1.0027	-0.1807	-0.6308	0.2554	0.22618	27
0607	泸西县	-0.1594	-0.1756	-0.0019	-0.5631	-0.21211	77
0608	屏边县	-1.1685	0.2345	0.0825	-0.7454	-0.47432	122
0609	河口县	0.1620	-0.2702	0.1697	-0.3067	-0.04104	51
0610	金平县	-0.9241	-0.4175	-0.3761	0.5799	-0.38816	105
0611	元阳县	-0.8739	-0.2841	-0.5705	0.3215	-0.42543	114
0612	红河县	-1.0250	-0.0111	-0.1267	-1.5466	-0.68756	128
0613	绿春县	-0.9000	-0.0961	0.2519	-1.9381	-0.66886	127
0701	文山县	-0.2410	0.9355	0.5017	0.1424	0.28636	24
0702	砚山县	-0.5462	0.1999	-0.2263	-0.4466	-0.26986	88
0703	西畴县	-0.9727	-0.0174	-0.5968	-0.0630	-0.47137	121
0704	麻栗坡县	-0.5775	0.0434	-0.2641	-0.5866	-0.35635	101
0705	马关县	-0.3592	0.0446	-0.7835	0.4801	-0.17265	67
0706	丘北县	-0.7845	-0.0743	-0.2449	-0.7440	-0.48583	123
0707	广南县	-0.9651	0.1901	-0.6676	-0.2336	-0.46250	119
0708	富宁县	-0.9455	0.4569	-0.4241	-0.0169	-0.29575	91
0801	思茅区	-0.5499	0.3895	3.2954	-1.8814	0.18972	33
0802	宁洱县	-0.0380	-0.2419	0.1667	-0.7656	-0.19395	71
0803	墨江县	-0.7608	-0.3491	0.0678	-0.1234	-0.36493	102
0804	景谷县	0.5360	-0.2669	-0.4110	-0.7306	-0.10875	62
0805	镇沅县	-0.2184	-0.1155	-0.6498	-0.7922	-0.38988	107
0806	景东县	0.1331	-0.3714	-0.8769	-0.5070	-0.32316	97
0807	江城县	-0.8230	0.1476	0.3202	-0.9345	-0.36765	103
0808	澜沧县	-1.1994	-0.3281	0.4788	0.0503	-0.39602	111
0809	孟连县	-0.5689	0.2794	-0.5190	-1.6672	-0.55541	125
0810	西盟县	-0.8721	-0.0224	0.0447	-2.4578	-0.78336	129

续表

财政代码	地区名称	公因子1（一般经济）34.62%	公因子2（消费情况）25.95%	公因子3（投资情况）19.72%	公因子4（城镇收入）19.71%	综合得分	综合排名
0901	景洪市	0.3572	0.3730	0.5551	-1.1369	0.10586	39
0902	勐海县	0.1206	0.1015	-0.8975	-1.1760	-0.34068	100
0903	勐腊县	0.2607	0.1499	-0.0336	-2.2875	-0.32835	98
1001	楚雄市	0.6022	0.7899	-0.0318	0.7567	0.55632	16
1002	双柏县	-0.3311	-0.4918	-0.1898	0.0973	-0.26051	86
1003	牟定县	-0.4828	-0.0878	-0.1137	-0.0742	-0.22699	81
1004	南华县	-0.2970	0.0507	-0.3712	-0.3427	-0.23042	82
1005	姚安县	-0.2924	0.0507	-0.8030	0.3365	-0.18009	70
1006	大姚县	-0.4326	-0.0777	-0.4116	0.7530	-0.10268	60
1007	永仁县	-0.3021	-0.5620	0.3943	0.3202	-0.10956	63
1008	元谋县	0.4197	-0.1512	-0.9026	-0.6207	-0.19428	72
1009	武定县	-0.2088	-0.3734	-0.1959	-0.1320	-0.23381	83
1010	禄丰县	0.6585	0.2144	-0.5244	0.0564	0.19132	32
1101	大理市	1.4942	0.2141	0.5861	0.0832	0.70483	11
1102	漾濞县	-0.2845	-0.3101	-0.3566	0.7981	-0.09199	55
1103	祥云县	0.1803	0.1497	-0.9164	-0.2291	-0.12460	64
1104	宾川县	-0.0972	-0.0292	-0.5926	0.5146	-0.05666	52
1105	弥渡县	-0.6284	0.0664	-0.7520	0.1394	-0.32112	96
1106	南涧县	-0.5310	-0.2633	-0.8889	1.3613	-0.15914	66
1107	巍山县	-0.7714	-0.0755	-0.7911	0.6659	-0.31138	94
1108	永平县	-0.1564	-0.2957	-0.5376	0.1476	-0.20779	75
1109	云龙县	-1.3106	-0.1813	1.0029	0.7313	-0.15888	65
1110	洱源县	-0.3206	-0.0402	-0.5954	-0.1298	-0.26442	87
1111	剑川县	-0.7586	-0.1641	-0.4387	0.4336	-0.30625	93
1112	鹤庆县	-0.3958	-0.4418	0.3839	0.4073	-0.09569	57
1201	隆阳区	0.1813	0.3006	-0.7051	-1.1535	-0.22561	80
1202	施甸县	-0.3951	-0.1255	-0.8528	0.0069	-0.33616	99

财政代码	地区名称	公因子1（一般经济）34.62%	公因子2（消费情况）25.95%	公因子3（投资情况）19.72%	公因子4（城镇收入）19.71%	综合得分	综合排名
1203	腾冲县	0.4133	-0.4659	0.4977	-1.4982	-0.17496	68
1204	昌宁县	0.5170	-0.4031	-0.4869	-1.3176	-0.28134	90
1205	龙陵县	-0.3100	-0.2539	-0.1916	0.0253	-0.20597	74
1301	潞西市	-0.3365	0.0297	0.1245	0.3947	-0.00641	48
1302	梁河县	-0.7521	-0.1795	-0.3850	-0.2195	-0.42615	115
1303	盈江县	0.1034	0.0391	-0.1744	-0.4679	-0.08068	54
1304	陇川县	-0.3728	0.0139	-0.3136	-1.6203	-0.50669	124
1305	瑞丽市	0.7532	0.0170	1.5949	-1.8602	0.21305	31
1401	古城区	0.5722	0.1411	3.3605	-0.4987	0.79910	9
1402	永胜县	-0.3664	-0.3199	-0.8511	0.8187	-0.21633	78
1403	华坪县	1.3590	-1.0203	0.2731	0.0868	0.27670	25
1404	宁蒗县	-1.1140	-0.3247	0.2327	0.5270	-0.32016	95
1405	玉龙县	-0.2863	-0.7662	1.0154	0.8358	0.06704	41
1501	兰坪县	-0.3629	-0.8198	0.1170	1.7438	0.02840	45
1502	福贡县	-1.4842	-0.0018	0.2174	-0.6380	-0.59715	126
1503	贡山县	-1.5153	0.0604	1.0041	0.1572	-0.27993	89
1504	泸水县	-1.0297	0.0273	0.0440	0.8190	-0.17929	69
1601	香格里拉县	-1.3483	0.9326	2.2799	2.5968	0.73667	10
1602	维西县	-0.9414	-0.5245	1.1598	1.5919	0.08044	40
1603	德钦县	-1.5067	-0.5954	2.8745	4.0633	0.69159	12
1701	凤庆县	-0.2974	-0.3325	-0.3709	0.2568	-0.21177	76
1702	云县	-0.1141	-0.0654	-0.2324	-1.0051	-0.30037	92
1703	临翔区	-1.0722	0.6106	0.3323	0.7298	-0.00335	47
1704	永德县	-0.7063	-0.0966	0.0781	-0.8565	-0.42301	113
1705	镇康县	-0.8585	-0.2321	0.5141	0.0723	-0.24181	84
1706	双江县	-0.6596	-0.0489	0.1680	-1.2533	-0.45496	117
1707	耿马县	-0.4375	0.0094	-0.0852	-0.2616	-0.21738	79
1708	沧源县	-0.8617	-0.0617	0.6729	-1.2205	-0.42221	112

2. 社会发展差距评价

（1）描述性统计分析

社会发展指标描述性统计见表5－11。

表5－11　社会发展指标描述性统计

指标代码	样本容量	距离	最小值	最大值	平均值		标准差	离散系数
					统计量	标准误		
C01	129	83.62	9.98	93.60	33.22	1.48	16.82	0.5062
C02	129	61.60	18.50	80.10	50.03	1.00	11.36	0.2271
C03	129	24.32	1.89	26.21	6.46	0.37	4.23	0.6541
C04	129	10.10	3.41	13.51	8.17	0.16	1.78	0.2177
C05	129	0.14	0.01	0.15	0.03	0.00	0.02	0.6951
C06	129	80.71	5.75	86.46	48.09	1.60	18.16	0.3776
C07	129	6.15	5.31	11.46	7.41	0.08	0.90	0.1219
C08	129	0.24	0.02	0.26	0.06	0.00	0.03	0.4888
C09	129	10.92	0.80	11.72	3.05	0.16	1.77	0.5803
C10	129	43.10	0.00	43.10	14.88	0.51	5.74	0.3859
C11	129	1.71	0.05	1.76	0.66	0.03	0.30	0.4586
C12	129	100.00	0.00	100.00	54.73	2.69	30.55	0.5583
C13	129	54.27	3.64	57.91	29.14	0.92	10.50	0.3602

（2）确定公因子

社会发展因子分析的KMO值为0.848，Bartlett球度检验统计量观测值为758.24，相应的P值接近于0，适合做因子分析。同时，提取具有独立关系的6个公因子，累计方差贡献率为79.59%，完全能够反映原始指标的信息（见表5－12）。

表5－12　初始和旋转后因子方差贡献情况

评价对象	初始因子解			旋转后最终因子解		
	特征值	方差贡献率	累计贡献率	特征值	方差贡献率	累计贡献率
公因子1	5.26	40.48	40.48	3.82	29.39	29.39
公因子2	1.58	12.17	52.66	1.63	12.52	41.91
公因子3	1.20	9.25	61.91	1.62	12.44	54.35
公因子4	0.82	6.32	68.23	1.15	8.84	63.19
公因子5	0.76	5.86	74.09	1.10	8.45	71.64
公因子6	0.71	5.50	79.59	1.03	7.95	79.59

（3）识别公因子

正交旋转后因子载荷矩阵见表 5 – 13。

表 5 – 13　正交旋转后因子载荷矩阵

指标代码	公因子 1	公因子 2	公因子 3	公因子 4	公因子 5	公因子 6
C01	0.8708	– 0.0276	0.2144	0.1385	0.0326	0.2493
C03	0.8315	0.1470	0.1647	0.0010	0.1428	0.1154
C09	0.8248	0.2211	0.0824	0.0206	– 0.0710	0.1117
C07	0.7603	0.0473	0.2586	0.3034	– 0.0130	0.2266
C05	0.6898	0.2870	0.1559	0.2632	0.1852	– 0.0273
C08	0.1001	0.8875	– 0.0413	0.0172	0.1469	– 0.0037
C04	0.2213	0.7862	0.0991	0.1616	– 0.1330	0.1014
C12	0.1394	0.1051	0.7917	0.2075	0.1048	0.3255
C11	0.3256	– 0.1451	0.6624	– 0.3061	– 0.2760	– 0.2217
C02	0.4722	0.0929	0.5765	0.2500	– 0.1555	0.0857
C13	0.2699	0.1400	0.1016	0.8571	– 0.1023	– 0.0062
C06	0.1226	0.0223	– 0.0744	– 0.0854	0.9350	– 0.0313
C10	0.3756	0.0763	0.1459	– 0.0100	– 0.0450	0.8483

注：表中划"＿＿＿"的表示具有较大载荷值的公因子。

◆公因子1——在城镇化率、单位从业人员占比、千人卫生机构床位数、人均受教育年限、生均教学实验仪器设备价值上具有较高的载荷系数，反映人口城市化情况，其方差贡献率为36.92%。

◆公因子2——在千人卫生机构数和中小学生均校舍面积上具有较高的载荷系数，反映医疗水平情况，其方差贡献率为15.74%。

◆公因子3——在有线电视覆盖率、公路覆盖率和恩格尔系数上具有较高的载荷系数，反映基础设施情况，其方差贡献率为15.63%。

◆公因子4——在有效灌溉面积占比上具有较高的载荷系数，反映农业发展情况，其方差贡献率为11.10%。

◆公因子5——在中小学危房率上具有较高的载荷系数，反映教育保障情况，其方差贡献率为 10.62%。

　　◆公因子6——在5岁以下儿童死亡率上具有较高的载荷系数，反映社会环境情况，其方差贡献率为 9.99%。

（4）评价结果

云南省129个县（市、区）社会发展综合得分及排名见表5-14。

表5-14　云南省129个县（市、区）社会发展综合得分及排名

财政代码	地区名称	公因子1	公因子2	公因子3	公因子4	公因子5	公因子6	综合得分	综合排名
		36.92%	15.74%	15.63%	11.10%	10.62%	9.99%		
0101	盘龙区	2.8165	-0.1450	0.3256	0.9479	0.1218	0.4005	1.09287	4
0102	五华区	3.8933	-0.9252	0.3765	0.5868	0.7334	0.3154	1.54687	1
0103	西山区	3.3598	2.5910	0.3965	1.7534	0.1704	-0.0049	1.25815	2
0104	官渡区	2.2948	-0.6907	0.8543	0.7106	1.9560	1.7873	1.23345	3
0105	呈贡县	0.2999	-0.9233	2.5357	-0.3451	-0.4749	1.2239	0.18259	25
0106	安宁市	2.5624	0.9546	1.1205	-0.7756	0.2968	-0.1277	0.96486	6
0107	富民县	0.3769	0.4009	-1.3769	0.7052	-0.8499	0.6206	0.11092	30
0108	晋宁县	-0.3462	0.3001	1.4671	0.0961	1.2505	1.2359	0.12836	28
0109	宜良县	-0.2992	0.7959	1.4065	0.2145	0.3478	0.6482	-0.00881	43
0110	石林县	-0.4279	0.5715	1.2784	0.4723	-0.1979	-0.1200	-0.19097	85
0111	嵩明县	0.3428	0.5747	0.9028	1.3202	0.3428	-0.2186	0.14113	26
0112	禄劝县	-0.1442	-0.1812	-0.1611	-0.0024	-1.2971	-1.3426	-0.32504	114
0113	东川区	0.9122	-0.2548	-0.5401	-1.0107	0.1656	-0.0403	0.35035	20
0114	寻甸县	-0.4998	0.2384	0.1874	-0.2869	0.7287	-1.2981	-0.23683	97
0301	昭阳区	0.6534	-1.2269	-0.9893	0.6640	-1.1236	-1.2621	-0.00410	42
0302	鲁甸县	-0.2210	-1.6697	-0.4713	-1.0630	1.4217	-0.8593	-0.01649	44
0303	巧家县	-0.6271	-1.2452	-0.5283	-0.7861	1.3398	-0.0092	-0.09023	61
0304	盐津县	-0.4246	-1.3901	-0.7972	-1.2885	0.6482	0.0973	-0.07825	59
0305	大关县	-0.7291	-1.1085	-0.4146	-0.2001	1.1603	0.1173	-0.13431	73
0306	永善县	-0.1705	-0.6518	-1.2095	-1.1865	0.4262	-0.0338	-0.02110	46
0307	绥江县	-0.6016	-0.8819	0.7937	0.3084	0.6382	0.3602	-0.11842	69
0308	镇雄县	-0.2873	-2.0383	-0.4886	-1.3669	-0.3240	-0.7797	-0.21836	93
0309	彝良县	-0.5376	-1.2216	-0.7562	-0.9587	0.5639	-0.3416	-0.17276	81

续表

财政代码	地区名称	公因子 1	公因子 2	公因子 3	公因子 4	公因子 5	公因子 6	综合得分	综合排名
		36.92%	15.74%	15.63%	11.10%	10.62%	9.99%		
0310	威信县	-0.3165	-1.3048	-0.5121	-0.9784	0.8594	-0.5455	-0.08011	60
0311	水富县	1.4017	1.4871	0.7153	-0.1266	0.2242	-2.7534	0.26634	22
0401	麒麟区	1.3411	-0.9462	0.6473	0.3487	0.1783	0.6451	0.57855	15
0402	沾益县	-0.4451	-0.0998	1.9061	-0.3056	0.0844	0.1750	-0.13790	75
0403	马龙县	0.3253	0.1436	-0.2900	-0.5817	0.0567	-0.6262	0.06359	33
0404	宣威市	1.7170	-0.9699	1.0229	-2.7663	0.6586	-0.6849	0.63545	13
0405	富源县	0.0061	-1.0127	0.3007	-1.4970	-0.0093	0.3706	0.03828	35
0406	罗平县	0.1052	-0.8800	-0.0963	-1.8133	-1.7332	-0.5161	-0.19671	88
0407	师宗县	-0.3585	-0.5481	0.9827	-0.6965	0.6077	0.2909	-0.03881	49
0408	陆良县	-0.2514	-0.9846	1.6025	0.5679	-0.3455	-1.3585	-0.26519	104
0409	会泽县	-0.1065	-0.6709	-1.2589	-1.2765	-1.0597	-0.3998	-0.19174	86
0501	红塔区	2.2109	0.9771	1.3779	-0.2755	-1.5536	-0.1347	0.63792	12
0502	通海县	-0.0248	0.1134	2.2394	-0.0707	-2.1201	0.2784	-0.20640	92
0503	江川县	-0.6229	-0.5242	1.7211	0.3983	-1.6405	1.3088	-0.27342	105
0504	澄江县	-0.4736	0.0856	1.8544	-0.3424	-1.0604	0.5831	-0.22917	96
0505	华宁县	-0.0856	-0.2210	1.2443	-0.9477	-1.8656	0.2328	-0.20639	91
0506	易门县	0.4586	0.3081	0.8937	-0.1444	-1.4780	-0.6601	-0.05351	52
0507	峨山县	0.5853	1.1563	1.4357	0.3990	0.3653	-0.6326	0.19171	24
0508	新平县	-0.2137	1.1768	1.2241	-1.2532	-0.3758	-0.8132	-0.20003	90
0509	元江县	-0.5585	0.5658	0.5816	0.5344	-1.2907	-0.4710	-0.39029	120
0601	个旧市	1.9415	-0.2036	0.6962	-0.6532	1.2075	0.5063	0.89560	7
0602	开远市	2.2364	0.1485	-0.0260	-0.7179	-1.8493	0.6241	0.69176	11
0603	蒙自县	1.6490	0.1133	0.5606	0.4712	2.0936	-0.3650	0.79465	9
0604	建水县	-0.0208	-0.0533	0.1645	0.4985	-0.8362	0.7997	-0.01656	45
0605	石屏县	-0.1435	0.3361	-0.7343	-0.1127	-0.8030	0.9853	-0.03982	50
0606	弥勒县	0.1140	-0.1026	-0.2635	1.5806	0.9115	-0.0700	0.13187	27
0607	泸西县	-0.4889	-0.6124	1.4808	0.4419	0.1172	0.6968	-0.09846	65
0608	屏边县	-0.6165	0.9905	0.3104	-1.7657	-1.6848	-0.1459	-0.42107	123
0609	河口县	0.2799	1.5148	1.1901	-1.2996	2.0080	0.5394	0.37039	19

续表

财政代码	地区名称	公因子1 36.92%	公因子2 15.74%	公因子3 15.63%	公因子4 11.10%	公因子5 10.62%	公因子6 9.99%	综合得分	综合排名
0610	金平县	−1.0888	−0.4030	0.1565	−0.9739	−0.4243	0.1135	−0.43572	124
0611	元阳县	−0.9309	−0.6766	−0.6399	−0.0355	−0.3738	−0.9676	−0.48005	127
0612	红河县	−0.6302	−0.6930	−0.8316	1.7999	−0.6365	−4.1498	−0.71476	129
0613	绿春县	−0.3284	−0.1879	−0.9241	−0.2621	0.4040	−1.7684	−0.25500	103
0701	文山县	1.5657	−0.4854	−2.4851	−0.4428	−0.2149	−0.3135	0.52396	17
0702	砚山县	−0.5591	−1.1865	0.3462	−0.5874	0.2870	0.4609	−0.12993	71
0703	西畴县	−0.7875	−0.3377	−0.0011	−0.7705	0.9936	0.0614	−0.17917	84
0704	麻栗坡县	0.3927	0.0361	−1.7797	−1.2763	−1.6284	−0.3293	−0.06076	56
0705	马关县	−0.2552	0.2775	0.4135	−1.1356	−0.3438	0.2168	−0.10907	67
0706	丘北县	−1.6383	−1.0215	0.1904	−0.5165	1.1701	3.7033	−0.11078	68
0707	广南县	−1.4420	−1.1213	0.8818	−0.2996	1.6005	0.1007	−0.35247	117
0708	富宁县	−0.7240	−0.3804	−0.7080	−0.7725	−0.1643	1.5375	−0.13120	72
0801	思茅区	2.3465	−0.4108	−2.5059	−0.2571	−0.5143	1.6102	0.97262	5
0802	宁洱县	−0.1501	−0.3011	−1.2132	0.5406	1.2171	0.3673	0.11047	31
0803	墨江县	−0.5146	−0.1706	−0.9771	−0.4456	0.1631	−0.2528	−0.19793	89
0804	景谷县	0.1975	−0.1777	−1.3955	0.7221	0.3749	−0.1572	0.09702	32
0805	镇沅县	−0.7923	0.4136	−1.3391	1.0088	−1.8886	1.6722	−0.32599	115
0806	景东县	−0.4958	−0.2933	−1.3496	0.0192	−0.6600	1.6010	−0.09322	63
0807	江城县	−0.3174	−0.3388	−1.1515	0.6075	0.9663	−0.3954	−0.05411	54
0808	澜沧县	−0.9367	−0.0176	−1.4264	0.0594	−0.7314	−0.1335	−0.43681	125
0809	孟连县	−1.0761	−0.1645	0.1711	0.7064	1.0020	1.2966	−0.16145	78
0810	西盟县	−0.2482	0.7208	−1.1481	−0.4880	1.8411	−0.8018	0.02371	38
0901	景洪市	0.3024	−0.2318	0.2360	0.9767	0.0947	1.6376	0.28528	21
0902	勐海县	−0.7751	−0.2178	0.8858	1.2692	1.0801	−0.5714	−0.22859	95
0903	勐腊县	−0.0662	−0.4672	0.5755	1.0460	−0.6178	−0.0542	−0.09545	64
1001	楚雄市	1.6240	−0.0078	−0.8650	0.3585	1.5221	−0.0512	0.75608	10
1002	双柏县	0.0418	−0.1290	−1.0894	0.2155	0.5031	−0.1039	0.05846	34
1003	牟定县	−0.4352	0.2068	0.0019	0.5790	1.2507	0.4418	0.01620	39
1004	南华县	−0.2437	−0.3601	0.1203	−0.7519	−0.7160	−0.2611	−0.19208	87

财政代码	地区名称	公因子1 36.92%	公因子2 15.74%	公因子3 15.63%	公因子4 11.10%	公因子5 10.62%	公因子6 9.99%	综合得分	综合排名
1005	姚安县	− 0.3146	0.4918	− 0.0773	1.0460	− 1.4150	0.1673	− 0.24967	99
1006	大姚县	− 0.2975	0.5799	− 0.8403	0.1786	0.3732	0.8647	0.01615	40
1007	永仁县	− 0.1428	0.3902	− 1.0390	− 0.0550	0.7992	0.9606	0.12807	29
1008	元谋县	0.0333	0.5166	− 0.5126	1.2157	− 0.4786	− 0.5282	− 0.09127	62
1009	武定县	− 0.1240	− 0.5103	− 0.7188	0.7194	1.0629	− 0.5424	0.01286	41
1010	禄丰县	− 0.2351	− 0.0265	0.3482	0.3811	− 0.3301	0.8544	− 0.03651	48
1101	大理市	1.9051	− 0.4754	0.7408	0.4675	0.8429	0.3731	0.83016	8
1102	漾濞县	− 0.0255	2.4965	− 1.1802	− 0.5169	− 1.1620	0.2538	− 0.10741	66
1103	祥云县	− 0.4385	− 0.5344	1.0955	0.9407	− 1.2046	− 0.1404	− 0.30379	110
1104	宾川县	− 0.6219	− 0.2620	0.7524	1.6306	− 1.4587	0.6130	− 0.32324	113
1105	弥渡县	− 0.6290	− 0.1955	0.8759	0.5287	− 0.3425	0.1673	− 0.25189	101
1106	南涧县	− 0.2131	− 0.2722	1.8356	− 1.4189	− 0.9270	− 1.5290	− 0.32982	116
1107	巍山县	− 0.2139	− 0.4156	0.5769	0.2846	− 0.4919	− 0.4729	− 0.17845	83
1108	永平县	− 0.5427	0.1756	0.2814	0.3292	− 2.1320	0.4134	− 0.38542	119
1109	云龙县	− 0.3886	1.0060	0.2913	− 0.9992	− 1.5014	0.0877	− 0.29411	107
1110	洱源县	− 0.9200	− 0.6486	− 0.0208	2.3749	− 0.6233	1.5435	− 0.25166	100
1111	剑川县	− 0.6887	− 0.1473	0.5040	1.9063	− 0.6212	− 0.3347	− 0.35365	118
1112	鹤庆县	− 0.9776	0.2849	0.2536	2.0570	0.1645	0.2441	− 0.31912	112
1201	隆阳区	0.1407	− 0.7230	0.2350	1.3720	0.3037	− 0.5839	0.02588	37
1202	施甸县	− 0.8540	− 0.3714	0.4624	− 0.3343	0.1615	0.0303	− 0.29516	108
1203	腾冲县	− 0.2982	− 0.1453	0.2436	− 0.0329	0.4448	0.0565	− 0.05724	55
1204	昌宁县	− 0.2177	− 0.2562	− 0.3488	0.3045	− 0.4395	− 0.2618	− 0.15317	76
1205	龙陵县	− 0.5771	0.0398	− 0.1462	0.2943	− 0.8541	− 0.0723	− 0.31096	111
1301	潞西市	1.0081	0.2117	− 0.8755	− 1.1559	− 0.7678	− 0.3139	0.25934	23
1302	梁河县	− 0.8246	0.3544	1.3362	− 0.2813	1.5263	− 0.1339	− 0.15579	77
1303	盈江县	− 0.3930	0.0022	− 0.1235	− 0.0458	0.9033	0.2712	− 0.02215	47
1304	陇川县	0.1888	0.9672	− 0.7108	− 0.5683	− 0.2832	− 0.9329	− 0.05355	53
1305	瑞丽市	1.0661	0.3902	− 0.4733	− 0.3060	0.2167	0.6833	0.48490	18
1401	古城区	1.6994	− 0.4703	− 1.0296	0.8805	− 0.3148	0.2750	0.62150	14

续表

财政代码	地区名称	公因子1	公因子2	公因子3	公因子4	公因子5	公因子6	综合得分	综合排名
		36.92%	15.74%	15.63%	11.10%	10.62%	9.99%		
1402	永胜县	-0.6715	-0.5108	-0.2224	2.6407	1.0486	-0.8741	-0.22392	94
1403	华坪县	0.1665	0.1094	0.0706	0.8160	-1.3278	0.1499	-0.06449	57
1404	宁蒗县	-0.3563	0.0089	-1.5557	0.2209	-0.6439	-2.1100	-0.41065	122
1405	玉龙县	-0.8241	1.5442	-0.4465	2.1017	-0.0218	-0.8451	-0.39102	121
1501	兰坪县	-0.3118	0.5617	-2.4312	-0.3047	-0.6197	1.3418	-0.04689	51
1502	福贡县	-0.6541	1.0795	-1.4015	-1.3649	0.4338	0.2632	-0.16916	80
1503	贡山县	-1.2228	6.4730	0.0418	-2.5277	1.7057	0.1700	-0.25344	102
1504	泸水县	0.1118	1.0677	-1.0590	-1.6961	-0.8981	0.8004	0.02588	36
1601	香格里拉县	-0.4815	1.2926	-1.4332	2.9419	0.6681	-0.2169	-0.12855	70
1602	维西县	-1.8120	1.0975	0.8732	-0.1250	-0.1329	0.3717	-0.64601	128
1603	德钦县	-1.1316	3.3002	-0.9199	1.2550	0.6799	1.0497	-0.24079	98
1701	凤庆县	-0.3636	-0.6824	-0.2990	0.1080	-1.0129	-0.6047	-0.30218	109
1702	云　县	-0.3036	-1.1393	-0.3905	-0.3786	-0.1360	-0.4897	-0.17544	82
1703	临翔区	1.3907	-0.1456	-0.8539	0.0626	-0.0742	0.2004	0.52561	16
1704	永德县	-0.8999	-0.2444	0.2466	-0.9474	1.4501	0.4375	-0.13461	74
1705	镇康县	-0.6511	0.3218	-0.2010	-0.3618	-0.0099	-0.3325	-0.27467	106
1706	双江县	-0.7706	-0.5222	-0.4672	-0.1967	1.3228	0.7900	-0.06521	58
1707	耿马县	-0.7658	-0.4105	0.6982	-0.4699	1.3522	-0.2744	-0.16660	79
1708	沧源县	-0.4280	0.6164	0.9829	0.0107	1.4973	-4.5776	-0.45633	126

3. 生态环境差距评价

（1）描述性统计分析

生态环境指标描述性统计见表5-15。

表5-15　生态环境指标描述性统计

指标代码	样本容量	距离	最小值	最大值	平均值		标准差	离散系数
					统计量	标准误		
D01	129	75.56	0	75.56	23.82	1.41	16.04	0.6734
D02	129	97.70	2.30	100.00	89.28	1.56	17.75	0.1988
D03	129	74.00	26.00	100.00	87.93	1.62	18.43	0.2096
D04	129	87.75	6.09	93.84	55.50	1.52	17.24	0.3106

（2）确定公因子

生态环境因子分析的 KMO 值为 0.527，Bartlett 球度检验统计量观测值为 71.017，相应的 P 值接近于 0，适合做因子分析。同时，提取具有独立关系的 3 个公因子，累计方差贡献率为 91.27%，完全能够反映原始指标的信息（见表 5 - 16）。

表 5 - 16　初始和旋转后因子方差贡献情况

评价对象	初始因子解			旋转后最终因子解		
	特征值	方差贡献率	累计贡献率	特征值	方差贡献率	累计贡献率
公因子 1	1.76	43.98	43.98	1.63	40.79	40.79
公因子 2	1.01	25.31	69.29	1.02	25.38	66.17
公因子 3	0.88	21.98	91.27	1.00	25.11	91.27

（3）识别公因子

正交旋转后因子载荷矩阵见表 5 - 17。

表 5 - 17　正交旋转后因子载荷矩阵

指标代码	公因子 1	公因子 2	公因子 3
D02	0.9170	0.0147	0.0244
D03	0.8801	- 0.1750	0.1111
D04	- 0.0951	0.9920	0.0115
D01	0.0847	0.0110	0.9956

注：表中划"＿＿＿"的表示具有较大载荷值的公因子。

◆公因子 1——在工业废水排放达标率和工业烟尘排放达标率上具有较高的载荷系数，反映环境治理，其方差贡献率为 44.69%。

◆公因子 2——在森林覆盖率上具有较高的载荷系数，反映森林生态，其方差贡献率为 27.80%。

◆公因子 3——在建成区绿化面积占比上具有较高的载荷系数，反映城市绿化，其方差贡献率为 27.51%。

（4）评价结果

云南省 129 个县（市、区）生态环境综合得分及排名见
表5－18。

表 5－18　云南省129个县（市、区）生态环境综合得分及排名

财政代码	地区名称	公因子 1（环境治理）	公因子 2（森林生态）	公因子 3（城市绿化）	综合得分	综合排名
		44.69%	27.80%	27.51%		
0101	盘龙区	0.6701	0.4593	0.9245	0.68144	11
0102	五华区	0.5935	0.0298	1.4669	0.67699	12
0103	西山区	0.5399	－ 0.1840	1.9467	0.72560	10
0104	官渡区	0.5890	－ 0.5651	0.8381	0.33663	33
0105	呈贡县	0.4275	－ 0.4254	3.1937	0.95125	7
0106	安宁市	0.5961	－ 0.2623	1.0515	0.48268	24
0107	富民县	0.6418	0.2006	1.0093	0.62021	14
0108	晋宁县	0.6639	－ 0.2000	0.2441	0.30821	35
0109	宜良县	0.5753	－ 0.4916	1.1086	0.42537	26
0110	石林县	0.5211	－ 1.2233	0.9968	0.16691	60
0111	嵩明县	0.7468	1.4339	1.0131	1.01109	3
0112	禄劝县	－ 2.4680	0.6236	1.9470	－ 0.39403	101
0113	东川区	0.5317	－ 1.3233	0.7361	0.07215	67
0114	寻甸县	0.7070	－ 0.0900	－ 0.2148	0.23186	49
0301	昭阳区	0.3313	－ 1.2426	0.4391	－ 0.07664	84
0302	鲁甸县	－ 0.1873	－ 1.4932	－ 0.5635	－ 0.65383	110
0303	巧家县	0.5765	－ 1.5150	－ 1.1117	－ 0.46935	102
0304	盐津县	－ 0.1464	－ 0.5552	－ 1.0026	－ 0.49557	104
0305	大关县	－ 0.3577	－ 1.3741	－ 1.0097	－ 0.81964	116
0306	永善县	0.5430	－ 1.7864	－ 1.2524	－ 0.59851	108
0307	绥江县	0.0730	0.4035	－ 1.2121	－ 0.18857	91
0308	镇雄县	－ 0.5174	－ 1.9936	－ 0.9564	－ 1.04857	124
0309	彝良县	0.2818	－ 1.6941	－ 1.2807	－ 0.69735	112
0310	威信县	0.6842	－ 0.9412	－ 0.8924	－ 0.20139	93
0311	水富县	0.7361	0.6173	0.0854	0.52412	20
0401	麒麟区	0.5101	－ 0.8904	0.9041	0.22908	50
0402	沾益县	0.7265	0.0992	－ 0.2601	0.28071	42

财政代码	地区名称	公因子 1（环境治理）	公因子 2（森林生态）	公因子 3（城市绿化）	综合得分	综合排名
		44.69%	27.80%	27.51%		
0403	马龙县	0.3347	- 0.9521	2.2224	0.49617	23
0404	宣威市	0.6333	- 0.2060	0.6528	0.40529	27
0405	富源县	- 1.3103	- 0.9881	- 0.2895	- 0.93993	122
0406	罗平县	0.4938	- 1.5335	- 0.6206	- 0.37639	100
0407	师宗县	0.4031	- 0.0953	0.5833	0.31410	34
0408	陆良县	0.4288	- 1.4037	- 1.0641	- 0.49135	103
0409	会泽县	0.5760	- 0.5223	0.6520	0.29152	38
0501	红塔区	0.0346	- 0.2003	1.1325	0.27130	43
0502	通海县	0.5988	- 0.1151	- 0.6834	0.04759	70
0503	江川县	0.7341	- 0.3796	- 0.9194	- 0.03035	77
0504	澄江县	0.4619	- 1.6232	0.7045	- 0.05113	81
0505	华宁县	0.6380	- 0.4983	0.0506	0.16048	62
0506	易门县	- 2.4939	- 0.3856	1.1277	- 0.91155	121
0507	峨山县	0.7494	1.2503	- 0.0255	0.67555	13
0508	新平县	0.7570	1.2314	0.6396	0.85661	9
0509	元江县	- 0.8071	0.4589	- 0.3391	- 0.32640	96
0601	个旧市	- 0.0697	- 0.8618	0.5457	- 0.12066	89
0602	开远市	0.5963	- 0.2258	1.1317	0.51500	21
0603	蒙自县	- 0.3491	- 2.2515	- 0.0055	- 0.78355	113
0604	建水县	0.4025	- 0.7512	0.5506	0.12248	65
0605	石屏县	0.4114	0.5575	0.5969	0.50304	22
0606	弥勒县	0.6973	1.4661	1.3255	1.08384	2
0607	泸西县	0.4687	- 1.3196	0.8059	0.06424	69
0608	屏边县	0.3134	- 0.9420	- 0.6021	- 0.28748	94
0609	河口县	0.5635	- 0.4344	0.4198	0.24653	47
0610	金平县	0.7711	0.4100	- 0.9427	0.19933	57
0611	元阳县	- 1.3159	- 0.1162	3.0180	0.20976	55
0612	红河县	0.7535	- 0.2888	- 1.0776	- 0.03993	79
0613	绿春县	- 0.6645	0.4591	- 1.5516	- 0.59609	107

续表

财政代码	地区名称	公因子1（环境治理）44.69%	公因子2（森林生态）27.80%	公因子3（城市绿化）27.51%	综合得分	综合排名
0701	文山县	0.0159	- 2.0871	- 0.8400	- 0.80425	114
0702	砚山县	- 0.5442	- 0.9263	- 0.1191	- 0.53351	105
0703	西畴县	0.8016	- 0.1109	- 1.5238	- 0.09176	88
0704	麻栗坡县	- 0.0756	- 1.0912	0.0759	- 0.31629	95
0705	马关县	0.6212	- 0.5338	0.4359	0.24911	46
0706	丘北县	- 2.4297	- 1.1009	- 0.5760	- 1.55035	128
0707	广南县	0.6386	- 0.1913	- 0.0757	0.21137	54
0708	富宁县	0.6576	0.3350	- 0.9897	0.11478	66
0801	思茅区	0.5422	0.7313	1.9821	0.99087	4
0802	宁洱县	0.6118	1.0824	- 0.7968	0.35521	32
0803	墨江县	0.6848	- 0.1629	- 1.2703	- 0.08867	87
0804	景谷县	0.7785	1.0304	- 0.2141	0.57553	17
0805	镇沅县	0.7570	0.7974	- 0.9809	0.29021	39
0806	景东县	0.8293	0.6656	- 0.9991	0.28085	41
0807	江城县	0.4164	- 2.8033	- 0.0003	- 0.59341	106
0808	澜沧县	0.5555	- 0.0005	- 0.0985	0.22101	51
0809	孟连县	0.7570	0.2510	- 0.6977	0.21618	52
0810	西盟县	0.5250	- 0.1328	0.2501	0.26650	44
0901	景洪市	0.2817	0.8214	- 0.5136	0.21299	53
0902	勐海县	0.8491	0.7259	- 1.4657	0.17813	59
0903	勐腊县	- 2.2349	1.5261	- 0.1736	- 0.62219	109
1001	楚雄市	- 0.3975	0.5622	0.7502	0.18500	58
1002	双柏县	- 1.4092	1.2964	0.7257	- 0.06972	82
1003	牟定县	0.5037	0.1799	1.0955	0.57647	16
1004	南华县	- 1.1979	0.8717	0.4386	- 0.17231	90
1005	姚安县	- 2.5959	0.5350	0.4558	- 0.88599	119
1006	大姚县	- 1.0662	0.6145	0.3845	- 0.19987	92
1007	永仁县	- 1.3481	0.5722	0.4201	- 0.32779	98
1008	元谋县	- 4.2213	- 3.1675	0.9019	- 2.51911	129

续表

财政代码	地区名称	公因子1（环境治理）44.69%	公因子2（森林生态）27.80%	公因子3（城市绿化）27.51%	综合得分	综合排名
1009	武定县	0.5329	-1.3398	0.2188	-0.07421	83
1010	禄丰县	0.1205	0.8742	0.3232	0.38581	28
1101	大理市	-0.1261	0.1215	0.6702	0.16179	61
1102	漾濞县	-2.2838	0.9690	-0.3077	-0.83586	117
1103	祥云县	-1.9062	-0.0146	-0.1469	-0.89632	120
1104	宾川县	0.6072	-1.1760	-0.1195	-0.08846	86
1105	弥渡县	-1.1626	-0.2589	-0.3819	-0.69660	111
1106	南涧县	-2.2501	0.6529	-0.9809	-1.09382	125
1107	巍山县	-1.3208	-0.8200	-0.4722	-0.94812	123
1108	永平县	-0.0763	0.8547	-1.0237	-0.07804	85
1109	云龙县	0.7330	0.5598	0.1869	0.53461	18
1110	洱源县	0.5603	0.6630	-1.5304	0.01379	74
1111	剑川县	0.5412	1.3179	-0.5184	0.46569	25
1112	鹤庆县	-1.1189	-0.2358	-1.0950	-0.86679	118
1201	隆阳区	0.2804	-0.2454	0.6505	0.23601	48
1202	施甸县	0.4245	0.0147	-0.8369	-0.03641	78
1203	腾冲县	-0.2364	1.1379	-0.3083	0.12596	64
1204	昌宁县	0.0509	0.6002	0.6798	0.37661	29
1205	龙陵县	0.4957	1.4172	1.3209	0.97891	5
1301	潞西市	-0.6898	-0.0857	1.0609	-0.04024	80
1302	梁河县	0.3432	0.6522	0.0789	0.35644	31
1303	盈江县	0.5493	1.1027	-0.6853	0.36357	30
1304	陇川县	0.6102	0.2075	-0.1385	0.29231	37
1305	瑞丽市	0.1016	0.2425	-0.1533	0.07068	68
1401	古城区	0.7220	1.4805	0.6258	0.90646	8
1402	永胜县	0.7120	0.9426	-1.3847	0.19937	56
1403	华坪县	0.5558	0.9825	0.0147	0.52558	19
1404	宁蒗县	0.9130	1.1613	-1.5611	0.30148	36
1405	玉龙县	-0.2895	0.8880	0.6239	0.28913	40

续表

财政代码	地区名称	公因子 1（环境治理）	公因子 2（森林生态）	公因子 3（城市绿化）	综合得分	综合排名
		44.69%	27.80%	27.51%		
1501	兰坪县	-0.8211	1.3884	-1.3837	-0.36155	99
1502	福贡县	-2.8823	1.3930	-1.1837	-1.22637	126
1503	贡山县	-2.1305	1.7736	-1.3050	-0.81794	115
1504	泸水县	0.4370	2.1780	2.0304	1.35936	1
1601	香格里拉县	-1.0216	1.6032	-1.1484	-0.32670	97
1602	维西县	0.2616	1.0646	1.9783	0.95707	6
1603	德钦县	-2.2618	0.2478	-1.2909	-1.29699	127
1701	凤庆县	0.6691	-0.1711	-0.9467	-0.00898	76
1702	云　县	0.4924	-0.0730	-0.7513	-0.00692	75
1703	临翔区	0.5657	0.8135	0.4289	0.59695	15
1704	永德县	0.6364	-0.2425	-0.6884	0.02764	71
1705	镇康县	0.5788	0.2849	-0.2809	0.26060	45
1706	双江县	0.5981	0.3865	-0.8979	0.12781	63
1707	耿马县	0.5082	0.2616	-1.0046	0.02351	73
1708	沧源县	0.2697	0.7801	-1.1346	0.02535	72

三　县域经济发展分类：优势、中等与短板展示

1. 县域经济类型的关系解释

从全省 129 个县（市、区）综合评价得出的经济运行、社会发展和生态环境得分关系来看，主要表现出以下特征。

◆经济运行与社会发展呈现正相关——相关系数为 0.7347，说明经济运行越好的地区，其社会事业及公共服务供给程度也越高，实现了社会发展从经济运行中的红利获取。

◆生态环境分别与经济运行和社会发展呈现弱正相关——

相关系数分别为 0. 3144 和 0. 2735，该现象推翻了一个常理的假
设，即"社会经济发展越好，对生态环境的破坏越大"，初步验
证了生态环境与社会经济发展间的"U"形假设，并处于"U"
形的右半段，原因是随着社会经济发展水平的提升，改善生态
环境的能力越强。

县域经济发展类型的相关系数矩阵见表 5 - 19。

表 5 - 19   县域经济发展类型的相关系数矩阵

指标	经济运行	社会发展	生态环境
经济运行	1		
社会发展	0. 7347	1	
生态环境	0. 3144	0. 2735	1

2. 县域经济发展类型组合

以下将以县域经济发展评价得到的经济运行、社会发展和生态环境
三个方面的得分，在全省 129 个县（市、区）中按照"优势""中等"
"短板"三个标准进行划分，对各县（市、区）既有的发展状况进行定
位，关键是寻找自身的短板领域，从而为提升县域经济发展明确方向。

云南省 129 个县（市、区）发展类型组合见表 5 - 20。

表 5 -20   云南省 129 个县（市、区）发展类型组合

财政代码	地区名称	经济运行	社会发展	生态环境
0101	盘龙区	+++	+++	+++
0102	五华区	+++	+++	+++
0103	西山区	+++	+++	+++
0104	官渡区	+++	+++	+++
0105	呈贡县	+++	+++	+++
0106	安宁市	+++	+++	+++
0107	富民县	+++	+++	+++

续表

财政代码	地区名称	经济运行	社会发展	生态环境
0108	晋宁县	+++	+++	+++
0109	宜良县	+++	+++	+++
0110	石林县	+++	++	++
0111	嵩明县	+++	+++	+++
0112	禄劝县	++	+	+
0113	东川区	++	+++	++
0114	寻甸县	++	+	++
0301	昭阳区	++	+++	++
0302	鲁甸县	+	++	+
0303	巧家县	+	++	+
0304	盐津县	+	++	+
0305	大关县	+	++	+
0306	永善县	+	++	+
0307	绥江县	++	++	+
0308	镇雄县	+	+	+
0309	彝良县	+	++	+
0310	威信县	+	++	+
0311	水富县	+++	+++	+++
0401	麒麟区	+++	+++	++
0402	沾益县	+++	++	+++
0403	马龙县	+++	+++	+++
0404	宣威市	++	+++	+++
0405	富源县	+++	+++	+
0406	罗平县	+++	+	+
0407	师宗县	++	++	+++
0408	陆良县	++	+	+
0409	会泽县	++	++	+++
0501	红塔区	+++	+++	+++
0502	通海县	+++	+	++
0503	江川县	+++	+	++
0504	澄江县	+++	+	++

续表

财政代码	地区名称	经济运行	社会发展	生态环境
0505	华宁县	+++	+	++
0506	易门县	+++	++	+
0507	峨山县	+++	+++	+++
0508	新平县	+++	+	+++
0509	元江县	+++	+	+
0601	个旧市	+++	+++	+
0602	开远市	+++	+++	+++
0603	蒙自县	+++	+++	+
0604	建水县	++	++	++
0605	石屏县	++	++	+++
0606	弥勒县	+++	+++	+++
0607	泸西县	++	++	++
0608	屏边县	+	+	+
0609	河口县	++	+++	++
0610	金平县	+	+	++
0611	元阳县	+	+	++
0612	红河县	+	+	++
0613	绿春县	+	+	+
0701	文山县	+++	+++	+
0702	砚山县	+	++	+
0703	西畴县	+	++	+
0704	麻栗坡县	+	++	+
0705	马关县	++	++	++
0706	丘北县	+	++	+
0707	广南县	+	+	++
0708	富宁县	+	++	++
0801	思茅区	+++	+++	+++
0802	宁洱县	++	+++	+++
0803	墨江县	+	+	+
0804	景谷县	++	+++	+++
0805	镇沅县	+	+	+++

续表

财政代码	地区名称	经济运行	社会发展	生态环境
0806	景东县	+	++	+++
0807	江城县	+	++	+
0808	澜沧县	+	+	++
0809	孟连县	+	++	++
0810	西盟县	+	+++	++
0901	景洪市	+++	+++	++
0902	勐海县	+	+	++
0903	勐腊县	+	++	+
1001	楚雄市	+++	+++	++
1002	双柏县	++	+++	++
1003	牟定县	++	+++	+++
1004	南华县	++	+	+
1005	姚安县	++	+	+
1006	大姚县	++	+++	+
1007	永仁县	++	+++	+
1008	元谋县	++	++	+
1009	武定县	++	+++	++
1010	禄丰县	+++	++	+++
1101	大理市	+++	+++	++
1102	漾濞县	++	++	+
1103	祥云县	++	+	+
1104	宾川县	++	+	++
1105	弥渡县	+	+	+
1106	南涧县	++	+	+
1107	巍山县	+	++	+
1108	永平县	++	+	++
1109	云龙县	++	+	+++
1110	洱源县	+	+	++
1111	剑川县	+	+	+++
1112	鹤庆县	++	+	++
1201	隆阳区	++	+++	++

续表

财政代码	地区名称	经济运行	社会发展	生态环境
1202	施甸县	+	+	++
1203	腾冲县	++	++	++
1204	昌宁县	+	++	+++
1205	龙陵县	++	+	+++
1301	潞西市	++	+++	++
1302	梁河县	+	++	+++
1303	盈江县	++	++	+++
1304	陇川县	+	++	+++
1305	瑞丽市	+++	+++	++
1401	古城区	+++	+++	+++
1402	永胜县	++	+	++
1403	华坪县	+++	++	+++
1404	宁蒗县	+	+	+++
1405	玉龙县	+++	+	+++
1501	兰坪县	++	++	+
1502	福贡县	+	++	+
1503	贡山县	+	+	+
1504	泸水县	++	+++	+++
1601	香格里拉县	+++	++	+
1602	维西县	+++	+	+++
1603	德钦县	+++	+	+
1701	凤庆县	++	+	++
1702	云　县	+	++	++
1703	临翔区	++	+++	+++
1704	永德县	+	++	++
1705	镇康县	++	+	++
1706	双江县	+	++	++
1707	耿马县	++	++	++
1708	沧源县	+	+	++

注："+"表示"短板"，"++"表示"中等"，"+++"表示"优势"。

第六章 云南县域经济发展的内生动力机制：基于财政传导路径

前文的研究揭示出一个问题，云南县域经济在全国处于发展的末位，县域间呈现极度不平衡特征，尤其表现出各自的发展优势和短板。同时，国家桥头堡战略以及云南省政府的高度重视和战略部署，为县域经济发展创造了条件。在此背景下，需要关心的是县域经济发展的动力机制，即什么将有助于推动县域经济的跨越式发展。本章将带着该问题，重点从财政传导的角度，通过一个计量模型的检验来挖掘影响县域经济发展的因素。

第一节 基于财政传导路径研究县域经济发展的依据

当前，云南省正处于"经济转型"时期，城乡"二元结构"特征突出，省委、省政府对县域经济发展高度重视。然而，由于在县域内市场机制不完善，资金、技术、人才和信息等重要生产要素匮乏，以政府为主导的财政支持政策在县域经济发展中扮演了重要的角色。在此背景下，深入剖析财政支持政策与县域经济发展的内生关系以及影响县域经济发展的财政分权制度、地方政府债务制度等，能够为云南省地方政府调整财政支出政策、完善政府间财政关系、提高财政支持县域经济发展的效率提供理论借鉴，对推动城乡统筹发展和全面实现小康社会具有重要的现实意义。

包括财政分权关系在内的财政支持政策对县域经济发展的作用一直是国内学术界关注的热点问题。早在1994年，周振东（1994）[1]就提出，建立"经济—财政—经济"的良性循环是振兴县域经济的客观要求，更是财政部门的责任与义务。随后，钟鹏声（1998）[2]、李乃洁等（2002）[3]、赵吉成等（2005）[4]、周元元（2006）[5]和王振宇（2006）[6]先后对我国财政支持政策与县域经济发展的内在联系进行分析，并论述了财政支持县域经济发展的主要政策取向。近年来，越来越多的研究表明，财政支持县域经济发展虽然存在积极作用，但作用逐渐弱化，甚至在区域间存在显著差异。王朝阳等（2012）[7]对2005～2010年湖南省114个县进行了实证分析，得出财政扶贫对县域国内生产总值和县域农村居民人均纯收入起到了较大的推动作用，但对县域工业增加值没有显著作用。邓子基、杨志宏（2012）[8]分析指出，以分权为核心的省直管县财政改革，加剧了县级政府间的恶性财政竞争，在这种竞争条件下财政支出对经济增长的效应也存在明显的区域差异。毛捷、赵静（2012）[9]也指出，省直

① 周振东：《振兴县域经济的财政思考》，《财政》1994年第12期，第8～11页。
② 钟鹏声：《促进县乡财政上台阶重在加快县域经济发展》，《当代财经》1998年第8期，第25～26页。
③ 李乃洁、高光祖、李力：《吉林省县域经济发展的财政政策选择》，《经济纵横》2002年第7期，第49～52页。
④ 赵吉成、魏永和、杨富贵、王建成、施选、孙良君、付英彪：《新形势下财政支持县域经济发展的方向与方式——地方财政支持县域财源建设的调查报告》，《财政研究》2005年第4期，第29～31页。
⑤ 周元元：《宏观政策的微观创新——论县域经济发展中财政政策与货币政策组合协调》，《金融研究》2006年第1期，第139～148页。
⑥ 王振宇：《发展壮大县域经济路径选择及其财政政策取向》，《社会科学辑刊》2006年第5期，第111～116页。
⑦ 王朝阳、余玉苗、袁灵：《财政扶贫与县域经济增长的实证研究》，《财政研究》2012年第6期，第23～25页。
⑧ 邓子基、杨志宏：《省管县改革、财政竞争与县域经济发展》，《厦门大学学报》（哲学社会科学版）2012年第4期，第73～81页。
⑨ 毛捷、赵静：《"省直管县"财政改革促进县域经济发展的实证分析》，《财政研究》2012年第1期，第38～41页。

管县财政改革能够促进县域经济发展和财力增加，但这种效应在落后地区和发达地区不同。此外，关于地方政府债务与县域经济的关系，实际上也是通过财政支出的传导来实现的。具体来看，一方面，财政支出作为一种生产要素，将直接影响县域经济增长；另一方面，地方政府债务仅表现为一种筹资方式，最终都是以财政支出的形式进行使用，这种数量的扩张变化将影响其他要素和财政支出对经济增长的边际生产能力。

为此，本章基于财政传导路径构建县域经济发展的动力机制，主要突出以下三个方面的特点。

◆特点1——已有研究大多是单独分析财政支出对县域经济发展的影响的，实际上，财政分权和地方债务作为政府间财政关系的一种制度安排，本身对财政支出行为就存在影响作用，它们对县域经济发展的影响具有协同关联性。基于此，本章将财政支出、分权关系和地方债务均作为县域经济发展的内生因素，同时引入模型进行计量估计。尤其是在考察分权关系和地方债务的经济效应时，打破了传统意义上的线性回归模式，通过二次型模型探索最优分权关系和最优债务负担比率。

◆特点2——考虑到财政支持县域经济发展主要是通过政府提供公共服务以引导生产要素的集聚、边际消费倾向的提升、产业结构的转型等来实现的，因此，在模型估计中将这些因素加以控制。除此之外，还将具有县域典型特征的民族、边境、政策等因素加以控制，以此反映财政支持政策对县域经济发展的独立影响。

◆特点3——各地区经济发展水平不同，可能导致财政支出与分权关系对县域经济发展的影响作用存在差异，本章将利用面板数据模型，从总体效应和区域差异两个视角考察财政支出等各因素对县域经济发展的影响，从而对财政支持县域经济的政策实施情况进行全面挖掘。

第二节 县域经济发展的动力体系设计：
提出三大理论假说

一 财政支出与县域经济增长的理论关系

为了厘清财政支出与县域经济增长的关系，本章主要引入总需求函数作为分析框架，在这一思路中，除了消费需求和投资需求对经济产生直接的拉动作用以外，财政支出被当成一项"引致"需求间接作用于经济增长。有关财政支出对经济增长作用的观点，早在19世纪末期就被 Wagner（1891）[①] 提出过，随后，Peacock 和 Wiseman（1961）[②]、Rostow（1971）[③]、Bird（1971）[④]、马树才和孙常清（2005）[⑤]、严成樑和龚六堂（2009）[⑥]、张淑翠（2011）[⑦]、刘洪和金林（2012）[⑧] 等对此进行了验证。基于此，以下给出反映财政支出与经济增长关系的短期需求拉动函数：

$$Y = f(C, I, G) \qquad (6-1)$$

其中，Y 表示经济总产出，C 表示消费需求，I 表示投资需求，

[①] Wagner, Adolf, "Marshall's Principles of Economics", *Quarterly Journal of Economics*, 1891, 5 (3), pp. 319 – 338.

[②] Peacock, Alan T. and Wiseman, Jack, *The Growth of Public Expenditure in the United Kingdom*, Princeton: Princeton University Press, 1961.

[③] Rostow, W. W. , *Politics and the Stages of Growth*, Cambridge University Press, 1971.

[④] Bird, M. R. , "Wagner's Law of Expending State Activity", *Public Finance*, 1971, 26.

[⑤] 马树才、孙长清：《经济增长与最优财政支出规模研究》，《统计研究》2005 年第 1 期，第 15 ~ 20 页。

[⑥] 严成樑、龚六堂：《财政支出、税收与长期经济增长》，《经济研究》2009 年第 6 期，第 4 ~ 15、51 页。

[⑦] 张淑翠：《我国财政支出对经济增长的非线性效应——基于省级面板数据的平滑转移模型实证分析》，《财经研究》2011 年第 8 期，第 135 ~ 144 页。

[⑧] 刘洪、金林：《基于半参数模型的财政支出与经济增长关系研究》，《财政研究》2012 年第 10 期，第 65 ~ 68 页。

G 表示财政支出。对上述方程取全微分，得到：

$$dY = \frac{\partial f}{\partial C}dC + \frac{\partial f}{\partial I}dI + \frac{\partial f}{\partial G}dG \qquad (6-2)$$

在式 6-2 的两边除以人口数 L，得到人均经济产出的需求模型：

$$dY/L = \frac{\partial f}{\partial C}dC/L + \frac{\partial f}{\partial I}dI/L + \frac{\partial f}{\partial G}dG/L \qquad (6-3)$$

其中，dY/L、dC/L、dI/L、dG/L 分别表示经济产出、消费需求、投资需求和财政支出的人均水平，分别简写为 dy、dc、di、dg，则式 6-3 可改写为：

$$dy = \frac{\partial f}{\partial c}dc + \frac{\partial f}{\partial i}di + \frac{\partial f}{\partial g}dg \qquad (6-4)$$

其中，$\partial f/\partial c$ 和 $\partial f/\partial i$ 分别表示消费需求和投资需求对经济增长的边际拉动水平，Walker 和 Vatter（1999）[1]、李占风和袁知英（2009）[2]、陈红梅和栾光远（2011）[3] 等都验证了消费和投资与经济增长间的正向均衡关系。$\partial f/\partial g$ 表示财政支出对经济增长的边际影响水平。就财政支出对经济增长的影响而言，可以分解为两种不同效应。

◆ 挤入效应——政府通过提供基础教育、医疗卫生和社会保障等公共服务，降低居民对未来支出的负担预期，以此提高居民的消费水平，进而拉动经济增长；政府通过提供道路交通、通信信息等基础设施服务，能够降低产业发展的运营成本与交

---

[1]　Walker, John F. and Vatter, Harold G., "Demand: The Neglected Participant in the Long Run U. S. Productivity Record", *American Economist*, 1999, 43（2），pp. 73 – 81.

[2]　李占风、袁知英：《我国消费、投资、净出口与经济增长》，《统计研究》2009 年第 2 期，第 39 ~ 42 页。

[3]　陈红梅、栾光远：《"十二五"时期我国投资、消费、净出口与经济增长的实证分析》，《宏观经济研究》2011 年第 7 期，第 11 ~ 16、63 页。

易成本，以此吸引更多的社会投资，进而促进经济增长。

◆ 挤出效应——财政支出增加，在商品市场上产品需求竞争会更加激烈，物价水平上涨，货币价值下降，这样将会导致实际利率上升，最终会挤出居民的消费和投资，从而抑制经济增长。

得出的结论是，如果挤入效应大于挤出效应，则财政支出对经济增长的边际影响表现为正向作用（Aschauer，1989[1]）；如果挤入效应小于挤出效应，则财政支出对经济增长的边际影响表现为负向作用（Landau，1986[2]）；如果挤入效应与挤出效应刚好相互抵消，则财政支出对经济增长的边际影响不明显（Evans，1997[3]）。实际上，财政支出对经济增长的影响是挤入效应占主导还是挤出效应占主导，主要取决于经济发展水平的阶段差异。根据 Musgrave（1971）[4] 的观点，经济起飞阶段政府投资支出需要占主导，发挥资源配置作用，但随着经济发展水平的提升，政府投资支出对经济增长的边际效应呈现递减态势，并将逐渐被私人投资所替代。此外，Ram（1986）[5] 对此也进行了检验，认为财政支出对经济增长总体上表现为正向促进，但这种正效应在低收入国家更加明显。

据此，本章提出以下假说。

---

① Aschauer, David Alan, "Is Public Expenditure Productive", *Journal of Monetary Economics*, 1989, 23 (2), pp. 177 – 200.

② Landau, Daniel, "Government and Economic Growth in the Less Developed Countries: An Empirical Study for 1960 – 1980", *Economic Development & Cultural Change*, 1986, 35 (1), pp. 35 – 76.

③ Evans, Paul, "Government Consumption and Growth", *Economic Inquiry*, 1997, 35 (2), pp. 209 – 218.

④ Musgrave, Richard A., *Fiscal System*, Yale University Press, 1971.

⑤ Ram, Rati, "Government Size and Economic Growth: A New Framework and Some Evidence from Cross-Section and Time-Series Data", *American Economic Review*, 1986, 76 (1), pp. 191 – 204.

假说1：财政支出通过消费和投资的作用传导，对县域经济发展产生内生性影响，其效应存在三种可能，即正显著、负显著、不显著，具体取决于不同地区经济发展水平的差异。

二 财政分权与县域经济增长的理论关系

除此之外，在式6-2中财政支出对经济增长的拉动作用还取决于财政支出效率。Oates（1972）[①] 指出，地方政府在资源配置上具有充分的信息优势，财政分权有助于提升财政支出的经济效率。尤其是伴随着财政权力与责任向基层转移，在辖区自身利益的诱导下，地方政府为了积极培植财源和加快经济发展，不得不采取各种手段提升财政支出的资源配置效率。就中国经验来看，林毅夫和刘志强（2000）[②]、沈坤荣和付文林（2005）[③]、李一花和骆永民（2009）[④] 等均对此进行了验证。但是，也存在相反的结论。例如，Zhang 和 Zou（1998）[⑤] 的研究指出，中国财政分权与经济增长间存在负相关关系，尤其是在转型期，中央政府集中较大的财权有利于地方经济增长；刘金涛、曲晓飞（2008）[⑥] 通过实证研究得出，中国财政分权与经济增长存在"U"形关系；周东明（2012）[⑦] 进一步指出财政分权

[①] Oates, Wallace E., *Fiscal Federalism*, New York：Harcourt Brace Jovanovich, 1972.

[②] 林毅夫、刘志强：《中国的财政分权与经济增长》，《北京大学学报》（哲学社会科学版）2000 年第 4 期，第 5～17 页。

[③] 沈坤荣、付文林：《中国的财政分权制度与地区经济增长》，《管理世界》2005 年第 1 期，第 31～39、171～172 页。

[④] 李一花、骆永民：《财政分权、地方基础设施建设与经济增长》，《当代经济科学》2009 年第 5 期，第 66～71、126 页。

[⑤] Zhang, T. and Zou, H., "Fiscal Decentralization, Public Spendingand Economic Growth in China", *Journal of Public Economics*, 1998, 67（2）, pp. 221-240.

[⑥] 刘金涛、曲晓飞：《中国财政分权与经济增长的"反常"关系研究》，《财经问题研究》2008 年第 5 期，第 84～89 页。

[⑦] 周东明：《财政分权与地区经济增长——基于中国省级面板数据的实证分析》，《中南财经政法大学学报》2012 年第 4 期，第 30～35 页。

对各地区经济影响存在差异。综合上述研究，财政分权与经济增长的关系并不存在一致的结论，因研究样本选择的不同而不同。

基于此，本章选择政府间财政分权关系作为衡量财政支出有效性的指标，包括收入分权和支出分权，分别用 Dr 和 De 表示，即通过财政分权关系形成的财政支出对经济的影响效应是收入分权和支出分权的函数：

$$\left.\frac{\partial f}{\partial g}\right|^{2} = h(Dr, De) \qquad (6-5)$$

按照"边际报酬递减规律"原则，在经济发展水平较低的阶段，上级政府集中较多的财权有利于更好地配置资源，从而有效促进各级经济发展，但随着集权程度的提高，对经济发展的边际影响将会逐渐降低，达到一定程度时会出现抑制作用。因此，本章将式 6-5 中财政支出对经济的影响效应与收入分权和支出分权的关系表示成二次型。

$$\left.\frac{\partial f}{\partial g}\right|^{2} = m_{1}Dr + m_{2}Dr^{2} + n_{1}De + n_{2}De^{2} \qquad (6-6)$$

据此，本章提出假说2。

假说2：政府间财政分权关系通过财政支出的作用传导，对县域经济发展产生内生性影响，影响效应存在倒"U"形关系。

财政分权对县域经济发展的影响主要通过财政支出传导，可以将式 6-6 直接引入式 6-4，即将财政支出对经济增长的边际影响 $\frac{\partial f}{\partial g}$ 分解为财政支出对经济增长的独立影响 $\left.\frac{\partial f}{\partial g}\right|^{1}$ 和财政支出因分权关系对经济增长产生的引致影响 $\left.\frac{\partial f}{\partial g}\right|^{2}$，即

$$dy = \frac{\partial f}{\partial c}dc + \frac{\partial f}{\partial i}di + \frac{\partial f}{\partial g}\bigg|^1 dg + (m_1 Dr + m_2 Dr^2 + n_1 De + n_2 De^2)dg$$

$$(6-7)$$

三　地方债务与县域经济增长的理论关系

从式 6-2 可以看出，县域经济增长除了直接由各要素增加决定外，还取决于各要素的边际生产能力。在假定消费需求、投资需求与财政支出三类要素形成互补关系的前提下，财政支出增加一方面将降低自身的边际生产能力，另一方面将有助于其他生产要素边际生产能力的提升。换句话说，伴随着财政支出的增加，财政支出的边际产出能力不断下降，其他要素的生产能力不断提升。但无论如何变化，财政支出与其他要素一定存在一个最优配置比例，在这个比例下能够实现产出增长最大化。

设财政支出的边际产出为 MP_G，其他要素的边际产出为 MP_R，两者均取决于财政支出 G，唯一的差异是 $MP_G(G)$ 是一个减函数，$MP_R(G)$ 是一个增函数[①]。同时，设财政支出边际产出能力和其他要素边际产出能力分别对经济增长的影响函数为 $f[MP_G(G)]$ 和 $f[MP_R(G)]$，并设财政支出和其他要素的最优比例关系为 $\theta_0 = G_0/R_0$。其中，假设其他要素固定，仅有财政支出变化。针对县域经济增长特征存在以下三种情况。

情况 1：在财政支出与其他要素比例小于最优比例阶段，伴随着财政支出的增加，财政支出边际产出能力递减，其他要素边际产出能力递增，但其他要素边际能力对经济增长的影响占主导优势，从而出现县域经济增速上升态势。

$$\theta_L = \frac{G}{R_0} < \frac{G_0}{R_0} = \theta_0 \Rightarrow |f[MP_R(G)]| > |f[MP_G(G)]| \quad (6-8)$$

[①]　该特征可以根据 C-D 生产函数并求偏导数证明。

情况 2：在财政支出与其他要素比例等于最优比例阶段，伴随着财政支出的增加，财政支出边际产出能力递减，其他要素边际产出能力递增，但其他要素边际能力对经济增长的影响与财政支出边际生产能力对经济增长的影响持平，从而出现县域经济增速稳定态势。

$$\theta = \frac{G}{R_0} = \frac{G_0}{R_0} = \theta_0 \Rightarrow |f[MP_R(G)]| = |f[MP_G(G)]| \quad (6-9)$$

情况 3：在财政支出与其他要素比例大于最优比例阶段，伴随着财政支出的增加，财政支出边际产出能力递减，其他要素边际产出能力递增，但财政支出边际生产能力对经济增长的影响占主导优势，从而出现县域经济增速下降态势。

$$\theta_H = \frac{G}{R_0} > \frac{G_0}{R_0} = \theta_0 \Rightarrow |f[MP_R(G)]| < |f[MP_G(G)]| \quad (6-10)$$

地方债务、财政支出与经济增长的关系见图 6 - 1。

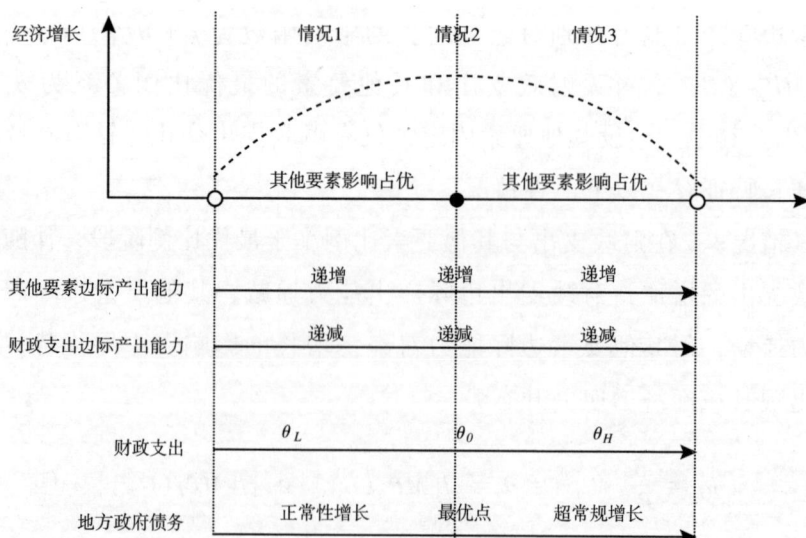

图 6 - 1 地方债务、财政支出与经济增长的关系

　　再从财政支出增长的来源结构看，无非包括税收和举债。就税收而言，其本身具有的稳定性特征就决定了地方政府难以随意变动，但债务不同，在缺乏制度约束条件下地方政府可以任意举借。因此，决定财政支出增加的关键因素是地方政府债务增长。实际上，在地方政府债务正常性增长阶段，应该对应经济增长率的提升，一直持续到经济增长率最高为止，再往后虽然经济也在增长，但增长率出现下降。

　　据此，本章提出假说3。

　　假说3：存在实现经济增长最快的债务最优点，在此之前，地方政府债务不断使得经济增长率提高；在此之后，地方政府债务不断使得经济增长率降低。

第三节　实证设计：模型、变量与数据

一　计量模型

　　根据以上分析，式6－4、式6－7以及地方债务对县域经济的影响机制分别显示了财政支出、分权关系和地方债务通过消费与投资的传导对县域经济发展产生影响。考虑到影响县域经济发展的因素较多，在构建的计量模型中引入相关控制传导变量，以此反映财政支出、分权关系和地方债务对县域经济发展的独立影响。计量模型设定如下：

$$PGDP_{it} = \beta_0 + \beta_1 PPFE_{it} + \beta_2 GHA_{it} + \beta_3 GHA_{it}^2 + \beta_4 OSA_{it}$$
$$+ \beta_5 OSA_{it}^2 + \beta_6 PLDT_{it} + \beta_7 PLDT_{it}^2 + \Theta CON + \mu_{it} \qquad (6-11)$$

　　其中，i 代表县域个数，t 代表时间范围，μ_{it} 表示随机误差项。

二 变量解释

式 6 – 11 给出的计量模型主要包括被解释变量、核心解释变量和控制传导变量，以下给出计量模型中各变量的内涵及说明。

1. 被解释变量

人均县域地区生产总值（$PGDP_{it}$）。县域经济发展涵盖的内容较广，但其核心和前提在于经济增长，因此选择人均县域地区生产总值来衡量县域经济发展水平。

2. 核心解释变量

人均财政支出（$PPFE_{it}$）。反映财政政策对县域经济发展的支持力度。

上级补助占县域财政支出的比重（GHA_{it}）。反映县级财政与上级财政在支出方面的权利分割情况，上级补助占县域财政支出的比重越高，县级政府在支出方面的独立性越弱。

上解支出占县域财政收入的比重（OSA_{it}）。反映县级财政与上级财政在收入方面的权利分割情况，上解支出占县域财政收入的比重越高，县级政府在收入方面的独立性越弱。

人均地方政府债务（$PLDT_{it}$）。将其引入以人均地区生产总值为被解释变量的模型中，估计出的系数刚好解释地方政府债务增长负担率。

3. 控制传导变量

采用 CON 表示，包括以下几个变量。

人均全社会固定资产投资（$PFAI_{it}$）。作为财政政策对县域经济发展影响的传导变量，具有正向作用。

人均社会消费品零售额（$PCGS_{it}$）。作为财政政策对县域经济发展影响的传导变量，具有正向作用。

第二与第三产业产值的比重（$NAPP_{it}$）。县域经济发展的关键是要实现产业结构的转型，而农业向工业、服务业等行业转变有助于加快县域经济发展。

城镇化率（$URBA_{it}$）。农村人口向城镇转移，可以增加边际消费倾向和边际投资倾向，能够有效促进县域经济发展。

此外，考虑到县域经济发展存在地区特征差异，在不同程度上会对县域经济发展起到阻碍或促进作用。因此，在计量模型中引入反映重点发展、民族因素、边境因素的控制变量，分别用 $dum1_{it}$、$dum2_{it}$ 和 $dum3_{it}$ 表示。如果某县属于县域经济发展重点县，则 $dum1_{it}=1$，否则 $dum1_{it}=0$；如果某县属于民族州所属县或民族自治县，则 $dum2_{it}=1$，否则 $dum2_{it}=0$；如果某县属于边境县，则 $dum3_{it}=1$，否则 $dum3_{it}=0$。

三　数据说明

本章对云南 106 个县域进行实证分析，主要选择 2005～2010 年全省 106 个县域样本的人均县域地区生产总值、人均财政支出、上级补助占县域财政支出的比重、上解支出占县域财政收入的比重、人均地方政府债务、人均全社会固定资产投资、人均社会消费品零售额、第二与第三产业产值的比重、城镇化率以及 3 个 dum 变量共 12 个指标。为了反映估计增长情况，针对所有人均指标均取自然对数。这些指标数据均来源于《云南省统计年鉴》（2006～2011 年）及相关部门资料，其基本统计描述见表 6-1。

被解释变量（人均县域地区生产总值）与 4 个核心解释变量（人均财政支出、上级补助占县域财政支出的比重、上解支出占县域财政收入的比重、人均地方政府债务）的相关系数分别为 0.6068、

表 6-1 变量的统计描述

变量类型	变量代码	平均值	均值的标准误	中位数	极小值	极大值	标准差	离散系数
被解释变量	PGDP	8.8300	0.0210	8.8069	7.4368	10.2491	0.5308	0.0601
核心解释变量	PPFE	7.5142	0.0218	7.5155	6.1390	9.5352	0.5497	0.0731
	GHA	0.7905	0.0048	0.8197	0.3422	1.0984	0.1217	0.1540
	OSA	0.1195	0.0027	0.1062	0.0069	0.4087	0.0685	0.5732
	PLDT	6.7061	0.0283	6.6566	4.3326	9.3010	0.7145	0.1066
控制传导变量	PFAI	8.3290	0.0313	8.3099	6.1080	10.9927	0.7901	0.0949
	PCGS	7.4597	0.0201	7.4584	6.1993	9.0751	0.5062	0.0679
	NAPP	0.6866	0.0039	0.6837	0.4593	0.9996	0.0978	0.1425
	URBA	0.1107	0.0034	0.0901	0.0156	0.9248	0.0856	0.7733
	dum1	0.2547	0.0173	0.0000	0.0000	1.0000	0.4360	1.7119
	dum2	0.6509	0.0189	1.0000	0.0000	1.0000	0.4770	0.7329
	dum3	0.2075	0.0161	0.0000	0.0000	1.0000	0.4059	1.9556

注：样本容量为636个，包括2005~2010年的106个县域，以上数据通过SPSS计算。

-0.0491、-0.1135、0.5711。可以看出，人均县域地区生产总值与人均财政支出、人均地方政府债务存在正向线性关系，与上级补助占县域财政支出的比重、上解支出占县域财政收入的比重不存在明显的线性关系（见图6-2）。

被解释变量（人均县域地区生产总值）与4个控制传导变量（人均全社会固定资产投资、人均社会消费品零售额、第二与第三产业产值的比重、城镇化率）的相关系数分别为0.7427、0.8596、0.1228、0.3810。可以看出，人均县域地区生产总值与人均全社会固定资产投资、人均社会消费品零售额具有显著的正向线性关系，而与第二与第三产业产值的比重、城镇化率的正向线性关系较弱。此外，被解释变量（人均县域地区生产总值）与反映重点发展因素的控制变量具有正向关系，与反映民族因素和边境因素的控制变量具有负向关系（见图6-3）。

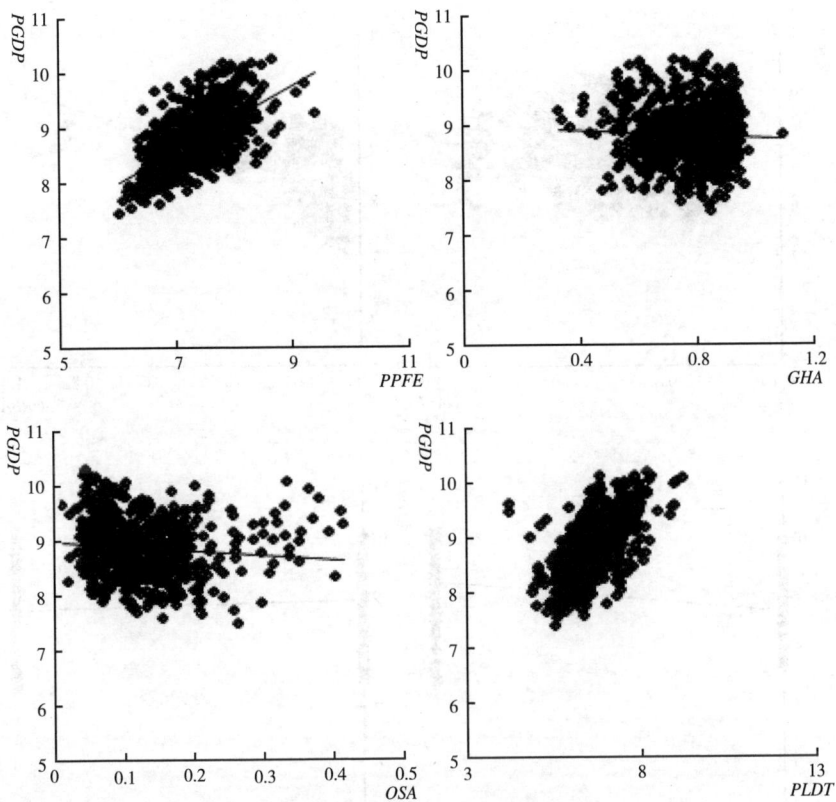

图 6 - 2　被解释变量与核心解释变量间的关系

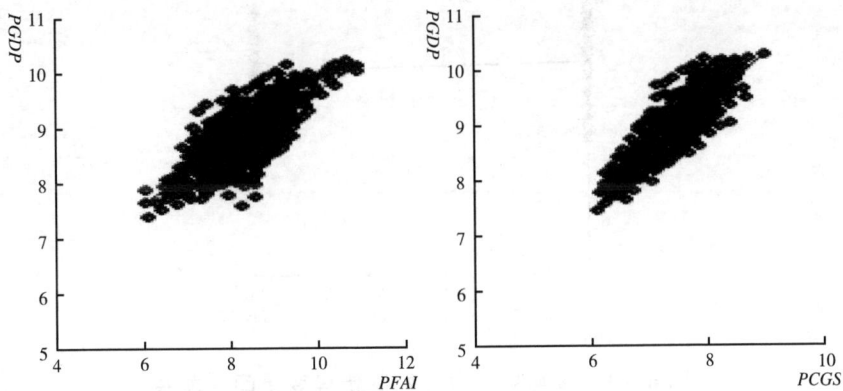

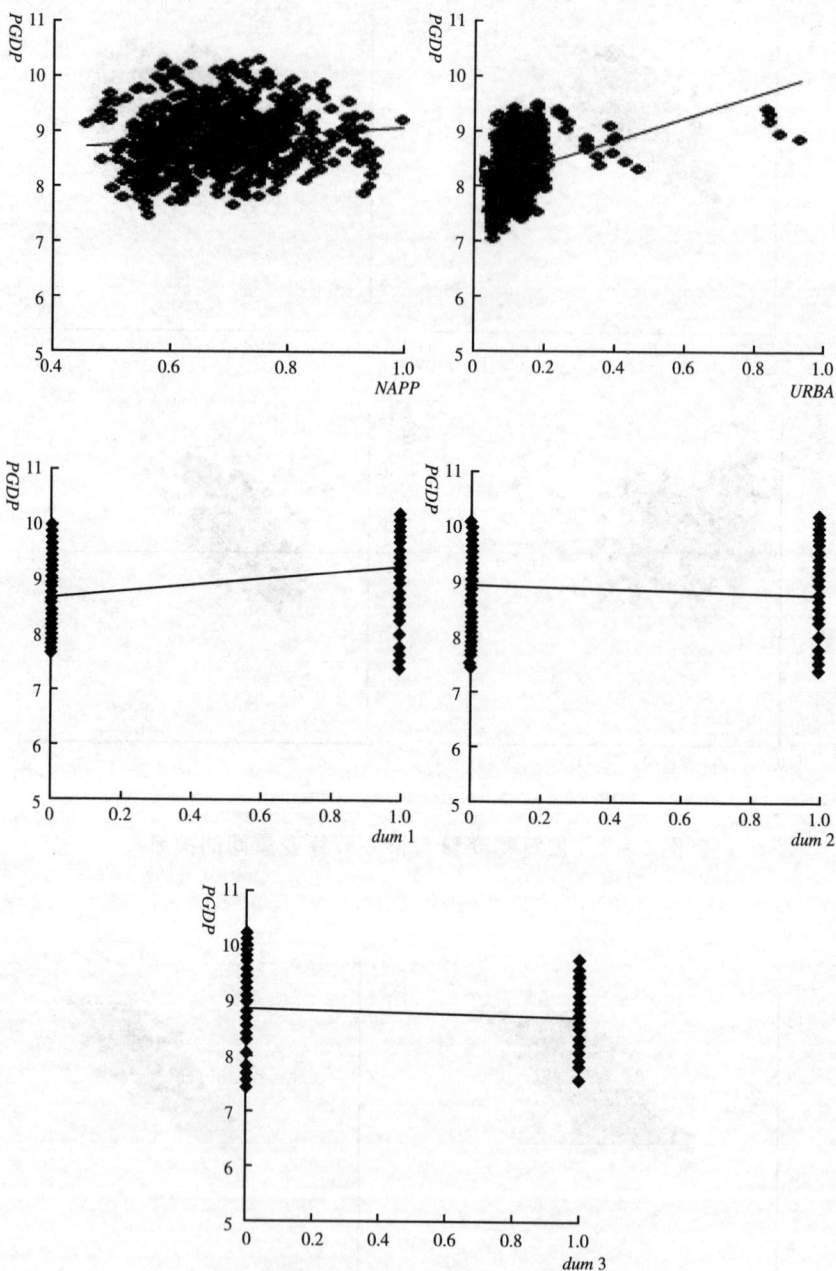

图 6 - 3 被解释变量与控制传导变量间的关系

第四节　影响县域经济发展因素的实证结果分析

一　财政支出的影响：正向显著且具有区域差异

本章针对各时期的影响采用变截距模型，并用 F 检验判断选择混合模型还是选择个体模型，再根据 Hausman 检验判断选择固定效应模型还是选择随机效应模型。由于样本容量中截面单位较多而时间较短，容易出现截面异方差和同期相关，因此采用 Cross-Section SUR 加权估计进行计量检验。

1. 总体效应检验

如表 6 - 2 所示，模型 1.1 是人均县域地区生产总值对人均财政支出的估计结果，由于 F 检验对应的 P 值尚未趋近于 0，所以不能拒绝混合模型的原假设。从结果来看，2005 ~ 2010 年全省各县人均财政支出对县域经济增长具有显著的正效应。

表 6 - 2　财政支持县域经济发展的总体回归结果

变量及检验指标		模型 1.1	模型 1.2	模型 1.3
核心解释变量	PPFE	0.0891 *** (4.1313)	0.2555 *** (13.5368)	0.2990 *** (14.6625)
	GHA	—	- 1.3309 *** (- 10.6131)	2.8837 *** (3.3238)
	GHA^2	—	—	- 2.8610 *** (- 4.6597)
	OSA	—	0.1032 (0.9918)	1.3372 *** (3.3064)
	OSA^2	—	—	- 3.1087 *** (- 2.7259)

续表

变量及检验指标		模型 1.1	模型 1.2	模型 1.3
控制传导变量	PFAI	0.1096 *** (5.7847)	0.0905 *** (5.8983)	0.0946 *** (6.7484)
	PCGS	0.5935 *** (49.7735)	0.4268 *** (23.3669)	0.3784 *** (17.6230)
	NAPP	0.6100 *** (5.9900)	0.2145 ** (2.5565)	0.2100 ** (2.4826)
	URBA	0.6587 *** (6.8562)	0.2491 ** (2.5503)	0.5273 *** (4.4391)
	dum1	0.1601 *** (15.9442)	0.1174 *** (12.0512)	0.1097 *** (8.5731)
	dum2	-0.0746 *** (-11.7256)	-0.0250 *** (-2.5956)	-0.0397 *** (-4.0070)
	dum3	-0.1471 *** (-34.4717)	-0.0833 *** (-9.1705)	-0.0997 *** (-11.4908)
常数项	C	2.3666 *** (18.4553)	3.8404 *** (24.1710)	2.2387 *** (7.4063)
调整后的 R^2		0.8449	0.8627	0.8635
F		433.3799	400.0950	335.7922
冗余固定 效应检验	F 统计量	1.6892	2.3312	3.7090
	P 值	0.1351	0.0411	0.0026
关联随机 效应检验	H 统计量	—	0.0000	0.0000
	P 值	—	1.0000	1.0000
模型形式		N	R	R
曲线形状		线性	线性	倒"U"形
极值点	GHA	—	—	50.46%
	OSA	—	—	21.51%

注：N 表示混合模型估计，F 表示个体固定效应模型估计，R 表示个体随机效应模型估计；括号内数据表示 T 统计量；*** 、** 和 * 分别表示在 1%、5% 和 10% 的水平上显著。

由上述分析可知，财政支出对县域经济增长的拉动作用还取决于政府间财政分权关系，模型 1.2 和模型 1.3 均为引入反映财政分权关系变量的计量模型，分别包括上级补助占县域财政支出的比重和上解支出占县域财政收入的比重，前者是人均县域地区生产总值对财政分权关系的线性回归结果，后者是人均县域地区生产总值对财政分权关系的非线性回归结果，由于 F 检验对应的 P 值趋近于 0，而个体随机效应模型的 Hausman 检验不能拒绝随机效应模型的假设，故适合采用个体随机效应模型。从线性估计结果来看，人均财政支出对县域经济增长仍然具有显著的正向促进作用，且与没有引入财政分权关系的估计相比，弹性系数从 0.0891 分别提升到 0.2555 和 0.2990，说明财政支出对县域经济增长的独立影响系数较高，政府间财政分权关系在一定程度上产生了阻碍作用。

2. 区域差异检验

为了检验财政支出对县域经济发展的影响是否存在条件差异，本章选择人均县域地区生产总值作为标准，将全省 106 个县域样本等分为发达地区和落后地区分别进行估计。从面板数据 F 检验和 Hausman 检验可知，发达地区适合建立个体随机效应模型，而落后地区则适合建立混合模型。

如表 6-3 所示，从财政支出对县域经济增长影响效应的比较估计来看，发达地区和落后地区存在明显差异，发达地区财政支出经济效应表现为负或不显著，而在落后地区却表现为正向促进。原因是发达地区市场机制较为完善，资源配置比较充分，财政支出对私人投资和消费均产生强烈的挤出效应，且这种挤出效应还居主导地位，而落后地区正好相反，财政支出主要是发挥资源配置职能，这与 Ram（1986）[①] 得出的结论一致。

---

① Ram, Rati, "Government Size and Economic Growth: A New Framework and Some Evidence from Cross - Section and Time - Series Data", *American Economic Review*, 1986, 76 (1), pp. 191 - 204.

表 6 - 3　财政支持县域经济发展的分区域回归结果

变量及检验指标		发达地区		落后地区	
		模型 2.1	模型 2.2	模型 2.3	模型 2.4
核心解释变量	PPFE	- 0.1011 *** (- 3.0713)	- 0.0045 (- 0.1175)	0.1668 *** (7.3277)	0.2834 *** (9.7319)
	GHA	—	- 0.8232 *** (- 10.2820)	—	- 1.2428 *** (- 4.9346)
	OSA	—	- 0.0987 (- 0.6064)	—	- 0.1581 (- 1.2179)
控制传导变量	PFAI	0.0766 *** (3.1921)	0.07842 *** (2.7523)	0.1073 *** (6.6172)	0.0807 *** (6.5250)
	PCGS	0.3821 *** (28.9614)	0.3264 *** (15.2806)	0.5014 *** (34.0703)	0.3937 *** (19.0318)
	NAPP	1.0327 *** (11.2675)	0.7326 *** (10.2930)	- 0.2438 *** (- 2.9447)	- 0.2878 *** (- 3.3837)
	URBA	0.6578 *** (8.1170)	0.4037 *** (4.7394)	1.2535 *** (6.3043)	1.2657 *** (5.5722)
	dum1	0.0288 ** (2.4519)	0.0298 *** (2.6234)	- 0.0080 (- 0.5146)	- 0.0356 * (- 1.7487)
	dum2	- 0.0713 *** (- 8.5867)	0.0016 (0.1258)	- 0.0527 *** (- 7.0491)	- 0.0847 *** (- 7.4805)
	dum3	- 0.1610 *** (- 20.4038)	- 0.1024 *** (- 7.5677)	- 0.0983 *** (- 9.0901)	- 0.0715 *** (- 6.6999)
常数项	C	5.5584 *** (26.9908)	6.0443 *** (25.5329)	2.8804 *** (21.7310)	4.1596 *** (18.0138)
调整后的 R^2		0.6685	0.7037	0.8392	0.8775
F		80.9218	76.2750	207.8645	228.1794
模型形式		R	R	N	N
冗余固定 效应检验	F 统计量	14.0061	13.5498	1.7970	2.0177
	P 值	0.0000	0.0000	0.1132	0.0760
关联随机 效应检验	H 统计量	0.0000	0.0000	—	—
	P 值	1.0000	1.0000	—	—

注：N 表示混合模型估计，F 表示个体固定效应模型估计，R 表示个体随机效应模型估计；括号内数据表示 T 统计量；*** 、** 和 * 分别表示在 1% 、5% 和 10% 的水平上显著。

二　分权关系的影响：补助过多和集中较少带来的抑制

1. 总体效应判断

表 6 - 2 估计结果中的模型 1.2 显示，上级补助占县域财政支出的比重对县域经济增长具有显著的负效应，且弹性系数为 -1.3309，说明上级补助占县域财政支出的比重越高，对县域经济发展的阻碍越大，可能原因是容易形成县域财政过度依赖上级补助而削弱了自身发展经济的积极性。另外，上解支出占县域财政收入的比重对县域经济增长的作用不显著。进一步从模型 1.3 的估计结果来看，人均县域地区生产总值与上级补助占县域财政支出的比重、上解支出占县域财政收入的比重两个变量间均呈现倒"U"形曲线关系，估计结果非常显著。

第一，从上级补助占县域财政支出的比重影响人均县域地区生产总值的二次型方程来看，计量模型为：

$$PGDP = -2.8610GHA^2 + 2.8837GHA + 2.2387 + E \quad (6-12)$$

其中，E 代表其他变量及系数。

令一阶偏导数等于零，即

$$\frac{\partial PGDP}{\partial GHA} = -2.8610 \times 2GHA + 2.8837 = 0 \quad (6-13)$$

则拐点 $G\hat{H}A = 50.46\%$。

第二，从上解支出占县域财政收入的比重影响人均县域地区生产总值的二次型方程来看，计量模型为：

$$PGDP = -3.1087OSA^2 + 1.3372OSA + 2.2387 + E \quad (6-14)$$

其中，E 代表其他变量及系数。

令一阶偏导数等于零，即

$$\frac{\partial PGDP}{\partial OSA} = -3.1087 \times 2OSA + 1.3372 = 0 \qquad (6-15)$$

则拐点 $O\hat{S}A = 21.51\%$。

具体如下。

2010 年全省 106 个县上级补助占县域财政支出的比重平均水平为 79.97%，仅有 3 个县低于拐点水平。可见，云南省县域支出分权水平已经越过拐点而位于倒"U"形曲线的右半段，随着上级补助占县域财政支出的比重不断提升，县域经济发展将会进一步受到抑制（见图 6-4）。

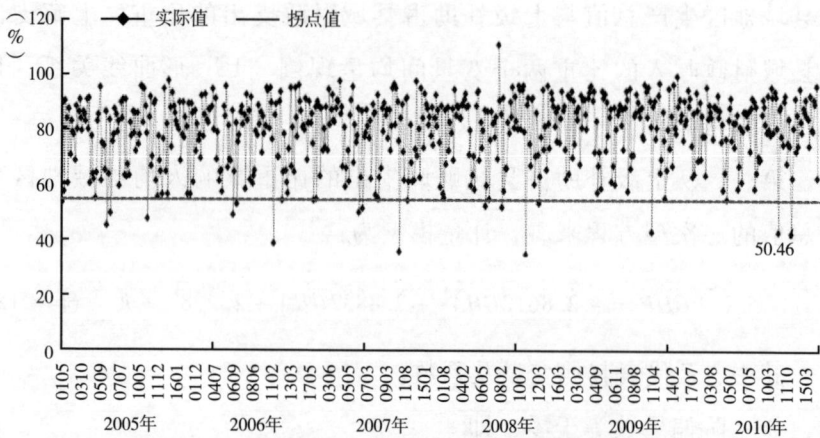

图 6-4 2005~2010 年各县上级补助占县域财政
支出的比重分布情况

2010 年全省 106 个县上解支出占县域财政收入的比重平均水平为 9.48%，仅有 5 个县高于拐点水平。可见，云南省县域收入分权水平尚未越过拐点而位于倒"U"形曲线的左半段，随着上解支出占县域财政收入的比重不断提升，县域经济发展将会进一步得到促进（见图 6-5）。

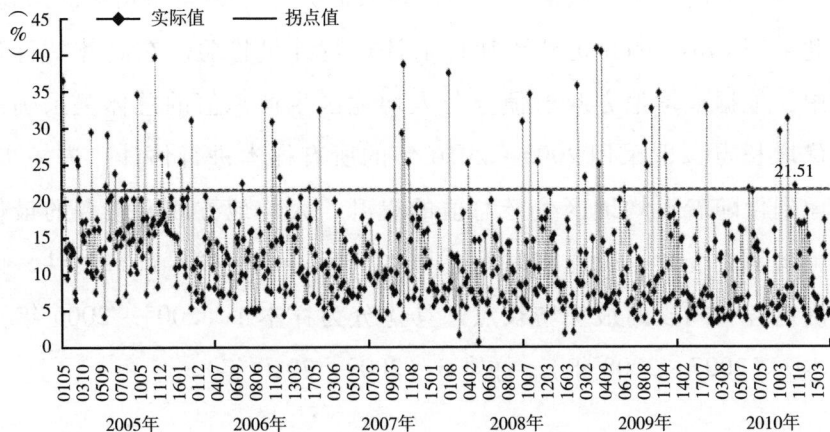

图 6 - 5　2005 ~ 2010 年各县上解支出占县域财政
收入的比重分布情况

2. 区域差异判断

根据表 6 - 3 所估计的结果，即从分权关系对县域经济增长的影响比较来看，无论是发达地区还是落后地区，上级补助占县域财政支出的比重对县域经济增长均具有显著的负效应，原因是几乎所有县的该实际比重已经越过倒 "U" 形曲线拐点。进一步比较来看，上级补助占县域财政支出的比重对县域经济增长的抑制作用还存在区域差异，落后地区为 - 1.2428，发达地区为 - 0.8232，究其原因，越落后的地区所得上级补助越多，按照倒 "U" 形曲线的特征，这些地区经济增长所受到的抑制作用就会越大。此外，上解支出占县域财政收入的比重对县域经济增长的影响效应在两类地区中均呈现为不显著，且与总体线性回归结论一致。

三　地方债务的影响：不断增强的超常规增长形成阻碍

本章针对各时期的影响采用变截距模型，由于样本容量中截面单位较多而时间跨度较短，容易出现截面异方差和同期相关的问题，因此采用 Cross-Section SUR 加权估计进行计量检验。在具体估计过程中，根据人均地方政府债务与人均地区生产总值的总体关系确定最优增长点，即采用 2005～2010 年的所有样本进行估计。进一步，考虑到伴随着人均地区生产总值的提升，人均地方政府债务的最优点也将随之变化，因此将时间总样本分为三个子样本进行估计，以此确定各时间段的最优增长点，具体分为样本 1（2005～2006 年）、样本 2（2007～2008 年）、样本 3（2009～2010 年）。

1. 参数估计与分析

如上文所估计的，所有样本所得出的人均财政支出增长对人均地区生产总值增长均具有显著的正向促进效应，这揭示出财政支出对经济增长的挤入效应大于挤出效应。就人均地方政府债务增长对人均地区生产总值增长的影响来看，一次项系数显著为正，二次项系数显著为负，实证上检验出人均地方政府债务增长对人均地区生产总值增长的影响存在倒"U"形关系（见表 6-4）。

2. 地方政府债务最优增长点计算

（1）总样本（2005～2010 年）：地方政府债务最优增长点

人均地方政府债务对人均地区生产总值影响的二次型函数为：

$$PGDP = 0.4957 + 0.5582PLDT - 0.0400PLDT^2 + E \quad (6-16)$$

在不考虑其他变量（E）影响的前提下，对其求一阶偏导数并令其为零，得到：

$$\frac{\partial PGDP}{\partial PLDT} = 0.5582 - 2 \times 0.0400PLDT = 0 \quad (6-17)$$

最优人均地方政府债务自然对数为：

表 6 - 4　地方政府债务最优增长最优点确定模型估计结果

变量及检验指标		总样本(2005~2010年)		样本1(2005~2006年)		样本2(2007~2008年)		样本3(2009~2010年)	
		系数	T值	系数	T值	系数	T值	系数	T值
核心解释变量	PPFE	0.2682 ***	0.0000	0.3058 ***	0.0000	0.2603 ***	0.0000	0.2972 ***	0.0000
	PLDT	0.5582 ***	0.0038	0.9831 ***	0.0000	0.8838 ***	0.0000	0.9091 ***	0.0000
	PLDT^2	-0.0400 ***	0.0053	-0.0752 ***	0.0000	-0.0660 ***	0.0000	-0.0635 ***	0.0000
控制变量	PFAI	0.1028 ***	0.0000	0.0711 ***	0.0000	0.0983 ***	0.0000	0.1549 ***	0.0000
	PCGS	0.3782 ***	0.0000	0.3658 ***	0.0000	0.4031 ***	0.0000	0.3593 ***	0.0000
	NAPP	0.2461 ***	0.0033	0.2300 **	0.0351	0.4327 ***	0.0000	-0.0069	0.9318
	URBA	0.6375 ***	0.0000	0.6055 ***	0.0000	0.6839 ***	0.0000	0.7167 **	0.0105
	GHA	2.6955 ***	0.0003	1.1312 *	0.0949	2.2016 **	0.0254	4.0568 ***	0.0023
	GHA^2	-2.7038 ***	0.0000	-1.7313 ***	0.0020	-2.3695 ***	0.0027	-3.6142 ***	0.0000
	OSA	1.3096 ***	0.0004	1.6453 *	0.0018	1.9621 **	0.0466	0.6480 ***	0.0031
	OSA^2	-3.1778 ***	0.0027	-2.6811 ***	0.0934	-6.2931 **	0.0173	-1.4811 **	0.0400
传导变量	dum1	0.1080 ***	0.0000	0.1208 ***	0.0000	0.0684 ***	0.0000	0.1306 ***	0.0000
	dum2	-0.0374 ***	0.0001	-0.0209 ***	0.0008	-0.0322 **	0.0292	-0.0578 **	0.0309
	dum3	-0.1051 ***	0.0000	-0.1002 ***	0.0000	-0.1162 ***	0.0000	-0.0857 ***	0.0000
常数项	C	0.4957	0.5521	-0.1788	0.7907	-0.5441	0.5943	-1.6223	0.1161
调整后的 R^2		0.8929		0.8643		0.8611		0.8617	
F		279.6251		90.586		88.2132		88.6164	

注：***、** 和 * 分别表示在1%、5%和10%的水平上显著。

$$PLDT^* = 6.9775 \qquad (6-18)$$

最优人均地方政府债务为：

$$\overline{PLDT^*} = 1072.23(元) \qquad (6-19)$$

总样本（2005~2010年）地方政府债务增长影响趋势线见图6-6。

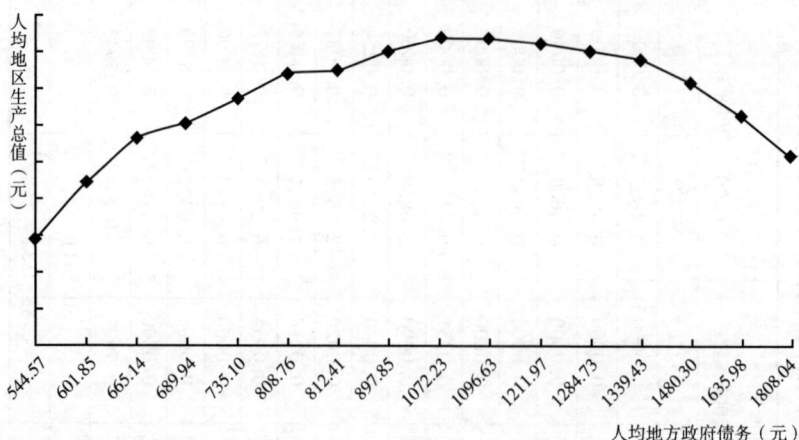

图6-6　总样本（2005~2010年）地方政府债务增长影响趋势线

（2）样本1（2005~2006年）：地方政府债务最优增长点

人均地方政府债务对人均地区生产总值影响的二次型函数为：

$$PGDP = -0.1788 + 0.9831PLDT - 0.0752PLDT^2 + E \qquad (6-20)$$

在不考虑其他变量影响（E）的前提下，对其求一阶偏导数并令其为零，得到：

$$\frac{\partial PGDP}{\partial PLDT} = 0.9831 - 2 \times 0.0752PLDT = 0 \qquad (6-21)$$

最优人均地方政府债务自然对数为：

$$PLDT^* = 6.5366 \qquad (6-22)$$

最优人均地方政府债务为：

$$\overline{PLDT}^* = 689.94(元) \qquad (6-23)$$

样本 1（2005～2006 年）地方政府债务增长影响趋势线见图 6－7。

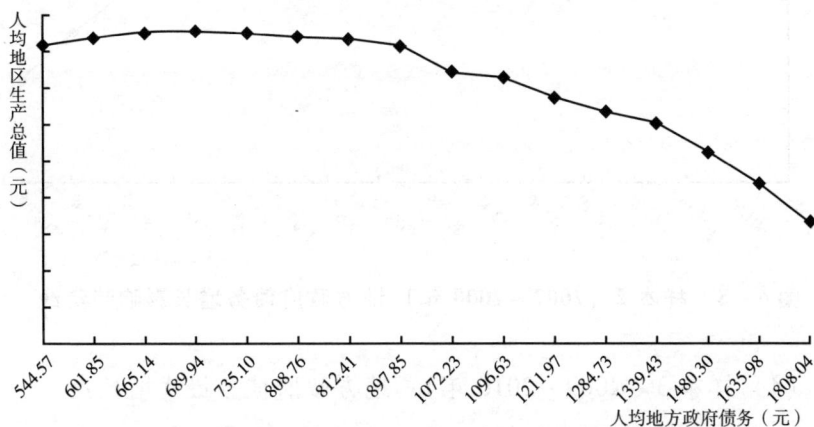

图 6－7　样本 1（2005～2006 年）地方政府债务增长影响趋势线

（3）样本 2（2007～2008 年）：地方政府债务最优增长点

人均地方政府债务对人均地区生产总值影响的二次型函数为：

$$PGDP = -0.5441 + 0.8838PLDT - 0.0660PLDT^2 + E \qquad (6-24)$$

在不考虑其他变量（E）影响的前提下，对其求一阶偏导数并令其为零，得到：

$$\frac{\partial PGDP}{\partial PLDT} = 0.8838 - 2 \times 0.0660PLDT = 0 \qquad (6-25)$$

最优人均地方政府债务自然对数为：

$$PLDT^* = 6.6955 \qquad (6-26)$$

最优人均地方政府债务为：

$$\overline{PLDT}^* = 808.76(元) \qquad (6-27)$$

样本 2（2007～2008 年）地方政府债务增长影响趋势线见图 6－8。

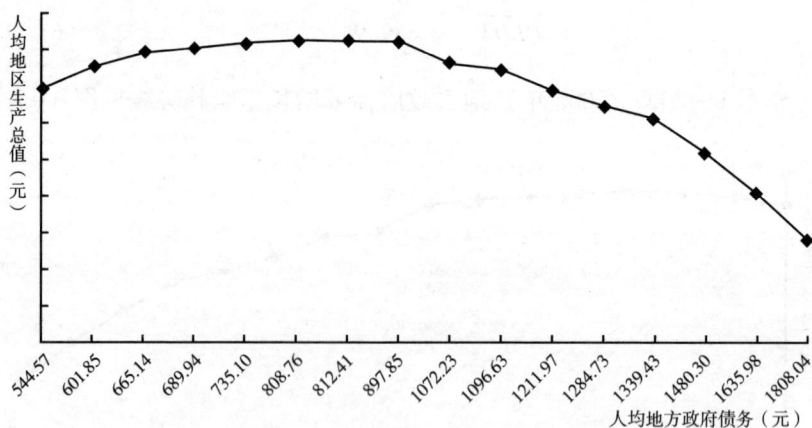

图6-8 样本2（2007~2008年）地方政府债务增长影响趋势线

（4）样本3（2009~2010年）：地方政府债务最优增长点

人均地方政府债务对人均地区生产总值影响的二次型函数为：

$$PGDP = -1.6223 + 0.9091PLDT - 0.0635PLDT^2 + E \quad (6-28)$$

在不考虑其他变量（E）影响的前提下，对其求一阶偏导数并令其为零，得到：

$$\frac{\partial PGDP}{\partial PLDT} = 0.9091 - 2 \times 0.0635PLDT = 0 \quad (6-29)$$

最优人均地方政府债务自然对数为：

$$PLDT^* = 7.1583 \quad (6-30)$$

最优人均地方政府债务为：

$$\overline{PLDT^*} = 1284.73（元） \quad (6-31)$$

样本3（2009~2010年）地方政府债务增长影响趋势线见图6-9。

3. 地方政府债务负担最优区间计算

从上述计算结果可知，2005~2006年、2007~2008年和2009~2010年所对应的地方政府债务最优增长点分别为689.94元、808.76

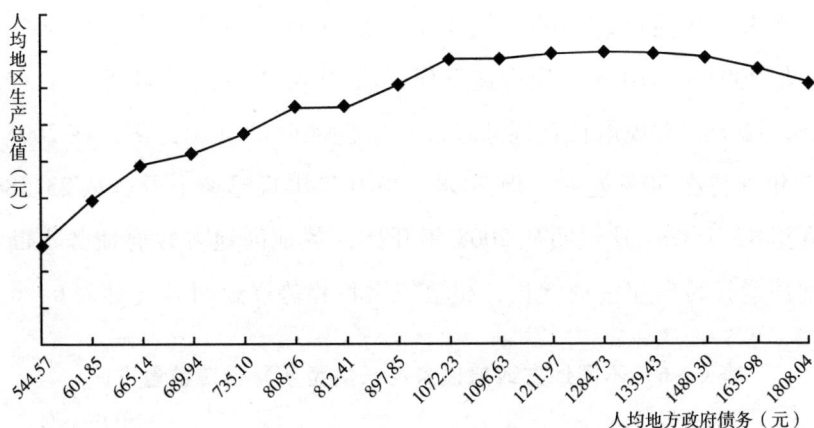

图 6 - 9　样本 3（2009~2010 年）地方政府债务增长影响趋势线

元和 1284.73 元，与之相对应的是这三个阶段的人均地区生产总值，均值分别为 4830 元、6751 元和 9074 元。由此可见，地方政府债务最优增长水平是伴随着地区生产总值的变化而变化的，从而保持一个相对稳定的债务负担率水平（见表 6 - 5）。

表 6 - 5　各年份阶段对应的最优债务负担率

指标	2005~2010 年	2005~2006 年	2007~2008 年	2009~2010 年
人均地方政府债务最优点（元）	1094	690	809	1285
人均地区生产总值平均数（元）	6680	4830	6751	9074
最优债务负担率（%）	16.38	14.28	11.98	14.16

就云南各县域而言，可以初步确定的地方政府债务最优增长所对应的债务负担率最优点为 14%，上限为 16%，下限为 12%，即 [12%，14%，16%]。

4. 与实际情况的比较

从 2005~2006 年云南省 106 个县域地方政府债务实际负担率的分布来看，处于最优区间的县域比例保持在 15%~20%。属于正常性增长且尚未到达最优区间的县域比例，在 2005～2007 年维持在 50% 左右，但 2008～2010 年出现迅速下降，从 59.43% 降低至 41.51%。与之相反，属于超常规增长且逐渐远离正常性区间的县域比例，在 2005～2007 年维持在 30% 左右，但 2008～2010 年出现迅速上升，从 23.58% 提升至 42.45%。这说明从 2008 年开始，各地区地方政府债务不断从正常性增长转向超常规增长，超常规增长趋势逐渐明显（见表 6-6）。

表 6-6　不同地方政府债务增长类型所属县域数量占比

单位：%

债务增长类型	2005 年	2006 年	2007 年	2008 年	2009 年	2010 年
正常性	50.94	50.94	52.83	59.43	45.28	41.51
超常规	33.96	29.25	26.42	23.58	33.96	42.45
最优区间	15.09	19.81	20.75	16.98	20.75	16.04

2005～2010 年各地区地方政府债务实际负担率分布情况见图 6-10。

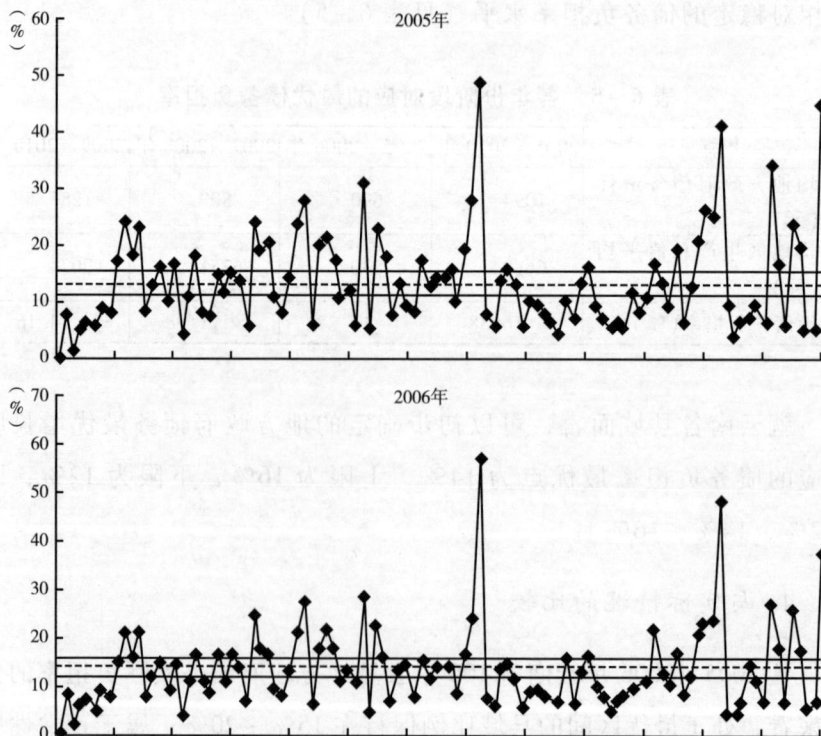

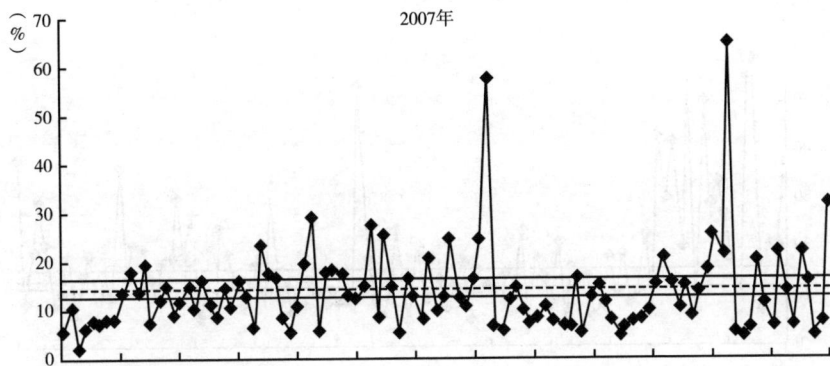

2007年

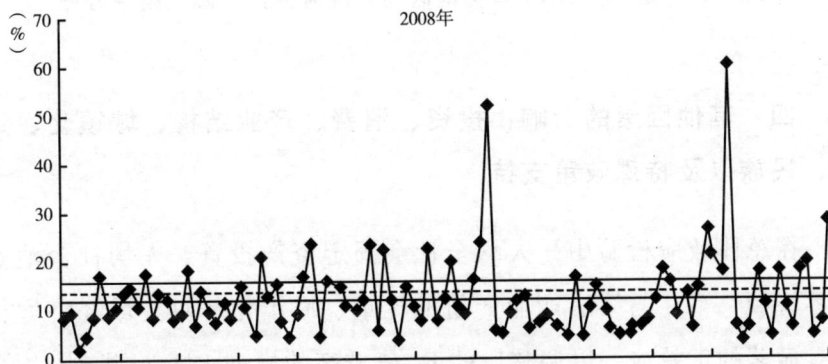

2008年

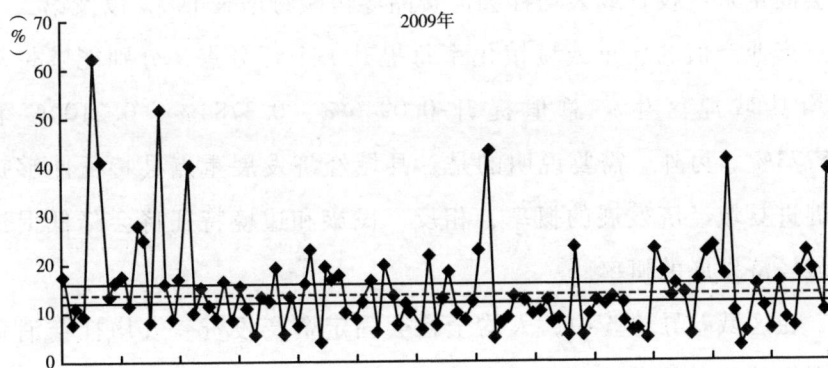

2009年

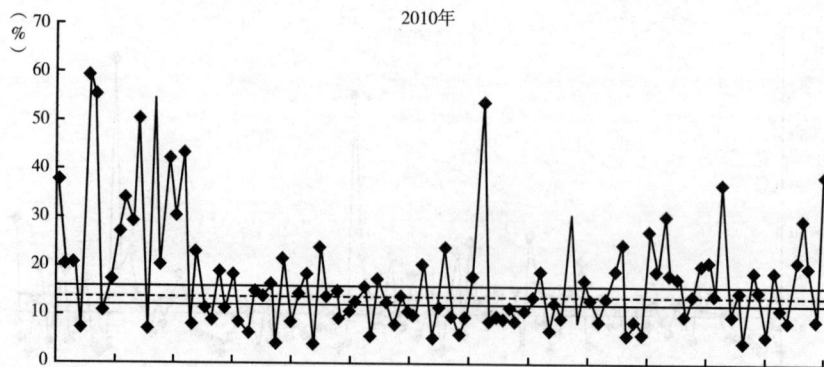

图 6-10 2005~2010 年各地区地方政府债务实际负担率分布

四 其他因素的影响：投资、消费、产业结构、城镇化、边境、民族以及特殊政策支持

在总体效应检验中，人均全社会固定资产投资、人均社会消费品零售额、第二与第三产业产值的比重、城镇化率对县域经济增长具有显著的正效应。以调整后的 R^2 值较高的模型 1.3 为例，人均全社会固定资产投资或人均社会消费品零售额每增长 1%，以及第二与第三产业产值的比重或城镇化率每提升 1 个百分点，分别能够带动人均县域地区生产总值提升 0.0946%、0.3784%、0.2100% 和 0.5273%。另外，需要说明的是，县域经济发展重点县特征能够提升促进县域经济发展的概率，相反，民族和边境特征将会降低促进县域经济发展的概率。

在区域差异检验中，人均全社会固定资产投资、人均社会消费品零售额和城镇化率均对县域经济增长具有显著的正向促进作用，且落后地区的促进效应明显高于发达地区，主要是因为落后地区的这些指标值都相对较低，按照"边际报酬递减规律"，这些指标所发挥的效应将更大。而与之不同的是，第二与第三产业产值的比重对县域经济增长的影响呈现明显的区域差异，在发达地区显著为正，在落后地区显著为负。本章认为越是落后的地区，其农业生产特点就越显著，区位、地形等特征决定了这些地区还不具备发展第二、第三产业的条件，外生性地将第一产业向第二、第三产业转型反而不利于经济发展，而在发达地区正好相反。此外，从 dum 控制变量影响估计来看，民族和边境特征都将会降低促进县域经济发展的概率，但县域经济发展重点县特征产生的正向影响作用仅在发达地区显著，原因是全省 27 个县域经济发展重点县有 25 个位于发达地区。

第七章 云南县域经济发展与城镇化的
关系：基于路径的检验与疏导

云南城镇化率从 1978 年的 12.15% 上升到 2011 年的 36.80%，另据《云南城镇体系建设规划（2011~2030 年）》，2015 年城镇化率为 45% 左右，预计到 2030 年将达到 65%。相关研究已经表明，云南城镇化促进县域经济发展是一个不争的事实，但我们更加关心的是城镇化如何促进县域经济发展，这将是疏通城镇化与县域经济发展路径的重要前提。本章在理论分析的基础上，构建以人口城镇化为解释变量，以消费、投资为主要控制传导变量的经济增长解释模型，并以云南省为案例进行实证检验，挖掘打通城镇化影响县域经济发展路径的重要因素。

第一节 城镇化与县域经济发展的关系：
观点、路径与模型

无论是发达国家经验，还是国内历史实践，都得出一致观点：城镇化是内需拉动的最大潜力所在，是经济结构调整的重要依托，更是推动经济增长的重要引擎。当前，云南正处在经济制度转型时期，具有典型的二元结构特征，以城镇人口增长为主要特征的城镇化如何促进县域经济发展，值得深入思考。尤其是云南正面临扩大内需的艰巨任务，厘清不同时期、不同区域的城镇化与县域经济增长的关系及其差异所在，对于云南新型城镇化战略的继续推进具有重要的现实意义。

一　理论观点

城镇化道路已经成为国家发展的一种普遍选择，全世界 200 多个国家不同程度地经历着城镇化发展历程，较多国外学者针对发达国家经验阐述了城镇化与经济增长的关系。从总体关系来看，城镇化与经济发展水平呈现正向关联特征（Berry and Smith，1970[①]）。从传导机制来看，城镇化能够为现代工业和服务业发展进行资本积累（Ranis and Fei，1961[②]）。伴随着农村人口向城镇的转移，通过就业能够提高居民的收入水平和消费能力（Todaro，1969[③]），同时还能为城市经济发展提供劳动力，进行人力资本的积累（Lucas Jr.，2004[④]）。此外，也有较多学者从时间和区域视角分析城镇化与经济增长的关系。例如，美国在 18～19 世纪经历了城镇化从起步到完成的各个阶段，不同阶段均对应不同的经济效应，产业处于不断升级和转型的过程中（Dobkins and Ioannides，2001[⑤]；Overman and Ioannides，2001[⑥]；Black and Henderson，2003[⑦]）；德国城镇化发展

[①] Brian J. L. Berry and Katherine B. Smith，*City Classification Handbook*；*Methods and Applications*，New York：John Wiley & Sons，1970.

[②] Gustav Ranis and John C. H. Fei，"A Theory of Economic Development"，*American Economic Review*，1961，51，pp. 533 – 565.

[③] Michael P. Todaro，"A Model of Labor Migration and Urban Unemployment in Less Developed Countries"，*American Economic Review*，1969，59，pp. 138 – 149.

[④] Robert E. Lucas Jr.，"Life Earnings and Rural-Urban Migration"，*Journal of Political Economy*，2004，112，pp. S29 – S59.

[⑤] Linda Harris Dobkins and Yannis M. Ioannides，"Spatial Interactions among U. S. Cities：1900 – 1990"，*Regional Science & Urban Economics*，2001，31，pp. 701 – 731.

[⑥] Henry G. Overman and Yannis M. Ioannides，"Cross-Sectional Evolution of the U. S. City Size Distribution"，*Journal of Urban Economics*，2001，49，pp. 543 – 566.

[⑦] Duncan Black and Vernon Henderson，"Urban Evolution in the USA"，*Journal of Economic Geography*，2003，4，pp. 343 – 372.

对经济增长的影响效应呈现东德和西德之间的区域差异（Brakman et al.，2004[1]）；芬兰在经历 1880～2004 年的城镇化进程中，推动了整个国家的空间经济发展格局转化（Tervo，2010[2]）。随后，更多的学者开始将注意力转向发展中国家，认为城镇化是发展中国家实现经济快速增长的重要引擎，是推动国家发展的主要动力（Krey et al.，2012[3]），较为典型的是中国和印度（O'Neill et al.，2012[4]）。

改革开放以来，我国城镇化发展由停滞转向复苏，城镇化开始被赋予重要的经济发展重任。例如，章振华（1995）[5] 认为，进入 20 世纪 90 年代以后，中国经济增长轴心已经发生变化，形成城镇化推动经济增长的模式。胡少维（1999）[6] 指出，1998 年以来，我国经济增长乏力的原因是有效需求不足，而需求下滑又是因为农村居民消费下降，需要大力推进城镇化。随着我国经济发展方式的转变，城镇化在中国经济发展中的地位越来越重要。王国刚（2010）[7] 提出，解决"住、行、学"问题是城镇化的主要内容，关系到中国实现全面小康和经济可持续发展。近年来，中国城镇化与经济增长的关系检验成为国内研究的热点，研究普遍得出中国城镇化与经济增

[1] Steven Brakman, Harry Garretsen and MarcSchramm, "The Strategic Bombing of German Cities during World War II and Its Impact on City Growth", *Journal of Economic Geography*, 2004, 2, pp. 201－218.

[2] Hannu Tervo, "Cities, Hinterlands and Agglomeration Shadows: Spatial Developments in Finland during 1880－2004", *Explorations in Economic History*, 2010, 47, pp. 476－486.

[3] Volker Krey, Brian C. O'Neill, Bas van Ruijven, Vaibhav Chaturvedi, Vassilis Daioglou, Jiyong Eom, Leiwen Jiang, Yu Nagai, Shonali Pachauri and Xiaolin Ren, "Urban and Rural Energy Use and Carbon Dioxide Emissions in Asia", *Energy Economics*, 2012, 34, pp. 272－283.

[4] Brian C. O'Neill, Xiaolin Ren, Leiwen Jiang and Michael Dalton, "The Effect of Urbanization on Energy Use in India and China in the iPETS Model", *Energy Economics*, 2012, 34, pp. 339－345.

[5] 章振华：《中国城市化研究的一部有价值的新著——简评〈明清时期杭嘉湖市镇史研究〉》，《中国社会经济史研究》1995 年第 1 期，第 102～103 页。

[6] 胡少维：《加快城镇化步伐促进经济发展》，《当代经济研究》1999 年第 10 期，第40～45 页。

[7] 王国刚：《城镇化：中国经济发展方式转变的重心所在》，《经济研究》2010 年第 12 期，第 70～81、148 页。

长存在正向关联（曹裕等，2010[①]；朱孔来等，2011[②]；吕健，2011[③]；项本武、张鸿武，2013[④]）。也有学者提出不同看法，例如，金荣学、解洪涛（2010）[⑤] 发现城镇化水平与经济增长的关系并不明确，城镇化初始水平处于中低水平的地区，其城镇化率增幅与经济增长具有强相关性；王稳琴等（2011）[⑥] 得出中国城镇化与经济增长呈现二次多项关系，不同城镇化时期经济增长分布不同；陈淑云、付振奇（2012）[⑦] 以湖北为案例，得出城镇化与经济增长并不协调。此外，韩燕、聂华林（2012）[⑧] 从总体上判断出我国城镇化水平与区域经济增长具有正相关关系，但相关程度呈现典型的区域差异。

本章主要研究城镇化对县域经济增长的影响效应，但与上述研究相比主要突出两个重要区别。

◆ 区别 1——已有研究多从总体上检验城镇化与经济增长的关系，但是忽略了不同区域和不同时间可能存在的差异，因此，本章不仅分析城镇化对县域经济增长的总体影响效应，而且从时间和空间上对总体影响效应进行分化，这有利于为各区域有

① 曹裕、陈晓红、马跃如：《城市化、城乡收入差距与经济增长——基于我国省级面板数据的实证研究》，《统计研究》2010 年第 3 期，第 29～36 页。

② 朱孔来、李静静、乐菲菲：《中国城镇化进程与经济增长关系的实证研究》，《统计研究》2011 年第 9 期，第 80～87 页。

③ 吕健：《城市化驱动经济增长的空间计量分析：2000～2009》，《上海经济研究》2011 年第 5 期，第 3～15、43 页。

④ 项本武、张鸿武：《城市化与经济增长的长期均衡与短期动态关系——基于省际面板数据的经验证据》，《华中师范大学学报》（人文社会科学版）2013 年第 2 期，第 47～54 页。

⑤ 金荣学、解洪涛：《中国城市化水平对省际经济增长差异的实证分析》，《管理世界》2010 年第 2 期，第 167～168 页。

⑥ 王稳琴、王成军、刘大龙：《中国城市化与经济增长关系研究》，《山西大学学报》（哲学社会科学版）2011 年第 2 期，第 123～128 页。

⑦ 陈淑云、付振奇：《城市化、房地产投资与经济增长的关系分析——以湖北省 1990～2009 年时间序列数据为例》，《经济体制改革》2012 年第 2 期，第 30～35 页。

⑧ 韩燕、聂华林：《我国城市化水平与区域经济增长差异实证研究》，《城市问题》2012 年第 4 期，第 22～26 页。

针对性地提升城镇化对县域经济增长的促进作用提供政策依据。

◆区别2——现有相关研究主要是直接检验城镇化与经济增长的关系，尚未厘清二者间的内在关系，基于此，本章分别选择投资和消费作为主要控制传导变量，分析城镇化对经济增长产生作用的有效路径。

二 传导路径

城镇化的典型特征表现为城镇人口规模的扩大，即人口城镇化。而城镇化对县域经济增长影响的传导路径主要包括两个方面。

◆基于需求角度的传导。城镇化对经济增长的影响主要通过促进消费和投资来传导，中央经济工作会议将城镇化定位为扩大内需的重大潜力所在。具体来看：一方面，与城镇化相互伴随的居民收入水平提升和边际消费倾向提高，将直接扩大消费需求，进而促进经济增长；另一方面，在城镇化进程中，城镇人口增加带来的空间扩张，需要在城镇进行大量的基础设施建设，从而增大投资需求，以此促进经济增长。

◆基于供给角度的传导。城镇化不断带动产业结构的调整，尤其是通过基础设施和配套服务的完善，为工业、服务业等带来了巨大的要素集聚、外部经济等效应，促进了第二、第三产业的发展。

可见，研究云南城镇化对县域经济增长的影响，必须考虑产业结构、消费需求、投资需求等传导性变量，只有对这些传导性变量加以控制才能真实反映城镇化对经济增长的独立影响及其传导关系。

三　模型设定

1. 基本假设

为分析得出在不同传导路径条件下城镇化对县域经济增长的影响，需要设定不同假设条件，具体如下。

假设 1：城镇化通过消费需求和投资需求传导来促进县域经济增长，与供给方面的产业结构变化相互伴随。该假设决定分析城镇化对县域经济增长的影响需要控制第二与第三产业产值的比重这一变量。

假设 2：针对不同时期和不同区域，城镇化对县域经济增长的影响效应不同。该假设决定在分析城镇化对县域经济增长总体影响效应的同时，需要对其时间和空间上的效应差异进行分化。

2. 变量选择

被解释变量。主要选择人均地区生产总值，并对其取自然对数表示增长，用 $Pgdp$ 表示，以此衡量县域经济增长，该数据根据相关年份各地区 GDP 平减指数做平抑处理。

解释变量。选择人口城镇化率，即城镇人口占总人口的比重，用 $Purb$ 表示。

控制变量。分别选择人均居民消费水平、人均全社会固定资产投资和第二与第三产业产值的比重，原因是城镇化对县域经济增长的影响主要通过消费、投资以及产业结构转变进行传导，因此需要设置相应的控制变量，而消费中居民消费的传导作用较为明显，投资主要反映城镇化进程中的全社会新增投资。具体表示为：①人均居民消费水平，并对其取自然对数，用 Cos 表示，用以衡量消费水平的变化，该数据根据相关年份各地区居民消费价格指数做平抑处理；②人均全社会固定资产投资，并对其取自然对数，用 Inv 表示，用以衡量投资水平的增长，该数据根据相关年份各地区固定资产投资价格指数做平抑处理；③第二与第三产业产值的比重，用 Nag 表示，用以衡量产业结构转变。

3. 计量模型

模型 1 主要控制消费、投资变量，反映人口城镇化通过消费和投资对经济增长的影响。

$$Pgdp_{it} = \alpha_0^1 + \alpha_1^1 Purb_{it} + \alpha_2^1 Cos_{it} + \alpha_3^1 Inv_{it} + \alpha_4^1 Nag_{it} + \mu_{it}^1 \quad (7-1)$$

模型 2 主要控制消费变量，反映人口城镇化通过消费传导对经济增长的影响。

$$Pgdp_{it} = \alpha_0^2 + \alpha_1^2 Purb_{it} + \alpha_2^2 Cos_{it} + \alpha_4^2 Nag_{it} + \mu_{it}^2 \quad (7-2)$$

模型 3 主要控制投资变量，反映人口城镇化通过投资传导对经济增长的影响。

$$Pgdp_{it} = \alpha_0^3 + \alpha_1^3 Purb_{it} + \alpha_3^3 Inv_{it} + \alpha_4^3 Nag_{it} + \mu_{it}^3 \quad (7-3)$$

在上述模型中，$i = 1, 2, \cdots, 106$，表示云南省 106 个县域；$t = 2005, 2006, \cdots, 2010$，表示年份。$Pgdp_{it}$ 表示人均地区生产总值的自然对数，$Purb_{it}$ 表示人口城镇化率，Cos_{it} 表示人均居民消费的自然对数，Inv_{it} 表示人均全社会固定资产投资的自然对数，Nag_{it} 表示第二与第三产业产值的比重。

第二节　云南城镇化进程的时空演进与分布

新中国成立至今，在全国城镇化实现快速发展的同时，云南城镇化水平也实现较快提升，但真正步入以农村人口向城镇快速转移为主要特征的发展阶段是从 20 世纪 80 年代开始的，同全国城镇化进程一样，在以政府为主导的小城镇改革、城乡户籍制度改革、农村富余劳动力转移、城乡国土空间优化、产业布局完善、主体功能区建设等外生制度的推动作用下，城镇人口开始逐步增多。

一　时间上的城镇化变迁

从时间上的变化趋势来看，全国城镇化率从 1949 年的 10.64%逐步提升到 2011 年的 51.27%，云南城镇化率从 1949 年的 4.86%逐步提升到 2011 年的 35.67%（1983～2000 年存在统计口径差异，导致云南城镇化率出现较高异常）。从近年来具有可比性的 2000 年开始，云南城镇化率一直落后于全国水平，落后的水平也呈现逐渐增大的趋势，从 2000 年相差 12.86 个百分点增大到 2011 年相差 15.60 个百分点（见图 7 - 1）。

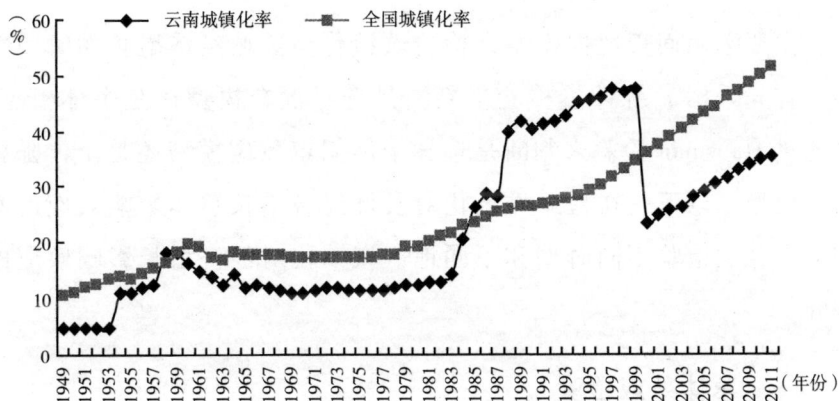

图 7 - 1　云南与全国的城镇化率比较

二　空间上的城镇化分布

从空间上的区域布局来看，城镇化率最高的为 93.60%，城镇化率最低的为 9.98%，极差达到 83.62 个百分点（见图 7 - 2）。

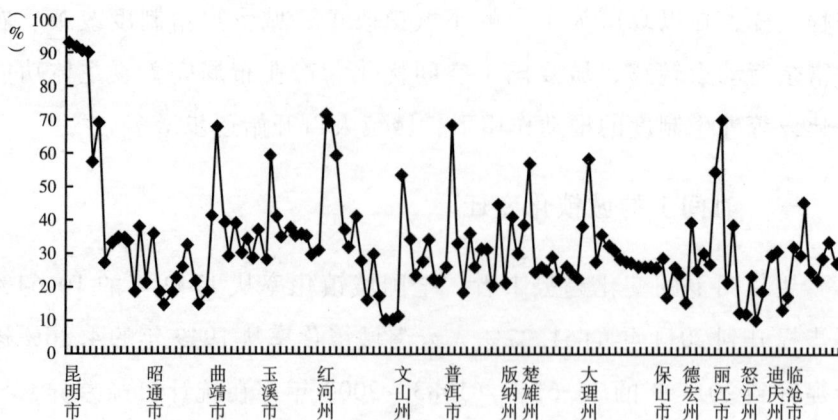

图 7-2 云南省各县（市、区）城镇化率

第三节 云南城镇化对县域经济影响的检验

主要采用面板数据模型来检验城镇化与县域经济增长的时空关系，首先采用 F 统计量检验来判断是选择混合模型还是个体模型，再通过 Hausman 检验来判断是选择个体固定效应模型还是个体随机效应模型。以下是在检验城镇化对县域经济增长总体影响效应的基础上，分别检验不同时期和不同地区城镇化对经济增长影响效应的差异。

一 总体效应检验

经过面板数据的 F 检验和 Hausman 检验，确定在全样本估计中，适合采用个体固定效应模型估计的是模型 13，适合采用个体随机效应模型估计的是模型 13 和模型 15。从拟合结果来看，无论选择何种模型估计，所得出的结果基本一致，见表 7-1。

在人口城镇化对县域经济增长影响的全样本分析中，模型 11 主要引入人均居民消费水平、人均全社会固定资产投资、第二与第三产业

表 7 − 1　全样本城镇化对县域经济增长影响效应的回归结果

自变量及检验指标		人口城镇化					
		模型 11		模型 12		模型 13	
		F	R	F	R	F	R
观测变量	Purb	0.16 (1.33)	0.22** (19.30)	0.09 (0.60)	0.16 (1.37)	0.30** (2.73)	0.35*** (2.67)
控制变量	Cos	0.69*** (23.41)	0.68*** (25.91)	0.81*** (45.68)	0.81** (48.52)		
	Inv	0.08*** (5.03)	0.09*** (5.88)			0.39*** (24.25)	0.40*** (27.94)
	Nag	1.24*** (6.54)	1.20*** (7.06)	1.35*** (7.19)	1.34*** (7.93)	2.10*** (6.08)	1.87*** (7.06)
常数项	C	0.67*** (5.68)	2.17*** (19.30)	1.85*** (18.48)	1.86*** (19.73)	4.10*** (21.35)	4.20*** (34.01)
调整后的 R²		0.98	0.92	0.98	0.92	0.94	0.80
F		244	1757	231	2183	474	850
冗余固定 效应检验	F 统计量	44	—	44	—	37	—
	P 值	0	—	0	—	0	—
关联随机 效应检验	H 统计量	—	2.08	—	1.38	—	9.65
	P 值	—	0.72	—	0.71	—	0.02

注：F 表示个体固定效应模型估计，R 表示个体随机效应模型估计；括号内数据表示 T 统计量；***、** 和 * 分别表示在 1%、5% 和 10% 的水平上显著。

产值的比重进行控制，这些变量对县域经济增长的影响均呈现正向显著作用，以此形成的人口城镇化对县域经济增长的影响在 5% 的显著水平下为 0.22。具体来看，模型 12 主要引入人均居民消费水平作为主要控制变量，得到的人口城镇化对县域经济增长的影响作用不显著；模型 13 主要引入人均全社会固定资产投资，得到的人口城镇化对经济增长的影响在 5% 的显著水平下为 0.30。由此可见，从对 2005 ~ 2010 年云南省 106 个县域样本的分析来看，人口城镇化虽然在一定程度上促进了县域经济增长，但是这种促进主要依赖于投资的传导，换句话说，从消费传导来看，人口城镇化对县域经济的促进作用不显著，即人口城镇化未能有效推动消费。该结论并没有否认城镇化推动消费的理论逻辑，而是云南省特殊省情存在的现象，可能原因是城镇化无法对居民消费起到有效的传导作用（赵晓、岳安时，2013[①]）。

二　时期差异检验

从 2007 年开始，党中央逐步提出特色城镇化战略，在此背景下，云南省也开始逐步实施特殊城镇化，尤其从原有的强调城镇人口数量增多、城镇空间范围扩张转变为以提升城镇化质量为核心，真正实现将转移到城镇的农民变为市民。为检验这一战略是否产生积极作用，即人口城镇化对县域经济增长的影响是否在 2007 年前后两个时期发生明显变化，本章将样本分为 2005～2007 年和 2008～2010 年两个时段分别进行面板数据模型估计。经过 F 检验和 Hausman 检验，适合采用个体随机效应模型估计的是模型 21、模型 23、模型 31、模型 32、模型 33，适合采用个体固定效应模型估计的是模型 22。从拟合结果看，无论选择何种模型，所得出的结果基本一致，见表 7 - 2、表 7 - 3。

表 7 - 2　2005～2007 年城镇化对县域经济增长影响效应的回归结果

自变量及检验指标		人口城镇化					
		模型 21		模型 22		模型 23	
		F	R	F	R	F	R
观测变量	$Purb$	- 1. 19 *** (- 2. 74)	- 0. 13 (- 0. 61)	- 1. 25 *** (- 2. 86)	- 0. 21 (- 0. 87)	- 3. 37 *** (- 3. 41)	0. 24 (1. 09)
控制变量	Cos	0. 95 *** (12. 77)	0. 88 *** (17. 45)	0. 99 *** (17. 82)	0. 96 *** (22. 47)		
	Inv	0. 02 (0. 74)	0. 06 ** (2. 58)			0. 27 *** (7. 05)	0. 31 *** (10. 38)
	Nag	1. 15 ** (2. 43)	1. 12 *** (3. 18)	1. 17 ** (72. 54)	1. 21 *** (3. 52)	2. 04 ** (2. 57)	1. 91 *** (3. 92)

① 赵晓、岳安时：《"人的城镇化"才能推动消费》，和讯网，2013 年 1 月 12 日，http：//house. hexun. com/2013 - 01 - 12/150086575. html.

续表

自变量及检验指标		人口城镇化					
		模型 21		模型 22		模型 23	
		F	R	F	R	F	R
常数项	C	0.67 ***	1.09 ***	0.81 ***	0.87 ***	5.49 ***	4.84 ***
		(5.68)	(4.59)	(2.85)	(4.18)	(13.77)	(23.36)
调整后的 R^2		0.98	0.83	0.98	0.83	0.95	0.60
F		154	393	155	509	62	158
冗余固定 效应检验	F 统计量	35	—	36	—	28	—
	P 值	0	—	0	—	0	—
关联随机 效应检验	H 统计量	—	0	—	37	—	0
	P 值	—	1.00	—	0	—	1.00

注：F 表示个体固定效应模型估计，R 表示个体随机效应模型估计；括号内数据表示 T 统计量；*** 、** 和 * 分别表示在 1% 、5% 和 10% 的水平上显著。

表 7 - 3　2008 ~ 2010 年城镇化对县域经济增长影响效应的回归结果

自变量及检验指标		人口城镇化					
		模型 31		模型 32		模型 33	
		F	R	F	R	F	R
观测变量	$Purb$	0.34 ***	0.39 ***	0.33 ***	0.38 ***	0.38 ***	0.42 ***
		(4.58)	(6.08)	(5.96)	(7.09)	(3.17)	(4.28)
控制变量	Cos	0.47 ***	0.51 ***	0.60 ***	0.62 ***		
		(8.58)	(12.49)	(17.94)	(23.23)		
	Inv	0.09 **	0.08 ***			0.29 ***	0.31 ***
		(2.59)	(3.16)			(11.60)	(14.37)
	Nag	1.54 ***	1.39 ***	1.64 ***	1.54 ***	2.04 ***	1.76 ***
		(6.19)	(7.33)	(6.81)	(8.45)	(5.92)	(6.86)
常数项	C	3.57 ***	3.42 ***	3.25 ***	3.17 ***	5.01 ***	5.10 ***
		(18.20)	(20.09)	(18.31)	(19.55)	(29.94)	(33.67)
调整后的 R^2		0.99	0.84	0.99	0.83	0.98	0.74
F		222	429	209	542	133	300
冗余固定 效应检验	F 统计量	54	—	55	—	61	—
	P 值	0	—	0	—	0	—
关联随机 效应检验	H 统计量	—	7.53	—	0	—	3.07
	P 值	—	0.11	—	1.00	—	0.38

注：F 表示个体固定效应模型估计，R 表示个体随机效应模型估计；括号内数据表示 T 统计量；*** 、** 和 * 分别表示在 1% 、5% 和 10% 的水平上显著。

就人口城镇化对县域经济增长影响的时期差异而言，2005～2007年，无论是投资还是消费，均没有实现人口城镇化对县域经济增长的传导，从而导致人口城镇化对县域经济增长的影响不显著。2008～2010年，人口城镇化通过投资传导拉动县域经济增长的效应为0.08，此外还通过消费拉动经济增长，其效应在1%的显著水平下为0.51，人口城镇化对县域经济增长总体表现出显著的正向作用，其效应为0.39。可以看出，在实施特色城镇化、新型城镇化战略之后，云南人口城镇化对经济增长的影响效应明显提升，尤其是开启了通过消费和投资的传导作用。

三 空间差异检验

从区域布局来看，云南城镇化与县域经济发展均存在典型的中心和外围差异，为了探索城镇化对县域经济增长影响效应的空间差异，本章将样本分为滇中地区和外围地区分别进行面板模型回归，其中，滇中地区包括昆明、曲靖、玉溪和楚雄所辖的32个县域，外围地区包括除滇中地区外的74个县域。经过F检验和Hausman检验，所有模型均适合采用个体随机效应模型估计，从拟合结果看，无论选择何种模型，所得出的结果基本一致，见表7-4、表7-5。

表7-4 滇中地区城镇化对县域经济增长影响效应的回归结果

自变量及检验指标		人口城镇化					
		模型41		模型42		模型43	
		F	R	F	R	F	R
观测变量	Purb	0.34*** (3.89)	0.28*** (2.69)	0.26** (2.09)	0.16 (1.38)	0.44*** (3.20)	0.38** (2.48)
控制变量	Cos	0.50*** (8.09)	0.49*** (9.63)	0.80*** (26.22)	0.78*** (28.13)		
	Inv	0.19*** (5.63)	0.19*** (7.44)			0.44*** (25.57)	0.43*** (27.60)
	Nag	1.32*** (3.86)	1.33*** (5.56)	1.97*** (5.59)	1.82*** (6.80)	1.18*** (3.13)	1.43*** (4.99)

续表

自变量及检验指标		人口城镇化					
		模型 41		模型 42		模型 43	
		F	R	F	R	F	R
常数项	C	2.71 *** (8.64)	2.80 *** (12.01)	1.59 *** (7.16)	1.83 *** (9.17)	4.54 *** (23.60)	4.47 *** (29.18)
调整后的 R^2		0.97	0.93	0.96	0.90	0.95	0.88
F		179	610	145	584	113	468
冗余固定效应检验	F 统计量	24	—	27	—	27	—
	P 值	0	—	0	—	0	—
关联随机效应检验	H 统计量	—	0	—	0	—	0
	P 值	—	1.00	—	1.00	—	1.00

注：F 表示个体固定效应模型估计，R 表示个体随机效应模型估计；括号内数据表示 T 统计量；***、**和*分别表示在 1%、5% 和 10% 的水平上显著。

表 7 - 5　外围地区城镇化对县域经济增长影响效应的回归结果

自变量及检验指标		人口城镇化					
		模型 51		模型 52		模型 53	
		F	R	F	R	F	R
观测变量	Purb	-2.35 *** (-4.14)	0.12 (0.34)	-2.47 *** (-4.19)	0.06 (0.16)	-4.78 *** (-4.83)	-0.08 (-0.15)
控制变量	Cos	0.72 *** (22.62)	0.73 *** (24.80)	0.80 *** (36.84)	0.81 *** (40.18)		
	Inv	0.05 *** (2.60)	0.06 *** (3.40)			0.35 *** (16.47)	0.38 *** (20.30)
	Nag	1.20 *** (5.60)	1.11 *** (5.52)	1.25 *** (5.91)	1.19 *** (6.05)	2.37 *** (5.70)	1.88 *** (5.89)
常数项	C	2.42 *** (16.18)	2.08 *** (16.61)	2.29 *** (16.31)	1.91 *** (16.92)	4.67 *** (20.41)	4.25 *** (28.98)
调整后的 R^2		0.97	0.92	0.97	0.91	0.93	0.76
F		220	1199	218	1550	79	418
冗余固定效应检验	F 统计量	41	—	43	—	29	—
	P 值	0	—	0	—	0	—
关联随机效应检验	H 统计量	—	0	—	0	—	0
	P 值	—	1.00	—	1.00	—	1.00

注：F 表示个体固定效应模型估计，R 表示个体随机效应模型估计；括号内数据表示 T 统计量；***、**和*分别表示在 1%、5% 和 10% 的水平上显著。

就人口城镇化对县域经济增长的影响而言，滇中地区总体上表现出人口城镇化促进了县域经济增长，其效应在1%的显著水平下为0.28，但主要是通过投资传导的，其效应在5%的显著水平下为0.38，通过消费传导的影响不显著。而在外围地区，人口城镇化无论是通过消费传导还是投资传导都尚未形成对县域经济增长的促进作用，影响系数均表现为不显著。这充分说明，在滇中地区已经形成人口城镇化对投资拉动县域经济发展的内生传导机制。值得一提的是，在滇中或外围地区，人口城镇化并没有通过拉动消费来促进县域经济增长，主要原因是虽然农村人口不断向城镇转移，但是农民进城并没有真正变为"市民"，相反却在城镇中成为"贫民"，加上不能享受城镇市民待遇，边际消费倾向也得不到提升。此外，外围地区的人口城镇化还不能通过投资传导来促进县域经济增长，这充分揭示出，虽然外围地区也在大力推进城镇化，但由于制度、条件等因素的制约，城镇化对地区经济的影响传导存在障碍，这类地区城镇化所产生的经济促进效应不明显。

第四节 云南城镇化对县域经济影响的疏导

一 结论归纳与分析

通过上述实证研究可以看出，无论是总体样本还是时间或空间分类样本，人均居民消费水平、人均全社会固定资产投资、第二与第三产业产值的比重三个控制变量均对县域经济增长产生显著影响，但城镇化对县域经济增长的影响呈现典型差异。总体来看，人口城镇化主要通过投资传导来促进县域经济增长，没有形成对消费的有效推动。从时间维度来看，2007年实施特色城镇化、新型城镇化战略后，人口城镇化对县域经济增长的促进效应凸显，尤其是开启了对消费和投资的传导作用。从空间维度来看，滇中地区人口城镇化通过投资传导对县域经济产生显著的促进作用，没有形成消费传导的促进作用，而在外围地区，无论是消费传导还是投资传导，都没有形成城镇化对县域经济的促进作用。

二　影响路径的疏导

要真正发挥城镇化对云南县域经济增长的促进作用，重点需要发挥城镇化对消费和投资的促进作用，尤其要继续推进新型城镇化、特色城镇化，开启消费传导作为内需型增长的主要模式，具体要针对目前云南城镇化发展的现状及对县域经济增长影响的差异，根据不同地区的特点，充分利用市场调节作用和政府干预力量，制定切实可行的政策，并对现有制度进行合理的改革。具体包括以下几个方面。

1. 合理布局城镇化发展空间，实现土地资源的合理、节约和高效利用

当前，云南省城镇化体系比较单一和传统，基本上是按照"省会城市—地州城市—县级城市—建制镇"模式，以及繁华地段与贫穷地段割裂的层级安排，缺乏富有内涵、高质量的城镇化布局。因此，未来云南省城镇化空间布局需要遵循"点—线—面—体"的发展理念，以大城市为核心，以中等城市为纽带，并与众多不同性质、功能和规模等级的县城和乡镇组成城镇集群，从而保障城镇与城镇间、农村与农村间、城镇与农村间的产业组织、劳动分工链接，形成统一的生产综合体和消费综合体。

一是要建设好昆明市，以面为主、点线结合，辐射和带动全省各中等城市、小城镇等。单独从作为云南省省会中心以及滇中城市群经济圈核心的昆明来看，经济发展对周边乃至全省的带动作用强，加上昆明经济条件相对较好，公共服务水平较高，其发展新型城镇化相对

容易，未来应以五华区、西山区、盘龙区、官渡区为核心，以曲靖、楚雄、玉溪为副中心地区，带动和辐射周边州市，形成卫星城市群。

二是要凸显城镇发展特色。例如，针对生态资源城镇，要以环境好、品位高、管理细为目标，全面提高城镇建设管理水平；针对边境口岸城镇，要以巩固边境安定、和谐为重点，通过口岸建设和贸易发展来提高城镇化质量；针对交通要道城镇，要充分利用其地缘优势，加快物流建设等促进城镇化发展；等等。

三是要做强县城，以线为主、点面结合，使其成为引领县域经济发展的龙头和主阵地，即按照提高质量、增强功能、集聚人口、提供就业的要求，建成布局合理、规模适度、功能齐全、设施达标、具有很强人口产业集聚能力和辐射带动功能的经济文化单元。

四是要做大集镇和社区，以点为主、线面配合，为农村居民进城创业和提高生活质量搭建平台，为城镇居民和流动人口提供良好的公共管理服务。

2. 依赖各个地区的资源禀赋进行产业调整和产业升级，在解放劳动力的同时，提供适合就业的岗位

没有产业支撑，城镇化永远只是一个空壳，产业发展是带动就业和提升消费水平的先决条件，因此需要绘制产业结构和产业布局的主体规划图。而当前的云南产业空间轮廓主要为：以滇中城市群经济圈（以昆明为中心，以玉溪、曲靖和楚雄为延伸）为核心，推动滇东北、滇西北、滇西及滇西南、滇东南地区经济社会跨越式发展。目前，云南产业发展模式存在一定"泡沫"，结构比较单一，没有发挥云南特色优势。因此，在新的时期，主要围绕以下几个方面开展工作。

一是要尽快纠正"征地拆迁—房产开发—农民被上楼"以及"画地建新城—政府投资建设—招商引资"等此类产业发展思想，通过特色优势产业的发展，将"造空城"模式转换为"市民化"模

式，实现有产业支撑的人的无差别发展。

二是产业结构要结合各地特色，最大限度地利用好云南独特的自然禀赋，发展特色工业、特色农业、旅游服务业、边境贸易等，避免区域产业同构，实现经济发展方式的转变。

三是产业结构要以市场为主体、政府为导向，发挥市场竞争优势，以此形成工业化、农业现代化、新型城镇化协调推进的格局。

3. 打破目前限制人口迁移的相关制度的束缚，加快城镇基础设施建设并改善市民的公共服务

农村人口是否愿意向城镇转移、农民能否变为市民，在很大程度上取决于城镇基础设施建设和公共服务的供给水平。当前，居住在城镇的大量农村籍人口，虽然为城镇发展做出了贡献，但是享受不到均等的公共服务。此外，城镇居民偏向于向中心城市转移，原因也在于城镇的基础设施和公共服务水平较低。从新型城镇化的内涵出发，无论实施异地转移还是就地城镇化，其核心是人的城镇化，城镇化建设必须以吸引人才为出发点，因此，要推进城镇化发展，政府首先要完善城镇原有的"硬件"及"软件"设施，强化公共服务体系建设和基础设施配套服务体系建设，为城镇居民提供与当地市民无差别的基本公共服务，如城市交通建设、水电气改造、城市生态环境、医疗卫生服务、教育服务、社会保障服务、城市消费圈打造等。

唯有这样，才能保障外来人口的生存和发展权利与本地城市市民一致的待遇和地位，以此发挥城镇对人口的集聚作用，包括对优秀人才的吸引。同时，便捷的交通设施还能为相关企业的入驻奠定基础，最终促进城镇产业发展和经济结构转型。

除了以上策略之外，强化云南城镇化对县域经济发展的影响，还需要强调市场的基础性作用，继续推进户籍制度改革、土地管理制度改革、劳动就业制度改革、投融资体制改革等。

第八章 云南县域经济发展的财政红利挖掘：基于效率的测度与解释

从云南县域经济发展的内生动力机制来看，财政支出、分权关系、地方债务、投资、消费、产业结构和城镇化等因素均能够产生积极作用，尤其是城镇通过消费、投资等传导对县域经济增长产生不同路径的影响。这种作用的发生及大小，关键取决于如何开启消费和投资的传导，而政府公共服务供给是关键。1994年实施分税制改革以来，在中央加大对西部地区扶持力度及地方积极培植财源的共同努力下，云南财政支出实现了较快增长。在此背景下，要实现云南县域经济跨越式发展，需要进一步挖掘财政红利。本章重点分析县域经济发展的财政红利实现机制，并从纵向时间和横向区域视角进行实证测度和解释，为制度设计提供依据。

第一节 县域经济发展的财政红利理解

挖掘财政红利的目的是要提高财政资金的配置效率，这也是加快促进县域经济发展的关键。云南地处我国西南边陲，市场化程度较低（樊纲等，2010[①]），金融和资本市场发展滞后（云南省人民政

---

① 樊纲、王小鲁、朱恒鹏：《中国市场化指数：各地区市场化相对进程2009年报告》，经济科学出版社，2010。

府金融办公室、云南财经大学，2010①），唯有财政资金在整个县域社会经济发展中扮演着重要的角色。实施分税制改革以来，在中央各项转移支付扶持及地方积极培植财源的共同作用下，云南财政支出实现快速增长，从 1994 年的 203.73 亿元增长到 2012 年的 3572.66 亿元，增长 16.54 倍。中共第十八届三中全会及中共云南省第九届委员会在提出的若干发展政策中，均强调在加大财政资金投入的同时，要进一步提高公共财政资源的管理和使用效率。

一　基本概念

财政红利（Finance Divident）属于发展红利的范畴，指的是财政支出力度不减，确保政府有足够资金继续加大对教育、医疗、社保等民生领域的投入力度，以此改善民众福祉，从长远角度有助于扩大内需，为经济注入持久动力。2013 年，"两会"政府工作报告披露，拟安排 1.2 万亿元的财政赤字，其中包括中央财政赤字 8500 亿元、地方财政赤字 3500 亿元，而地方财政赤字由中央代发地方政府债券并纳入预算。据相关专家分析，这意味着"在当前世界经济形势严峻、中国经济增速放缓的背景下，中国扩增赤字意在进一步释放'财政红利'，在拉动经济增长的同时提高发展质量和效益"。实际上，财政红利的本质就是扩张性的财政支出对经济发展的潜在贡献，判断一个国家或者地区是否实现了财政红利，关键要看财政支出增长是否对现实经济运行产生实际的促进作用。

二　传导路径及模型

1. 财政红利实现路径及相关观点

在县域经济发展中，实现财政红利至少包括两条路径：一是通

---

① 云南省人民政府金融办公室、云南财经大学编《云南金融发展与资本市场研究课题报告》，云南大学出版社，2010。

过刺激居民消费传导拉动经济增长；二是通过促进投资传导拉动经济增长。

◆ 通过消费传导的路径——财政支出通过提供基础教育、医疗卫生和社会保障等公共服务，降低居民对未来支出的负担预期，以此提高居民的消费水平，进而从扩大消费内需上拉动经济增长。

目前，关于财政支出与居民消费关系的研究较多。例如，王文平（2009）[1] 指出，传统理论认为政府财政支出能够刺激居民消费的增长，但通过对 1983~2007 年中国农村财政支出与农村居民消费之间关系的研究发现，从短期看农村财政支出对农村居民消费具有"挤入效应"，但从长期看农村财政支出对农村居民消费具有"挤出效应"，而且农村居民的可支配收入是影响农村居民消费的最重要因素。李春琦、唐哲一（2010）[2] 指出，政府的行政管理费用支出对私人消费有挤出作用，政府的社会文教费用支出、经济建设支出以及其他补贴性的财政支出对私人消费有拉动作用。另外，基础经济建设支出的动态变化显示，短期内能促进 GDP、私人消费以及就业率的提高，但随着时间的推移会产生一定的抑制作用。陶开宇（2011）[3] 提出了财政拉动消费的几点思考：一是提高消费能力；二是完善消费条件；三是培养消费热点。李永友、钟晓敏（2012）[4] 的研究表明，1998 年至今，城乡居民边际消费倾向呈现下降趋势与

① 王文平:《我国的农村财政支出与农村居民消费：1983~2007》,《经济体制改革》2009 年第 1 期, 第 97~100 页。
② 李春琦、唐哲一:《财政支出结构变动对私人消费影响的动态分析——生命周期视角下政府支出结构需要调整的经验证据》,《财经研究》2010 年第 6 期, 第 90~101 页。
③ 陶开宇:《财政拉动消费的几点思考》,《财政研究》2011 年第 7 期, 第 50~53 页。
④ 李永友、钟晓敏:《财政政策与城乡居民边际消费倾向》,《中国社会科学》2012 年第 12 期, 第 63~81、207 页。

财政政策有较大关系，其中未预期到的财政政策冲击对居民边际消费倾向影响的综合效应显著为负，因此，扩大居民消费需要提高居民消费能力，尤其是要通过调整财政支出策略，稳定居民消费预期。胡东兰等（2013）[①] 提出，为更好地拉动农村居民消费、拓展农村消费市场，政府应从优化财政支农支出结构、完善农村社会保障体系等方面做出努力。

◆ **通过投资传导的路径**——政府通过提供道路交通、通信信息等基础设施公共服务，能够降低产业发展的运营成本与交易成本，以此吸引更多的社会投资，进而促进经济增长。

目前，关于财政支出与社会投资关系的研究较多。例如，董秀良等（2006）[②] 分析了我国财政支出对私人投资的长短期效应，结果表明，短期内财政支出对私人投资具有一定的挤出效应，而在长期均衡关系上则表现为挤入效应。郭杰（2010）[③] 通过检验发现，政府投资对私人部门投资的影响并不显著，私人部门投资对总需求变动较敏感，政府投资通过影响总需求会对私人部门投资产生影响，从而揭示了政府投资对私人部门投资的影响路径。许宪春等（2013）[④] 分析了改革开放以来两次紧缩性财政政策、两次扩张性财政政策和一次中性财政政策对中国固定资产投资增长的影响，结果表明，财政政策对中国固定资产投资的影响比较直接，效果也比较明显。

① 胡东兰、田侃、夏杰长：《中国财政支农支出对农村居民消费影响——实证分析与政策建议》，《财政研究》2013 年第 1 期，第 50～53 页。

② 董秀良、薛丰慧、吴仁水：《我国财政支出对私人投资影响的实证分析》，《当代经济研究》2006 年第 5 期，第 65～68 页。

③ 郭杰：《财政支出与全社会固定资产投资：基于中国的实证研究》，《管理世界》2010 年第 5 期，第 34～44、187 页。

④ 许宪春、王宝滨、徐雄飞：《中国的投资增长及其与财政政策的关系》，《管理世界》2013 年第 6 期，第 1～11 页。

2. 模型推演

从经济学含义上讲，财政红利是扩张性财政政策过程中财政资金要素的合理配置所导致的财政支出增长对经济增长的正向促进效应，通常采用财政支出与社会经济间的投入产出关系来衡量。我们以社会经济产出与财政支出投入的比例关系为出发点，简单推导财政红利的理论模型。

设第 i 个地区的社会经济产出为 Y_i，财政支出投入为 F_i，则社会经济产出与财政支出投入的比例关系为：

$$\theta_i = \frac{Y_i}{F_i} \qquad (8-1)$$

假设在一个封闭的地区经济体系中，基于需求角度的社会经济产出主要由消费（C）、投资（I）和政府购买（F）构成，同时我们知道，消费和投资又取决于财政支出要素。因此，存在以下社会经济产出方程：

$$Y_i = C_i(F_i) + I_i(F_i) + F_i \qquad (8-2)$$

将式 8-2 代入式 8-1 中，得到：

$$\theta_i = \frac{C_i(F_i)}{F_i} + \frac{I_i(F_i)}{F_i} + 1 \qquad (8-3)$$

由此可以推断，财政红利实际上取决于财政支出分别对消费和投资的拉动能力，即财政消费传导系数（cc_i）和财政投资传导系数（ci_i），因此，各地财政红利可以表示为：

$$\theta_i = f(cc_i, ci_i) \qquad (8-4)$$

进一步将这种财政红利所反映的效率分解为技术效率（θ^1）和规模效率（θ^2），其中，技术效率反映各地财政支出的机制、制度运行成效，规模效率反映各地财政支出对社会经济产出的规模报酬效应。

第二节　财政红利的机会窗口：云南财政支出分析

财政红利的机会窗口主要反映财政支出增长情况，包括绝对规模、负担比例和人均水平三个方面的增长。实施分税制改革以来，随着财政收入规模的不断扩大和政府职能的强化，云南省财政支出的绝对规模与相对规模都在不断扩大，财政支出结构也不断优化。1994~2012 年云南财政支出情况见表 8-1。

表 8-1　1994~2012 年云南财政支出情况

年份	一般预算支出		地区生产总值		人均一般预算支出		一般预算支出占地区生产总值的比例（%）
	规模（亿元）	增幅（%）	规模（亿元）	增幅（%）	规模（元）	增幅（%）	
1994	203.73		983.78		517.19		20.71
1995	235.10	15.40	1222.15	24.23	589.28	13.94	19.24
1996	270.39	15.01	1517.69	24.18	669.03	13.53	17.82
1997	313.20	15.83	1676.17	10.44	765.01	14.35	18.69
1998	328.00	4.73	1831.33	9.26	791.54	3.47	17.91
1999	378.05	15.26	1899.82	3.74	901.75	13.92	19.90
2000	414.11	9.54	2011.19	5.86	976.49	8.29	20.59
2001	496.43	19.88	2138.31	6.32	1157.88	18.58	23.22
2002	526.89	6.14	2312.82	8.16	1215.97	5.02	22.78
2003	587.35	11.47	2556.02	10.52	1342.33	10.39	22.98
2004	663.64	12.99	3081.91	20.57	1503.08	11.98	21.53
2005	766.31	15.47	3462.73	12.36	1721.89	14.56	22.13
2006	893.58	16.61	3988.14	15.17	1993.26	15.76	22.41
2007	1135.22	27.04	4772.52	19.67	2514.88	26.17	23.79
2008	1470.24	29.51	5692.12	19.27	3236.28	28.69	25.83
2009	1952.34	32.79	6169.75	8.39	4271.72	31.99	31.64

续表

年份	一般预算支出		地区生产总值		人均一般预算支出		一般预算支出占地区生产总值的比例(%)
	规模（亿元）	增幅（%）	规模（亿元）	增幅（%）	规模（元）	增幅（%）	
2010	2285.72	17.08	7224.18	17.09	4967.16	16.28	31.64
2011	2929.60	28.17	8893.12	23.10	6326.06	27.36	32.94
2012	3572.66	21.95	10309.47	15.93	7668.30	21.22	34.65
年均增幅(%)		17.25		13.94		16.16	

资料来源：《中国统计年鉴》（1995～2013年）。

一 绝对规模增长情况

从绝对规模来看，云南省财政一般预算支出从1994年的203.73亿元逐年增加至2012年的3572.66亿元，18年间增长16.54倍，年均增幅为17.25%。从一般预算支出与地区生产总值的增幅关系来看，趋势上保持同步，但一般预算支出增幅略高于地区生产总值增幅，年均增幅相差3.31个百分点（见图8-1）。

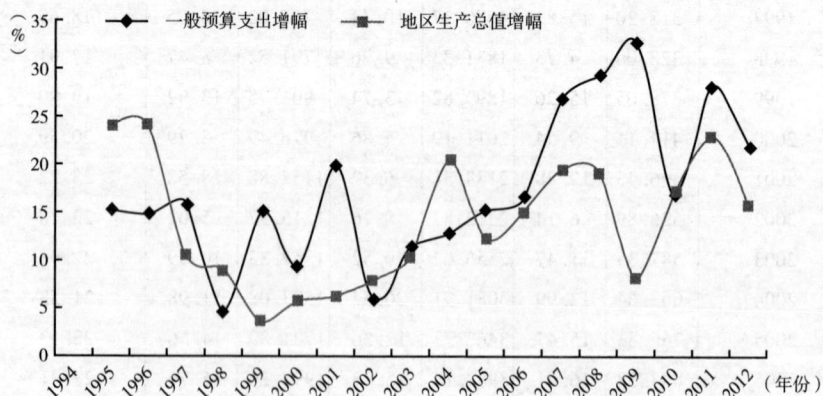

图8-1 1994～2012年云南省一般预算支出与地区
生产总值绝对规模增长情况

二　负担比例增长情况

从负担比例来看，云南省一般预算支出占地区生产总值的比例也从 1994 年的 20.71% 增加至 2012 年的 34.65%（见图 8-2）。

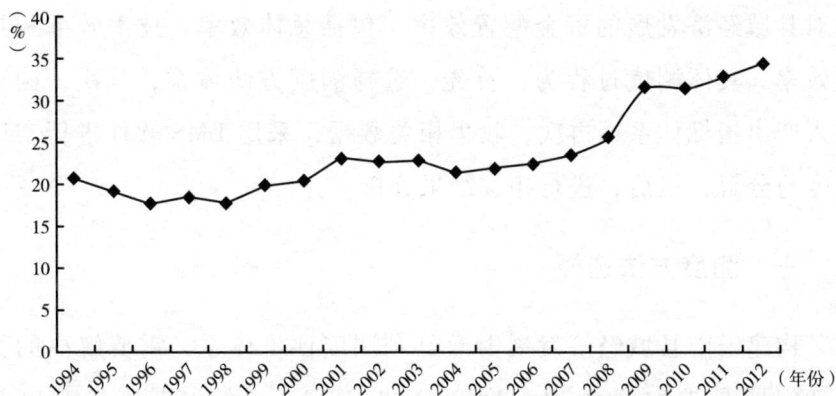

图 8-2　1994~2012 年云南省一般预算支出负担比例增长情况

三　人均水平增长情况

从人均水平来看，云南省人均一般预算支出从 1994 年的 517.19 元逐年增加至 2012 年的 7668.30 元，年均增幅为 16.16%，比地区生产总值年均增幅高出 2.22 个百分点（见图 8-3）。

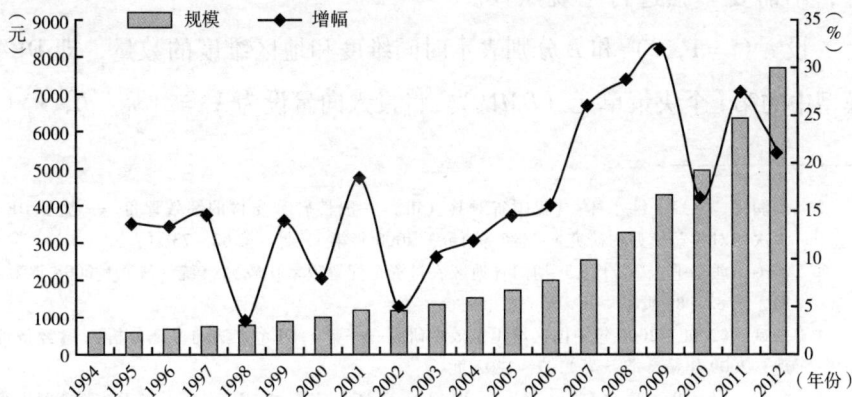

图 8-3　1994~2012 年云南省人均一般预算支出增长情况

第三节　云南县域经济发展的财政红利测度

云南县域经济发展的财政红利测度，其实质是测度云南财政支出对县域经济发展的资金配置效率，包括总体效率、技术效率和规模效率。具体测度过程为：首先，选择测度方法体系；其次，构建投入产出指标体系；再次，收集相关数据，采用 EMS 软件进行实证测度与分解；最后，进行相关结果分析。

一　测度方法选择

构建云南县域经济发展财政红利测度评价体系，需要解决的关键性问题是选取科学的测度和分解方法。本章在借鉴伏润民等（2008）[①]、温涛和熊德平（2008）[②]、杨斌（2009）[③] 等研究文献的基础上，选择采用 A. Charnes 等（1978）[④] 创建的数据包络模型（DEA）。该方法在进行投入产出效率评价过程中具有较大的优势：一是可以避免线性方程回归分析仅能考虑单个变量产出存在的局限；二是在 DEA 模型中可以考虑技术条件和规模报酬对投入产出效率的影响；三是 DEA 模型根据最优生产前沿面赋予不同产出变量的权重，不需要单独进行主观赋权。

设 i（$i=1,2$）和 L 分别表示时间维度和地区维度的数量，即 DEA 模型中的第 i 个决策单元（DMU_i）。将投入向量设为 $X_i = [x_{1i}, L, x_{qi}]$，

---

① 伏润民、常斌、缪小林：《我省省对县（市）一般性转移支付的绩效评价——基于 DEA 二次相对效益模型的研究》，《经济研究》2008 年第 11 期，第 62～73 页。

② 温涛、熊德平：《"十五"期间各地区农村资金配置效率比较》，《统计研究》2008 年第 4 期，第 82～89 页。

③ 杨斌：《2000～2006 年中国区域生态效率研究——基于 DEA 方法的实证分析》，《经济地理》2009 年第 7 期，第 1197～1202 页。

④ A. Charnes, W. W. Cooper and E. Rhodes, "Measuring the Efficiency of Decision Making Units", *European Journal of Operational Research*, 1978, 2 (6).

即 DMU_i 的投入量，$x_{qi} > 0$，表示指标体系中的财政支出投入；将产出变量设为 $Y_i = [y_{1i}, L, y_{ri}]$，即 DMU_i 的 r 个产出量，$x_{ri} > 0$，表示产出指标体系中反映县域经济发展的指标。根据魏权龄（2003）[①] 所构建的 DEA 模型存在不同的形式，不同形式的模型所反映的效率内涵也具有差异。

1. 财政红利的总体效率

总体效率主要采用具有不变规模报酬的 C^2R 模型计算，其生产可能集为：

$$T_{C^2R} = \left\{ (X,Y) \;\middle|\; \sum_{i=1}^{L} X_i\lambda_i \leq X, \sum_{i=1}^{L} Y_i\lambda_i \geq Y, \lambda_i \geq 0, i = 1,2,\cdots \right\} \quad (8-5)$$

基于以上生产可能集，设财政红利的总体效率为 θ_1，任一 i_0 个决策单元 DMU_{i_0} 的投入向量为 X_{i_0}，产出向量为 Y_{i_0}，重新构造一个有效决策单元 DMU 组合中第 i 个决策单元 DMU 的组合比例为 λ_i，则 C^2R 模型的线性规划模型可表示为：

$$\begin{cases} \min\theta_1 \\ S.t \displaystyle\sum_{i=1}^{L} X_i\lambda_i \leq \theta_1 X_{i_0} \\ \displaystyle\sum_{i=1}^{L} Y_i\lambda_i \geq Y_{i_0} \\ \lambda_i \geq 0 \\ i = 1,2,\cdots,L \end{cases} \quad (8-6)$$

通过以上线性规划模型可计算财政红利的总体效率 θ_1，如果 $\theta_1 = 1$，则表示总效率有效；如果 $\theta_1 < 1$，则表示总效率无效。

[①] 魏权龄：《数据包络分析》，科学出版社，2003。

2. 财政红利的技术效率

技术效率主要采用具有可变规模报酬的 BC^2 模型计算，其生产可能集为：

$$T_{BC^2} = \left\{ (X,Y) \,\Big|\, \sum_{i=1}^{L} X_i \lambda_i \leqslant X, \sum_{i=1}^{L} Y_i \lambda_i \geqslant Y, \sum_{i=1}^{L} \lambda_i = 1, \lambda_i \geqslant 0, i = 1, 2, \cdots \right\}$$

$$(8-7)$$

基于以上生产可能集，设财政红利的技术效率为 θ_2，任一 i_0 个决策单元 DMU_{i_0} 的投入向量为 X_{i_0}，产出向量为 Y_{i_0}，重新构造一个有效决策单元 DMU 组合中第 i 个决策单元 DMU 的组合比例为 λ_i，则 BC^2 模型的线性规划模型可表示为：

$$\begin{cases} \min \theta_2 \\ S.t \displaystyle\sum_{i=1}^{L} X_i \lambda_i \leqslant \theta_2 X_{i_0} \\ \displaystyle\sum_{i=1}^{L} Y_i \lambda_i \geqslant Y_{i_0} \\ \lambda_i \geqslant 0, \displaystyle\sum_{i=1}^{L} \lambda_i = 1 \\ i = 1, 2, \cdots, L \end{cases} \qquad (8-8)$$

通过以上线性规划模型可计算财政红利的技术效率 θ_2，如果 $\theta_2 = 1$，则表示技术效率有效；如果 $\theta_2 < 1$，则表示技术效率无效。

3. 财政红利的规模效率

主要根据总体效率和技术效率计算财政红利的规模效率 θ_3，计算公式如下：

$$\theta_3 = \frac{\theta_1}{\theta_2} \qquad (8-9)$$

如果 $\theta_3 = 1$，则表示规模报酬有效；如果 $\theta_3 < 1$，则表示规模报酬无效。但还要与具有非增规模报酬的 FG 模型所计算的效率 θ_4 进行比较，才能判断属于规模递增或规模递减所导致的规模无效。

具有非增规模报酬的 FG 模型的生产可能集为：

$$T_{FG} = \left\{ (X,Y) \;\middle|\; \sum_{i=1}^{L} X_i \lambda_i \leqslant X, \sum_{i=1}^{L} Y_i \lambda_i \geqslant Y, \sum_{i=1}^{L} \lambda_i \leqslant 1, \lambda_i \geqslant 0, i = 1,2,\cdots \right\}$$

$$(8-10)$$

基于以上生产可能集，设任一 i_0 个地区（决策单元 DMU_{i_0}）的投入向量为 X_{i_0}，产出向量为 Y_{i_0}，重新构造一个有效决策单元 DMU 组合中第 i 个决策单元 DMU 的组合比例为 λ_i，则 FG 模型的线性规划模型可表示为：

$$\begin{cases} \min \theta_4 \\ S.t \displaystyle\sum_{i=1}^{L} X_i \lambda_i \leqslant \theta_4 X_{i_0} \\ \displaystyle\sum_{i=1}^{L} Y_i \lambda_i \geqslant Y_{i_0} \\ \lambda_i \geqslant 0, \displaystyle\sum_{i=1}^{L} \lambda_i \leqslant 1 \\ i = 1,2,\cdots,L \end{cases} \qquad (8-11)$$

通过以上线性规划模型可以计算 θ_4，如果 $\theta_4 = \theta_1$，则表示规模报酬递增，即投入不足导致的规模无效；如果 $\theta_4 = \theta_2$，则表示规模报酬递减，表示投入过多导致的规模无效。

二　纵向时间维度的财政红利变化与分析

纵向时间维度的财政红利，主要以财政支出为投入变量，以反映县域经济发展的经济、负债、社会和生态方面的指标为产出变量，对 1994～2011 年云南省县域经济发展的财政资金配置效率进行测度与分解。具体包括财政资金配置的总体效率、技术效率和规模效率，其中财政资金配置的总体效率主要取决于技术效率和规模效率，财政资金配置的技术效率主要是指财政资金配置机制和相关制度运行的效率，财政资金配置的规模效率主要是指规模报酬递增反映的投入不足或规模报酬递减反映的投入过剩。

1994~2011 年云南省县域经济发展财政红利变化及结构见表 8-2。

表 8-2　1994~2011 年云南省县域经济发展财政红利变化及结构

年份	总体效率	技术效率		规模效率	
		效率值	效率状态	效率值	效率状态
1994	1.0000	1.0000	技术有效	1.0000	规模有效
1995	1.0000	1.0000	技术有效	1.0000	规模有效
1996	1.0000	1.0000	技术有效	1.0000	规模有效
1997	0.9869	1.0000	技术有效	0.9869	规模递减
1998	1.0000	1.0000	技术有效	1.0000	规模有效
1999	0.9582	1.0000	技术有效	0.9582	规模递减
2000	1.0000	1.0000	技术有效	1.0000	规模有效
2001	0.9120	1.0000	技术有效	0.9120	规模递减
2002	0.8985	1.0000	技术有效	0.8985	规模递减
2003	0.8623	1.0000	技术有效	0.8623	规模递减
2004	0.8990	1.0000	技术有效	0.8990	规模递减
2005	0.8770	1.0000	技术有效	0.8770	规模递减
2006	0.8624	1.0000	技术有效	0.8624	规模递减
2007	0.8359	1.0000	技术有效	0.8359	规模递减
2008	0.8143	1.0000	技术有效	0.8143	规模递减
2009	0.6973	1.0000	技术有效	0.6973	规模递减
2010	0.6572	1.0000	技术有效	0.6572	规模递减
2011	0.5954	1.0000	技术有效	0.5954	规模递减

注：规模报酬的效率状态主要根据纯技术效率、规模报酬效率及规模参考效率比较得到。

1. 1994~2011 年云南财政红利的总体效率分析

从表 8-2 显示的数据可知，1994~2011 年，云南财政资金配置的总体效率在 1994~2000 年基本保持在 1.000 的相对较高水平，但从 2001 年开始逐年下滑，一直下降到 2011 年的 0.5954。可见，虽然经济、社会和生态等各项指标均呈现增长趋势，但相对于财政资金投入，其增长速度还较为缓慢，财政资金的配置效率逐年递减。究其原因，需要对财政红利的总体效率进行技术效率与规模效率的分解与分析。

2. 1994～2011 年云南财政红利的技术效率分析

从技术效率看，1994～2011 年云南财政资金配置效率均为 1.0000，反映出长期以来云南省在财政资金配置制度运行上一直处于最佳态势，这得益于近年来云南财政所推行的一系列改革。云南省不断规范财政管理体制，财政管理水平得到显著提高。具体来看，实施分税制改革以来，全省各级财政部门以实现财政管理的科学化、精细化为手段，以提高财政资金的使用效益为目标，逐步建立起管理规范、运转有序、公开透明、充满生机、富有活力、有利于科学发展的财政管理体制。具体包括以下几个方面。

一是财政体制改革的推进。及时调整完善省对下财政管理体制，不断增强基层财政的保障能力，稳步推进基本公共服务均等化。积极开展省直管县财政改革试点，全面推进乡镇财政管理改革，有效缓解县乡财政困难。

二是预算管理改革的深化。深入推进部门预算改革，认真实行预算编审集体审核决策制度，积极开展部门预算内部公示试点，着力推动预算管理科学化、精细化、理性化、民主化。不断扩大国库集中支付改革范围，有效减少财政资金被截留、挤占、挪用的现象，进一步强化政府采购管理。

三是财政收支管理的强化。着力深化"收支两条线"管理改革，切实强化非税收入管理。积极实施行政事业单位经营性国有资产管理改革。财政监督检查和支出绩效评价体系更加健全完善，财务会计监管更加有力有效；着重加大对重大财政政策执行和涉及民生资金的监督力度，自觉主动接受人大、审计及社会各方面的监督，努力形成财政资金使用监管合力。

四是收入分配管理的规范。加快规范收入分配秩序，及时建立健全比较规范、公平的公务员津补贴制度，稳步推进事业单位绩效工资改革，农村税费改革进入农村综合改革新阶段，农业税、牧业税和农业特产税全面取消，收入分配更加规范合理。

3. 1994～2011 年云南财政红利的规模效率分析

既然财政资金配置的技术效率始终保持最优状态，总体效率逐年下降的主要原因就是规模报酬问题。从规模报酬效率看，1994～2000年还基本保持财政资金配置的规模有效状态，但从 2001 年开始，云南财政资金投入基本处于规模无效状态，进一步通过比较发现是规模报酬递减。换句话说，从 2001 年开始，伴随着云南财政资金投入的不断增多，较大的资金规模没有得到合理有效的利用，资金配置已经难以满足资金规模不断扩大的需求。财政资金规模报酬递减的一个重要原因是，与财政资金共同促进县域经济发展的其他要素及改革配套措施缺乏，如基于发展供给视角的创新技术、人力资本和金融资本等要素，基于发展需求视角的居民消费、社会投资等要素。所以，尽管云南省财政投入在不断增大，资金分配及管理也在不断创新，但在引导其他要素发挥作用方面还处于滞后状态。这就需要财政职能进一步转型，合理确定财政支出投向，同时更需要加快除财政外的其他相关经济发展改革。

三 横向县域维度的财政红利差异与分析

横向县域维度的财政红利，也是以财政支出为投入变量，以反映县域经济发展的经济、负债、社会和生态方面的指标为产出变量，对云南省129个县（市、区）经济发展的财政资金配置效率进行测度与分解，包括财政资金配置的总体效率、技术效率和规模效率。

云南省129个县（市、区）县域经济财政红利分布及结构见表8－3。

表8－3　云南省129个县（市、区）县域经济财政红利分布及结构

地区代码	地区名称	总体效率	技术效率		规模效率	
			效率值	效率状态	效率值	效率状态
0101	盘龙区	1.0000	1.0000	技术有效	1.0000	规模有效
0102	五华区	1.0000	1.0000	技术有效	1.0000	规模有效
0103	西山区	1.0000	1.0000	技术有效	1.0000	规模有效
0104	官渡区	1.0000	1.0000	技术有效	1.0000	规模有效
0105	呈贡县	1.0000	1.0000	技术有效	1.0000	规模有效
0106	安宁市	1.0000	1.0000	技术有效	1.0000	规模有效
0107	富民县	0.8943	1.0000	技术有效	0.8943	规模递减
0108	晋宁县	0.9276	1.0000	技术有效	0.9276	规模递减
0109	宜良县	1.0000	1.0000	技术有效	1.0000	规模有效
0110	石林县	0.9771	1.0000	技术有效	0.9771	规模递减
0111	嵩明县	1.0000	1.0000	技术有效	1.0000	规模有效
0112	禄劝县	1.0000	1.0000	技术有效	1.0000	规模有效
0113	东川区	0.7731	1.0000	技术有效	0.7731	规模递减
0114	寻甸县	1.0000	1.0000	技术有效	1.0000	规模有效
0301	昭阳区	1.0000	1.0000	技术有效	1.0000	规模有效
0302	鲁甸县	0.9912	1.0000	技术有效	0.9912	规模递减
0303	巧家县	1.0000	1.0000	技术有效	1.0000	规模有效
0304	盐津县	0.9798	0.9864	技术无效	0.9933	规模递增
0305	大关县	0.9364	0.9471	技术无效	0.9887	规模递增
0306	永善县	0.9987	1.0000	技术有效	0.9987	规模递减
0307	绥江县	0.9192	0.9222	技术无效	0.9967	规模递增
0308	镇雄县	1.0000	1.0000	技术有效	1.0000	规模有效
0309	彝良县	0.9864	0.9879	技术无效	0.9985	规模递减
0310	威信县	0.9847	1.0000	技术有效	0.9847	规模递减
0311	水富县	0.9275	1.0000	技术有效	0.9275	规模递减
0401	麒麟区	1.0000	1.0000	技术有效	1.0000	规模有效
0402	沾益县	1.0000	1.0000	技术有效	1.0000	规模有效
0403	马龙县	0.9275	1.0000	技术有效	0.9275	规模递减
0404	宣威市	1.0000	1.0000	技术有效	1.0000	规模有效
0405	富源县	0.9762	0.9826	技术无效	0.9935	规模递减

续表

地区代码	地区名称	总体效率	技术效率		规模效率	
			效率值	效率状态	效率值	效率状态
0406	罗平县	1.0000	1.0000	技术有效	1.0000	规模有效
0407	师宗县	0.9556	0.9556	技术无效	1.0000	规模有效
0408	陆良县	0.9972	0.9987	技术无效	0.9985	规模递增
0409	会泽县	0.9994	1.0000	技术有效	0.9994	规模递减
0501	红塔区	1.0000	1.0000	技术有效	1.0000	规模有效
0502	通海县	1.0000	1.0000	技术有效	1.0000	规模有效
0503	江川县	1.0000	1.0000	技术有效	1.0000	规模有效
0504	澄江县	0.9477	1.0000	技术有效	0.9477	规模递减
0505	华宁县	0.9709	1.0000	技术有效	0.9709	规模递减
0506	易门县	0.9153	0.9171	技术无效	0.9980	规模递减
0507	峨山县	0.9487	1.0000	技术有效	0.9487	规模递减
0508	新平县	0.9142	1.0000	技术有效	0.9142	规模递减
0509	元江县	0.9515	1.0000	技术有效	0.9515	规模递减
0601	个旧市	0.9467	1.0000	技术有效	0.9467	规模递减
0602	开远市	1.0000	1.0000	技术有效	1.0000	规模有效
0603	蒙自县	1.0000	1.0000	技术有效	1.0000	规模有效
0604	建水县	1.0000	1.0000	技术有效	1.0000	规模有效
0605	石屏县	0.9669	1.0000	技术有效	0.9669	规模递减
0606	弥勒县	1.0000	1.0000	技术有效	1.0000	规模有效
0607	泸西县	0.9823	1.0000	技术有效	0.9823	规模递减
0608	屏边县	0.9731	1.0000	技术有效	0.9731	规模递减
0609	河口县	0.9293	1.0000	技术有效	0.9293	规模递减
0610	金平县	0.9954	1.0000	技术有效	0.9954	规模递减
0611	元阳县	1.0000	1.0000	技术有效	1.0000	规模有效
0612	红河县	1.0000	1.0000	技术有效	1.0000	规模有效
0613	绿春县	0.9257	0.9490	技术无效	0.9754	规模递减
0701	文山县	0.9487	0.9488	技术无效	0.9999	规模递增
0702	砚山县	0.9983	1.0000	技术有效	0.9983	规模递减
0703	西畴县	0.9373	1.0000	技术有效	0.9373	规模递减
0704	麻栗坡县	0.9055	0.9235	技术无效	0.9805	规模递减
0705	马关县	0.9875	1.0000	技术有效	0.9875	规模递减

续表

地区代码	地区名称	总体效率	技术效率		规模效率	
			效率值	效率状态	效率值	效率状态
0706	丘北县	1.0000	1.0000	技术有效	1.0000	规模有效
0707	广南县	1.0000	1.0000	技术有效	1.0000	规模有效
0708	富宁县	0.9726	1.0000	技术有效	0.9726	规模递减
0801	思茅区	1.0000	1.0000	技术有效	1.0000	规模有效
0802	宁洱县	0.9059	1.0000	技术有效	0.9059	规模递减
0803	墨江县	1.0000	1.0000	技术有效	1.0000	规模有效
0804	景谷县	0.9658	1.0000	技术有效	0.9658	规模递减
0805	镇沅县	0.9710	1.0000	技术有效	0.9710	规模递减
0806	景东县	1.0000	1.0000	技术有效	1.0000	规模有效
0807	江城县	0.8792	1.0000	技术有效	0.8792	规模递减
0808	澜沧县	0.9703	1.0000	技术有效	0.9703	规模递减
0809	孟连县	0.8964	1.0000	技术有效	0.8964	规模递减
0810	西盟县	0.8583	0.9456	技术无效	0.9077	规模递减
0901	景洪市	1.0000	1.0000	技术有效	1.0000	规模有效
0902	勐海县	0.9863	1.0000	技术有效	0.9863	规模递减
0903	勐腊县	1.0000	1.0000	技术有效	1.0000	规模有效
1001	楚雄市	1.0000	1.0000	技术有效	1.0000	规模有效
1002	双柏县	0.9555	1.0000	技术有效	0.9555	规模递减
1003	牟定县	1.0000	1.0000	技术有效	1.0000	规模有效
1004	南华县	0.9845	1.0000	技术有效	0.9845	规模递减
1005	姚安县	0.9705	1.0000	技术有效	0.9705	规模递减
1006	大姚县	0.9882	1.0000	技术有效	0.9882	规模递减
1007	永仁县	0.8659	1.0000	技术有效	0.8659	规模递减
1008	元谋县	0.9828	1.0000	技术有效	0.9828	规模递减
1009	武定县	0.9837	1.0000	技术有效	0.9837	规模递减
1010	禄丰县	0.9668	0.9673	技术无效	0.9995	规模递减
1101	大理市	0.9747	1.0000	技术有效	0.9747	规模递减
1102	漾濞县	0.9888	1.0000	技术有效	0.9888	规模递减
1103	祥云县	1.0000	1.0000	技术有效	1.0000	规模有效
1104	宾川县	0.9786	1.0000	技术有效	0.9786	规模递减
1105	弥渡县	1.0000	1.0000	技术有效	1.0000	规模有效

地区代码	地区名称	总体效率	技术效率		规模效率	
			效率值	效率状态	效率值	效率状态
1106	南涧县	1.0000	1.0000	技术有效	1.0000	规模有效
1107	巍山县	1.0000	1.0000	技术有效	1.0000	规模有效
1108	永平县	0.9412	0.9458	技术无效	0.9951	规模递增
1109	云龙县	0.9265	1.0000	技术有效	0.9265	规模递减
1110	洱源县	1.0000	1.0000	技术有效	1.0000	规模有效
1111	剑川县	0.9687	1.0000	技术有效	0.9687	规模递减
1112	鹤庆县	0.9972	1.0000	技术有效	0.9972	规模递减
1201	隆阳区	1.0000	1.0000	技术有效	1.0000	规模有效
1202	施甸县	0.9432	0.9512	技术无效	0.9916	规模递增
1203	腾冲县	0.9517	0.9521	技术无效	0.9996	规模递增
1204	昌宁县	0.9461	0.9578	技术无效	0.9878	规模递增
1205	龙陵县	0.9656	0.9939	技术无效	0.9715	规模递减
1301	潞西市	0.9510	0.9708	技术无效	0.9796	规模递减
1302	梁河县	0.9601	1.0000	技术有效	0.9601	规模递减
1303	盈江县	0.8590	0.8638	技术无效	0.9944	规模递减
1304	陇川县	0.8913	1.0000	技术有效	0.8913	规模递减
1305	瑞丽市	0.8431	1.0000	技术有效	0.8431	规模递减
1401	古城区	0.9602	1.0000	技术有效	0.9602	规模递减
1402	永胜县	1.0000	1.0000	技术有效	1.0000	规模有效
1403	华坪县	0.8392	0.8779	技术无效	0.9559	规模递减
1404	宁蒗县	0.9251	1.0000	技术有效	0.9251	规模递减
1405	玉龙县	0.9665	1.0000	技术有效	0.9665	规模递减
1501	兰坪县	0.9236	1.0000	技术有效	0.9236	规模递减
1502	福贡县	0.8653	1.0000	技术有效	0.8653	规模递减
1503	贡山县	0.7318	1.0000	技术有效	0.7318	规模递减
1504	泸水县	0.9806	1.0000	技术有效	0.9806	规模递减
1601	香格里拉县	0.8226	1.0000	技术有效	0.8226	规模递减
1602	维西县	0.8745	1.0000	技术有效	0.8745	规模递减
1603	德钦县	0.6597	1.0000	技术有效	0.6597	规模递减
1701	凤庆县	0.9874	1.0000	技术有效	0.9874	规模递减
1702	云县	0.9802	0.9808	技术无效	0.9994	规模递增

续表

地区代码	地区名称	总体效率	技术效率		规模效率	
			效率值	效率状态	效率值	效率状态
1703	临翔区	1.0000	1.0000	技术有效	1.0000	规模有效
1704	永德县	1.0000	1.0000	技术有效	1.0000	规模有效
1705	镇康县	0.8557	0.8614	技术无效	0.9934	规模递增
1706	双江县	0.9005	0.9009	技术无效	0.9996	规模递减
1707	耿马县	0.9112	0.9335	技术无效	0.9761	规模递减
1708	沧源县	0.8798	0.8893	技术无效	0.9893	规模递减

注：规模报酬的效率状态主要根据纯技术效率、规模报酬效率及规模参考效率比较得到。

1. 云南省129个县（市、区）财政红利的总体效率分析

财政红利的总体效率主要反映县域经济发展中财政资金配置的总体情况，总体效率越高，资金配置就越好。全省129个县（市、区）财政资金配置总体效率均值为0.9578，其中，有44个县（市、区）财政资金配置总体效率为1.0000，达到最优生产前沿面，占34.11%；有85个县（市、区）财政资金配置总体效率小于1.0000，远离最优生产前沿面，占65.89%。

云南省分州（市）财政红利总体效率情况见表8-4。

表8-4　云南省分州（市）财政红利总体效率情况

地州名称	效率均值	总体有效(=1)		总体无效(<1)	
		占比(%)	县区名称	占比(%)	县区名称
昆明市	0.9694	71.43	盘龙区、五华区、西山区、官渡区、呈贡县、安宁市、宜良县、嵩明县、禄劝县、寻甸县	28.57	富民县、晋宁县、石林县、东川区

地州名称	效率均值	总体有效（=1）		总体无效（<1）	
		占比（%）	县区名称	占比（%）	县区名称
昭通市	0.9749	27.27	昭阳区、巧家县、镇雄县	72.73	鲁甸县、盐津县、大关县、永善县、绥江县、彝良县、威信县、水富县
曲靖市	0.9840	44.44	麒麟区、沾益县、宣威市、罗平县	55.56	马龙县、富源县、师宗县、陆良县、会泽县
玉溪市	0.9609	33.33	红塔区、通海县、江川县	66.67	澄江县、华宁县、易门县、峨山县、新平县、元江县
红河州	0.9784	46.15	开远市、蒙自县、建水县、弥勒县、元阳县、红河县	53.85	个旧市、石屏县、泸西县、屏边县、河口县、金平县、绿春县
文山州	0.9687	25.00	丘北县、广南县	75.00	文山县、砚山县、西畴县、麻栗坡县、马关县、富宁县
普洱市	0.9447	30.00	思茅区、墨江县、景东县	70.00	宁洱县、景谷县、镇沅县、江城县、澜沧县、孟连县、西盟县
版纳州	0.9954	66.67	景洪市、勐腊县	33.33	勐海县
楚雄州	0.9698	20.00	楚雄市、牟定县	80.00	双柏县、南华县、姚安县、大姚县、永仁县、元谋县、武定县、禄丰县
大理州	0.9813	41.67	祥云县、弥渡县、南涧县、巍山县、洱源县	58.33	大理市、漾濞县、宾川县、永平县、云龙县、剑川县、鹤庆县
保山市	0.9613	20.00	隆阳区	80.00	施甸县、腾冲县、昌宁县、龙陵县
德宏州	0.9009	0		100	潞西市、梁河县、盈江县、陇川县、瑞丽市
丽江市	0.9382	20.00	永胜县	80	古城区、华坪县、宁蒗县、玉龙县
怒江州	0.8753	0		100	兰坪县、福贡县、贡山县、泸水县
迪庆州	0.7856	0		100	香格里拉县、维西县、德钦县
临沧市	0.9394	25.00	临翔区、永德县	75.00	凤庆县、云县、镇康县、双江县、耿马县、沧源县

2. 云南省129个县（市、区）财政红利的技术效率分析

财政红利的技术效率主要反映财政资金配置的机制和相关制度的运行情况，技术效率越高，说明财政管理制度较为规范，相关资金配置办法较为科学。在全省129个县（市、区）中，有103个县（市、区）财政资金配置技术效率为1.0000，达到最优技术生产前沿面，但也有26个县（市、区）财政资金配置技术效率小于1.0000，说明云南省绝大部分县（市、区）财政资金配置机制和制度运行较好，但仍然有部分县（市、区）的财政资金管理有待进一步完善。

云南省分州（市）财政红利技术效率情况见表8-5。

表8-5 云南省分州（市）财政红利技术效率情况

地州名称	效率均值	技术有效(=1)		技术无效(<1)	
		占比(%)	县区名称	占比(%)	县区名称
昆明市	1.0000	100	盘龙区、五华区、西山区、官渡区、呈贡县、安宁市、富民县、晋宁县、宜良县、石林县、嵩明县、禄劝县、东川区、寻甸县	0	
昭通市	0.9858	63.64	昭阳区、鲁甸县、巧家县、永善县、镇雄县、威信县、水富县	36.36	盐津县、大关县、绥江县、彝良县
曲靖市	0.9930	66.67	麒麟区、沾益县、马龙县、宣威市、罗平县、会泽县	33.33	富源县、师宗县、陆良县
玉溪市	0.9908	88.89	红塔区、通海县、江川县、澄江县、华宁县、峨山县、新平县、元江县	11.11	易门县
红河州	0.9961	92.31	个旧市、开远市、蒙自县、建水县、石屏县、弥勒县、泸西县、屏边县、河口县、金平县、元阳县、红河县	7.69	绿春县
文山州	0.9840	75.00	砚山县、西畴县、马关县、丘北县、广南县、富宁县	25.00	文山县、麻栗坡县

续表

地州名称	效率均值	技术有效（=1）			技术无效（<1）	
		占比（%）	县区名称		占比（%）	县区名称
普洱市	0.9946	90.00	思茅区、宁洱县、墨江县、景谷县、镇沅县、景东县、江城县、澜沧县、孟连县		10.00	西盟县
版纳州	1.0000	100	景洪市、勐海县、勐腊县		0	
楚雄州	0.9967	90.00	楚雄市、双柏县、牟定县、南华县、姚安县、大姚县、永仁县、元谋县、武定县		10.00	禄丰县
大理州	0.9955	91.67	大理市、漾濞县、祥云县、宾川县、弥渡县、南涧县、巍山县、云龙县、洱源县、剑川县、鹤庆县		8.33	永平县
保山市	0.9710	20.00	隆阳区		80.00	施甸县、腾冲县、昌宁县、龙陵县
德宏州	0.9669	60.00	梁河县、陇川县、瑞丽市		40.00	潞西市、盈江县
丽江市	0.9756	80.00	古城区、永胜县、宁蒗县、玉龙县		20.00	华坪县
怒江州	1.0000	100	兰坪县、福贡县、贡山县、泸水县		0	
迪庆州	1.0000	100	香格里拉县、维西县、德钦县		0	
临沧市	0.9457	37.50	凤庆县、临翔区、永德县		62.50	云县、镇康县、双江县、耿马县、沧源县

3. 云南省129个县（市、区）财政红利的规模效率分析

财政红利的规模效率主要反映财政资金配置的要素配比关系，即财政资金投入过程中的规模效益实现情况。规模有效说明财政资金投入与县域经济发展需求相适应，规模无效包括规模报酬递增和规模报酬递减，其中规模报酬递增说明财政资金投入不足导致的效

率低下，规模报酬递减说明其他要素投入缺乏、财政资金投入相对过剩导致的效率低下。在全省 129 个县（市、区）中，有 45 个县（市、区）规模有效，占 34.88%；有 73 个县（市、区）规模递减，占 56.59%；有 11 个县（市、区）规模递增，占 8.53%。

云南省分州（市）财政红利规模效率情况见表 8-6。

表 8-6　云南省分州（市）财政红利规模效率情况

单位：%

地州名称	规模有效		规模递减		规模递增	
	占比	县区名称	占比	县区名称	占比	县区名称
昆明市	71.43	盘龙区、五华区、西山区、官渡区、呈贡县、安宁市、宜良县、嵩明县、禄劝县、寻甸县	28.57	富民县、晋宁县、石林县、东川区	0	
昭通市	27.27	昭阳区、巧家县、镇雄县	45.45	鲁甸县、永善县、彝良县、威信县、水富县	27.27	盐津县、大关县、绥江县
曲靖市	55.56	麒麟区、沾益县、宣威市、罗平县、师宗县	33.33	马龙县、富源县、会泽县	11.11	陆良县
玉溪市	33.33	红塔区、通海县、江川县	66.67	澄江县、华宁县、易门县、峨山县、新平县、元江县	0	
红河州	46.15	开远市、蒙自县、建水县、弥勒县、元阳县、红河县	53.85	个旧市、石屏县、泸西县、屏边县、河口县、金平县、绿春县	0	
文山州	25.00	丘北县、广南县	62.50	砚山县、西畴县、麻栗坡县、马关县、富宁县	12.50	文山县
普洱市	30.00	思茅区、墨江县、景东县	70.00	宁洱县、景谷县、镇沅县、江城县、澜沧县、孟连县、西盟县	0	
版纳州	66.67	景洪市、勐腊县	33.33	勐海县	0	
楚雄州	20.00	楚雄市、牟定县	80.00	双柏县、南华县、姚安县、大姚县、永仁县、元谋县、武定县、禄丰县	0	

地州名称	规模有效		规模递减		规模递增	
	占比	县区名称	占比	县区名称	占比	县区名称
大理州	41.67	祥云县、弥渡县、南涧县、巍山县、洱源县	50.00	大理市、漾濞县、宾川县、云龙县、剑川县、鹤庆县	8.33	永平县
保山市	20.00	隆阳区	20.00	龙陵县	60.00	施甸县、腾冲县、昌宁县
德宏州	0		100	潞西市、梁河县、盈江县、陇川县、瑞丽市	0	
丽江市	20.00	永胜县	80.00	古城区、华坪县、宁蒗县、玉龙县	0	
怒江州	0		100	兰坪县、福贡县、贡山县、泸水县	0	
迪庆州	0		100	香格里拉县、维西县、德钦县	0	
临沧市	25.00	临翔区、永德县	50.00	凤庆县、双江县、耿马县、沧源县	25.00	云县、镇康县

第九章　应用咨询：结论判断、制度框架与财政政策

本书以区域经济理论和发展经济理论，以及国内外县域经济发展实践经验等为逻辑起点，重点研究以下六个问题：①桥头堡战略下云南县域经济跨越式发展的基本内涵；②云南县域经济发展：基于全国视角的评价与比较；③桥头堡战略下云南县域经济发展：机遇、特征与分布；④云南县域经济发展的内生动力机制；⑤云南县域经济发展与城镇化；⑥云南县域经济发展的财政红利挖掘。基于上述研究，以下将对云南县域经济发展做出结论性的判断，并依此为依据构建实现云南县域经济跨越式发展的制度及政策框架。

第一节　云南县域经济发展：一个结论性的判断

对云南县域经济发展的判断，主要基于本书的研究内容及得出的结论，重点从发展定位、水平位次、区域分布、动机机制以及县域经济发展与财政体制、地方债务、公共服务和城镇化的关系等方面进行逐一解答。

一　如何理解云南县域经济跨越式发展？

——云南县域经济跨越式发展可以归结为紧抓机遇、落实要求、挖掘自我、把握核心"四位一体"的范畴。

发展的基础在于定位。如何理解桥头堡战略下的县域经济跨越式发展，是本书研究的核心内容，也是实现这一目标的重要前提。通过对区域经济和发展经济等理论的理解、对国内外县域经济发展实践的借鉴，以及对云南桥头堡战略、跨越式发展、制度设计与财政政策等概念的解读，得出对云南桥头堡战略下县域经济跨越式发展"四位一体"的综合定位。

1. 紧抓机遇

紧抓机遇，是指云南实现县域经济跨越式发展，要紧紧抓住当前云南面向西南开放重要桥头堡的战略机遇。具体来讲，《国务院关于支持云南省加快建设面向西南开放重要桥头堡的意见》（国发〔2011〕11 号）和《云南省加快建设面向西南开放重要桥头堡总体规划（2012～2020 年）》两个重要文件对桥头堡战略进行明确定位，尤其是强调沿边城镇发展、基础设施、能源、交通、水利、物流、产业、金融、生态、教育和文化等各个方面。这既属于一项"兴边富民"的工程，又属于县域经济发展的重要内容。因此，首先就要紧紧抓住桥头堡战略实施所创造的政策和制度条件，通过调整产业结构，培育特色产业，改善基础设施条件，推进县域工业化、信息化、城镇化和农业产业化，不断扩大对内对外开放，实现县域经济跨越式发展。

2. 落实要求

落实要求，是指云南县域经济发展要深入落实省第九次党代会对县域经济发展提出的要求。具体而言：第一，必须加快扩权强县步伐，最大限度地下放经济领域和社会事务管理权限，赋予县（市、区）更大的发展自主权；第二，健全与主体功能区相配套的考核评价体系，完善激励约束机制，鼓励争先进位，把县域经济发展的成效作为领导干部考核任用的重要依据；第三，强化分类指导，加大以奖代补力度，鼓励县（市、区）发挥当地资源和区位优势，打造有自身特色的支柱和优势产业，增强县域经济自我发展能力，形成一批县域经济强县。同时，还要将云南省委提出的"坚定不移推进工业化、信息化、城镇化、农业现代化'四化'同步发展，加快实现县域经济跨越式发展，更好地打造县域经济升级版"，落实到县域经济发展的实践中。

3. 挖掘自我

挖掘自我，是指云南实现县域经济跨越式发展要在合理遵循相关理论和有效借鉴实践经验的基础上，结合自身的优势与劣势，准确确定自身发展的定位及路径。首先，区域经济理论告诉我们，合理的区域布局和区域分工是实现县域经济发展的前提；发展经济理论也告诉我们，要实现县域经济跨越式发展，需要培育县域经济增长极。其次，韩国、日本和美国的实践经验强调，县域经济发展的重点在于培育现代农业、利用自身优势发展特色产业、进行城镇化规划与建设、提供人力资源支撑等；国内实践除了各省具体实施的政策支持外，更多强调产业的发展。最后，结合云南的实际情况来看，市场化程度低、区位不发达、区域不平衡和产业结构失衡是制约县域经济发展的重要瓶颈，要实现县域经济跨越式发展，就要利用云南所具有的资源和能源等优势，充分发挥政府引导职能，优化生产要素及主导产业的空间布局。

4. 把握核心

把握核心，是指准确把握县域经济跨越式发展的内涵。就县域经济而言，存在不同角度的各种认识，包括：基于行政调控视角，县域经济区别于国家经济和区域经济，是以县级政权作为经济的调控主体、坚持市场导向原则的经济体系；基于功能地位视角，县域经济是介于城市经济和农村经济、工业经济和农业经济、宏观经济和微观经济间具有统筹城乡及社会发展功能的经济体系；基于经济系统视角，县域经济被视为县域范围内所有经济要素、生产环节和行为活动等各个方面的集合体。综合来看，县域经济发展就是以县级行政区划为地理空间，以统筹城乡发展为经济目标，以工业化、信息化、城镇化和农业现代化为动力，在市场机制引导下，通过县级政府宏观调控和资源配置形成的具有比较优势和独立特征的区域经济体系。就县域经济跨越式发展而言，可以理解为以下内容。第一，要在县域经济总量上实现进一步突破，要把经济总量这个蛋糕做大做强；在速度上要缩短时间周期，提高效率，在遵循发展规律的前提下，用尽可能短的时间实现经济增长与社会发展的目标。第二，在经济结构上，要优化产业结构，加快产业升级，按照有先有后、有所侧重的原则，扬长避短、集中力量发展优势产业；在发展的质量上，要兼顾当前发展与长远发展，以及经济与社会、生态环境的协调发展，提高经济发展的质量。第三，要将民生问题放在重要的位置，经济的发展和稳定离不开广大群众的支持，要加大教育、医疗卫生、社会保障等方面的投入，为县域经济的可持续发展提供坚实的保障。

二 云南县域经济发展在全国位居何处？

——云南县域经济发展中的经济运行、社会发展、人口发展和城镇化率等，在全国乃至西部地区均处于落后水平，仅资源利用和环境保护方面的指标排名相对靠前。

从县域经济跨越式发展的内涵来看，绝对不是单纯的经济增长，而是包括经济运行、社会发展、人口发展、城镇化率、资源利用和环境保护的综合发展。以 2011 年的数据进行分析，具体如下。

1. 经济运行：云南位居第 30 名

经济运行主要包括人均国内生产总值、人均第二产业产值、人均第三产业产值、人均全社会城镇固定资产投资、人均居民消费支出、城镇居民人均可支配收入、农村居民工资性收入占比和城乡居民收入比 8 个指标的综合评价。

2. 社会状况：云南位居第 28 名

社会状况主要包括千人卫生技术人员数、千人医疗卫生机构床位数、普通学校综合生师比、生均教育经费、广播电视综合覆盖率、城镇用水普及率、城镇燃气普及率、万人拥有公共交通车辆数、人均城镇道路面积、人均公园绿地面积和万人拥有公共厕所数 11 个指标的综合评价。

3. 人口发展：云南位居第 31 名

人口发展主要包括平均受教育年限、平均预期寿命、城镇登记失业率和城市人口密度 4 个指标的综合评价。

4. 城镇化率：云南位居第 29 名

城镇化率主要包括人口城镇化率、空间城镇化率和经济城镇化率 3 个指标的综合评价。

5. 资源利用：云南位居第 5 名

资源利用主要包括人均耕地面积、森林覆盖率、人均水资源量、万元地区生产总值耗能 4 个指标的综合评价。

6. 环境保护：云南位居第 8 名

环境保护主要包括单位面积城市生活垃圾清运量、单位面积生活污水排放量、单位面积工业废水排放量、单位面积工业废气排放量、单位面积工业固体废弃物产生量、生活垃圾无害化处理率、城市污水处理率、工业废气综合去除率、工业固体废弃物处置率、环境污染治理投资占 GDP 比重 10 个指标的综合评价。

三 云南县域经济发展呈现何种分布？

——云南县域经济发展的分布范畴包括先天因素、历史变迁和当前发展分布。

先天因素主要是指地理、人口和自然资源等呈现的分布；历史变迁主要是指云南县域经济发展的历史演进过程；当前发展分布主要是指近年来云南县域经济范畴的经济、社会和生态等发展情况分布。

1. 先天因素分布

从地理情况来看，云南属青藏高原南延部分，地形以元江谷地和云岭山脉南段宽谷为界，分为东、西两部。东部为滇东、滇中高原，地形呈小波状起伏，平均海拔为 2000 米左右，表现为起伏和缓的低山和浑圆丘陵，发育着各种类型的岩溶地形。西部为横断山脉纵谷区，高山深谷相间，相对高差较大，地势险峻，西南部海拔一般为 1500～2200 米，西北部海拔一般为 3000～4000 米。西南部只是到了边境地区，地势才渐趋和缓，这里河谷开阔，海拔一般为 800～1000 米，个别地区下降至 500 米以下，形成云南的主要热带、亚热带地区。云南地理分区有五个特征：一是高原波状起伏；二是高山峡谷相间；三是地势阶梯递降；四是断陷盆地错落；五是江河纵横、湖泊棋布。

从人口情况来看，呈现东、西两部格局，以哀牢山为界，东部土地面积为 18.4 万平方公里，占全省土地总面积的 46.7%；人口占全省总人口的 65.55%。西部土地面积为 21.0 万平方公里，占全省土地总面积的 53.3%；人口占全省总人口的 34.45%。在不到全省面积一半的东部地区，居住着全省约 2/3 的人口。人口分布"东密西疏"。另外，县域人口占全省总人口的 84.85%。从县域人口分布来看，大多集中在东部地区；从城乡人口分布来看，城镇人口占 35.20%，农村人口占 64.80%；从民族人口分布来看，汉族人口占 66.63%，少数民族人口占 33.37%，彝族为云南第一大少数民族。

从自然资源情况看，首先，云南矿产储量大、矿种全。已发现矿产 142 种，有 92 种探明了储量，矿产地有 1274 处。金属矿产遍及全省 108 个县（市），煤炭已在 116 个县（市）被发现，其他非金属矿产各县（市）都有。煤炭主要分布在滇东、滇东北；铁、铜、磷和玻璃石英砂主要分布在滇中，锡、钨、锤、铝主要分布在滇南；铅、钵、金、锑和稀有金属主要分布在滇西。其次，云南是全国植物种类最多的省份。最后，云南的能源资源极为丰富，尤其是水资源，全省地跨六大水系，有 600 多条大小河流，正常年水资源总量为 2222 亿立方米，水能资源理论蕴藏量为 10364 万千瓦，可开发的装机容量为 9000 多万千瓦，年发电量为 3944.5 亿千瓦时。

2. 历史变迁分布

改革开放以来，云南县域经济发展大致可分为四个阶段。第一阶段（县域经济发展起步阶段：1978～1991 年），主要在边疆、民族、山区"三位一体"的省情下，明确了"以农业为基础，发展农业促轻工，依靠轻工积累资金，集中财力保重点建设"的发展思路。第二阶段（县域经济快速改革阶段：1992～1999 年），政府提出了"三结合一体化"的经营体制，即实行城乡结合、科技与经济结合、开放与开发结合、农工商一体化，极大地推动了县域经济改革。第三阶段（县域经济快速发展阶段：2000～2008 年），在西部大开发背景下，云南省委、省政府出台了《关于加快县域经济发展的决定》和《云南省县域经济综合评价及考核办法》等 4 个配套文件，在全省 16 个州（市）认真筛选确定了47个试点县，用2005~2007年3年的时间开展县域经济发展试点工作。同时，加大对贫困县的扶持力度，大力实施整村推进和产业培植、劳动力培训转移"一体两翼"战略，积极推进"兴边富民工程"，并完成了集体林权改革。第四阶段（县域经济发展新机遇阶段：2009年至今），主要是云南桥头堡战略带来新机遇的发展时期。

3. 当前发展分布

鉴于数据资料的可得性，主要从经济运行、社会发展和生态环境三个方面评价了云南省129个县（市、区）的县域经济发展情况。从总体情况来看，经济运行与社会发展呈现正向相关；生态环境分别与经济运行和社会发展呈现弱正相关。图9-1反映了云南省129个县（市、区）的经济运行、社会发展和生态环境情况，并将各类发展分为优势类（1），即发展处于较高水平；中等类（0），即发展处于居中水平；短板类（-1），即发展较为靠后，需要提高。

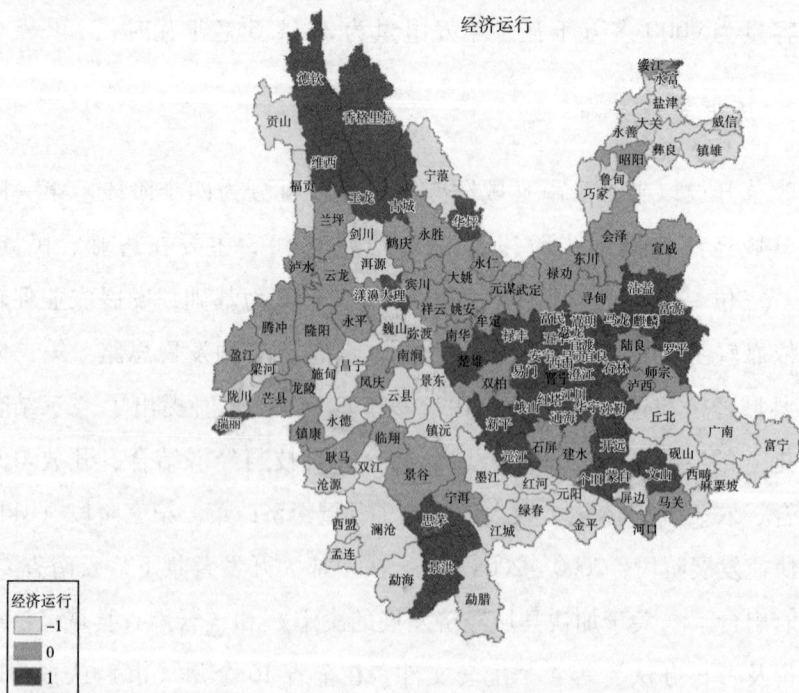

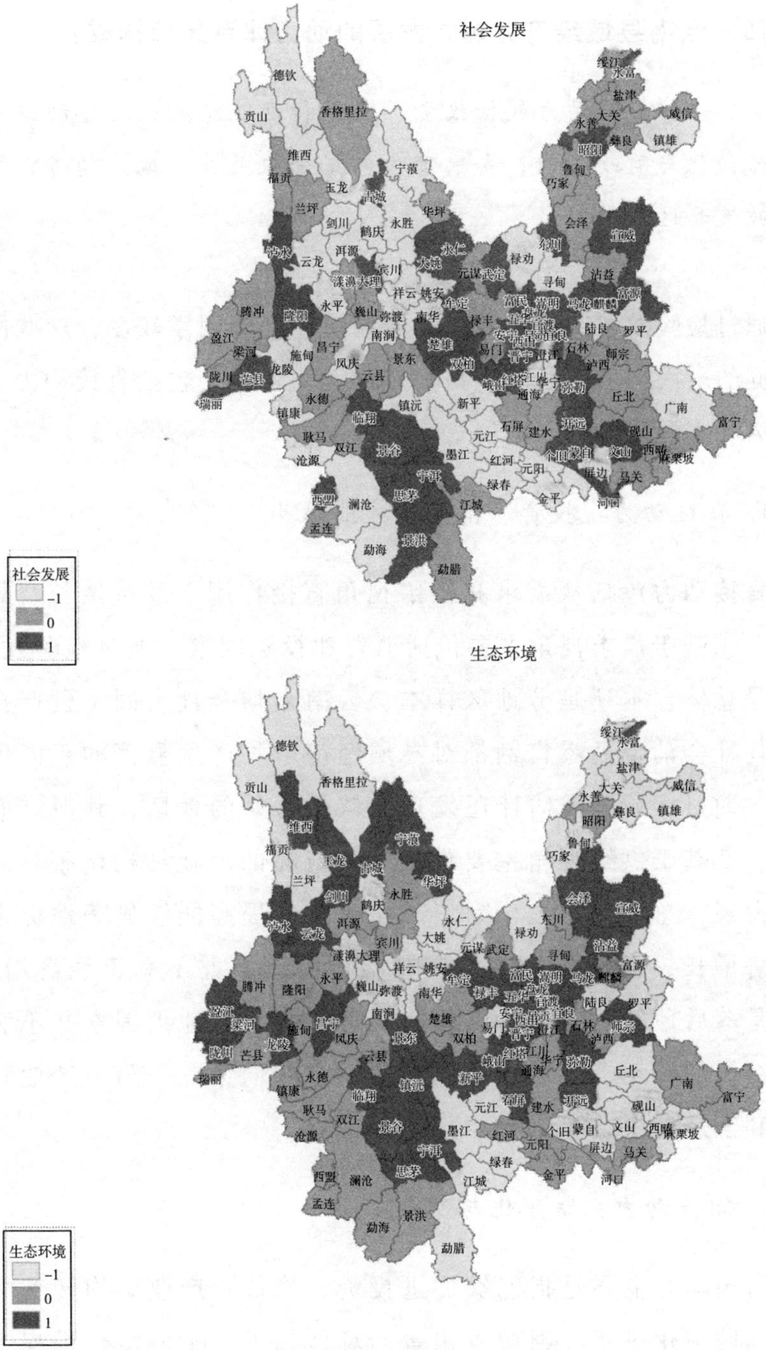

图 9-1 云南县域经济发展分布

四 云南县域经济跨越式发展的动力体系如何构成？

——直接动力包括投资、消费和产业结构；间接动力包括城镇化与财政支出；支配动力包括分权关系、地方债务、特殊政策和区域类型。

通过检验发现，影响云南县域经济发展的因素较多，这些因素从不同的层次构成了县域经济发展的动力体系，包括直接动力、间接动力和支配动力。

1. 直接动力：投资、消费和产业结构

直接动力包括从需求和供给视角直接作用于经济增长，具体如下。①基于需求视角主要包括消费和投资因素，通过检验发现，无论是总体样本还是分地区样本，云南人均全社会固定资产投资和人均社会消费品零售额都对县域经济增长产生显著的正向促进作用，通过区域分类估计还发现，越是落后的地区，其促进效应越强。②基于供给视角主要包括生产范畴的产业结构调整，通过检验发现，总体上第二、第三产业比重的提高能够显著地促进县域经济增长，但在落后地区产业结构的调整并不利于经济增长，原因是落后地区的农业特点较为显著，区位和地理因素并不利于产业结构的转型，强制性地实现第一产业向第二、第三产业转型并不利于经济发展。

2. 间接动力：城镇化与财政支出

间接动力主要是指能够促进投资、消费及产业结构转型的因素，如城镇化进程、财政支出等。具体如下。①城镇化进程主要通过消费、投资和产业转型的传导促进经济增长，通过检验发现，城镇化率的提升总体上对县域经济发展具有显著的促进作用，落后地区的促进效应明显高于发达地区的促进效应。②财政支出本身对县域经济增长同时存在挤出效应和挤入效应，通过检验发现，云南财政支出对县域经济总体上存在促进效应，但是在发达地区这种促进效应不明显甚至为负，原因是发达地区市场机制较为完善，财政支出将对私人投资或私人消费产生较高的挤出效应，当然在落后地区财政支出的挤入效应更加明显，主要发挥着资源配置职能。

3. 支配动力：分权关系、地方债务、特殊政策和区域类型

支配动力主要是指能够影响直接和间接动力与县域经济发展关系的相关因素，如分权关系、地方债务、特殊政策和区域类型，具体如下。①政府间财政分权关系主要通过财政支出的作用影响地方政府行为，进而对县域经济增长产生影响，通过理论推断和实证检验得出其影响效应存在倒"U"形关系。②地方政府债务作为财政支出同样对县域经济产生影响，但由于地方政府债务涉及政府行为选择，因此，存在实现经济增长最快的债务最优点，在此之前，地方政府债务不断使经济增长率提高；在此之后，地方政府债务不断使经济增长率降低。③县域经济发展重点县实施特殊支持政策，这类特征的存在能够提升促进县域经济发展的概率，但这种正向影响作用仅在发达地区显著，原因是全省27个县域经济发展重点县有25个位于发达地区。④民族和边境特征将会降低促进县域经济发展的概率。

五　新型城镇化是否推动了云南县域经济跨越式发展？

——总体上，云南新型城镇化推动了县域经济跨越式发展，但关键是尚未开启对消费的传导作用，且存在明显的时间和空

间上的差异。

如上所述，从总体上的分析发现云南城镇化对县域经济产生促进作用，因而将其定位为县域经济发展的间接动力，但要真正发挥城镇化促进作用，还需进一步检验其作用机制。

1. 总体效应

从总体来看，云南人口城镇化对县域经济的促进作用，主要表现为通过投资传导产生的促进作用，没有形成对消费的有效推动。

2. 时期差异

从时间维度来看，2007 年实施特色城镇化、新型城镇化战略后，云南人口城镇化对县域经济增长的促进效应凸显，尤其是开启了对消费和投资的传导作用。

3. 空间差异

从空间维度来看，滇中地区人口城镇化通过投资传导对县域经济产生了显著的促进作用，但仍然没有形成消费传导的促进作用，而在外围地区，无论是消费传导还是投资传导，都没有形成城镇化对县域经济的促进作用。

六 现行财政体制是否适合云南县域经济跨越式发展？

——云南财政体制存在的问题是，上级补助过高，集中程度有待进一步提升，不适合云南县域经济跨越式发展。

财政体制主要反映政府间财政关系，包括政府间收入分权关系和支出分权关系。根据理论上的判断，政府间财政分权关系主要通过财政支出的作用传导，对县域经济发展产生内生性影响，影响效应存在倒"U"形关系。

1. 支出分权的影响：上级补助占县域财政支出的比重

从一次关系来看，上级补助占县域财政支出的比重对县域经济增长具有显著的负效应；从二次关系来看，县域经济增长与上级补助占县域财政支出的比重呈显著的倒"U"形，拐点为 50.46%。具体来看，2010 年全省 106 个县上级补助占县域财政支出的比重平均水平为 79.97%，仅有 3 个县低于拐点水平。可见，云南省县域支出分权水平已经越过拐点而位于倒"U"形曲线的右半段，随着上级补助占县域财政支出的比重不断提升，县域经济发展将会进一步受到抑制。可能的原因是，县域财政对上级补助过度依赖而削弱了自身发展经济的积极性。

2. 收入分权的影响：上解支出占县域财政收入的比重

从一次关系来看，上解支出占县域财政收入的比重对县域经济增长的作用不显著；从二次关系来看，县域经济增长与上解支出占县域财政收入的比重呈显著的倒"U"形，拐点为 21.51%。具体来看，2010 年全省 106 个县上解支出占县域财政收入的比重平均水平为 9.48%，仅有 5 个县高于拐点水平。可见，云南省县域收入分权水平尚未越过拐点而位于倒"U"形曲线的左半段，随着上解支出占县域财政收入的比重不断提升，县域经济发展将会进一步得到促进。

3. 区域差异

无论是发达地区还是落后地区，上级补助占县域财政支出的比重对县域经济增长均具有显著的负效应，原因是几乎所有县的该实际比重已经越过倒 "U" 形曲线拐点。进一步比较来看，上级补助占县域财政支出的比重对县域经济增长的抑制作用，在落后地区较高，在发达地区较低。究其原因，越落后的地区所得上级补助越多，这些地区经济增长所受到的抑制作用就会越大。此外，上解支出占县域财政收入的比重对县域经济增长的影响效应在两类地区中均呈现为不显著。

七　实施分税制改革以来是否在县域经济发展中获得财政红利？

> ——实施分税制改革以来云南县域经济发展获得了财政红利，但这种财政红利从 2001 年开始呈现递减趋势，关键原因是与财政资金共同促进县域经济发展的其他要素配套不足以及改革进程滞后。同时，云南县域经济发展的财政红利还存在明显的区域差异。

财政红利是指扩张性的财政支出对经济发展的潜在贡献，是否实现了财政红利，取决于财政支出增长是否对现实经济运行产生实际的促进作用。相关检验已经发现，云南财政支出对县域经济增长存在显著的促进作用，但是这种促进作用的变化趋势和区域差异是挖掘财政红利的关键。

1. 财政红利的机会窗口

实施分税制改革以来，云南省财政支出的绝对规模与相对规模都在不断扩大，已经呈现明显的机会窗口。具体表现在以下几个方面：①从绝对规模来看，云南省财政一般预算支出从 1994 年的 203.73 亿元逐年增加至 2012 年的 3572.66 亿元，18 年间增长 16.54 倍，年均增幅为 17.25%；②从负担比例来看，云南省一般预算支出占地区生产总值的比例从 1994 年的 20.71% 增加至 2012 年的

34.65%；③从人均水平来看，云南省人均一般预算支出从1994年的517.19元增加至2012年的7668.30元，年均增幅为16.16%。

2. 时间维度的财政红利变化

1994～2011年，云南财政红利的总体效率在1994～2000年基本保持在1.000的相对较高水平，但从2001年开始逐年下滑，一直下降到2011年的0.5954。其中，财政红利的技术效率在1994～2011年均为"1.0000"，反映出长期以来云南省在财政资金配置制度运行上一直处于最佳态势，这得益于近年来云南财政所推行的一系列改革。云南省不断规范财政管理体制，财政管理水平得到显著提高。财政红利的规模效率在1994～2000年还基本保持有效状态，但从2001年开始就基本处于规模无效状态，进一步通过比较发现是规模报酬递减。换句话说，从2001年开始，伴随着云南财政资金投入的不断增多，较大的资金规模没有得到合理有效的利用，资金配置已经难以满足资金规模不断扩大的需求。一个重要原因是，与财政资金共同促进县域经济发展的其他要素配套不足以及改革进程滞后，如基于发展供给视角的创新技术、人力资本和金融资本等要素，基于发展需求视角的居民消费、社会投资等要素。

3. 县域维度的财政红利分布

从财政红利的总体效率来看，全省129个县（市、区）的均值为0.9578，其中，有44个县（市、区）财政红利总体效率为1.0000，达到最优生产前沿面，占34.11%；有85个县（市、区）财政红利总体效率小于1.0000，远离最优生产前沿面，占65.89%（见图9-2）。

从财政红利的技术效率来看，在全省129个县（市、区）中，有103个县（市、区）财政红利技术效率为1.0000，达到最优技术生产前沿面，但也有26个县（市、区）财政红利技术效率小于1.0000，说明云

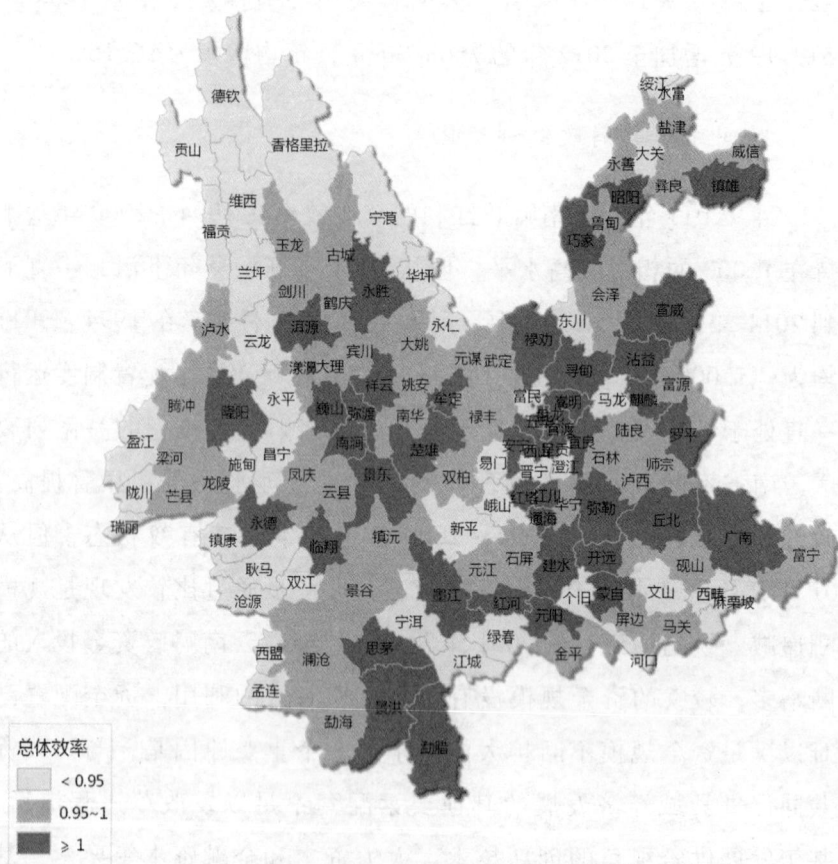

图 9 - 2　云南县域经济发展财政红利总体效率分布

南省绝大部分县（市、区）财政资金配置机制和制度运行较好，但仍然有部分县（市、区）的财政资金管理有待进一步完善（见图 9 - 3）。

从财政红利的规模效率来看，在全省 129 个县（市、区）中，有 45 个县（市、区）财政红利规模有效，占 34.88%，财政资金投入与县域经济发展需求相适应；有 73 个县（市、区）财政红利规模递减，占 56.59%，反映其他要素投入缺乏、财政资金投入相对过剩导致的效率低下；有 11 个县（市、区）财政红利规模递增，占 8.53%，反映财政资金投入不足导致的效率低下（见图 9 - 4）。

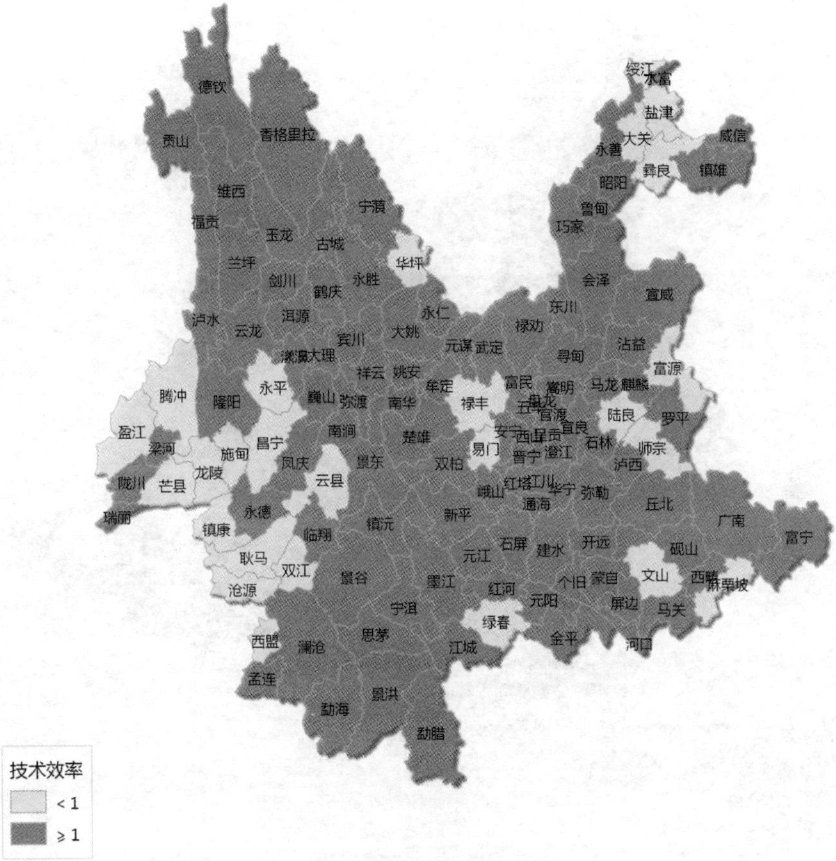

技术效率
- < 1
- ≥ 1

图 9-3 云南县域经济发展财政红利技术效率分布

八 云南县域经济发展中是否存在地方政府债务风险？

——云南县域经济发展中的地方政府债务风险主要表现为，地方政府债务不断超越债务负担率最优区间的超常规增长，其具有明显的区域性，且这种区域性具有不断蔓延的趋势。

理论上，地方政府债务存在促进县域经济增长最快的债务最优点，在此之前，地方政府债务不断使得经济增长率提高；在此之后，

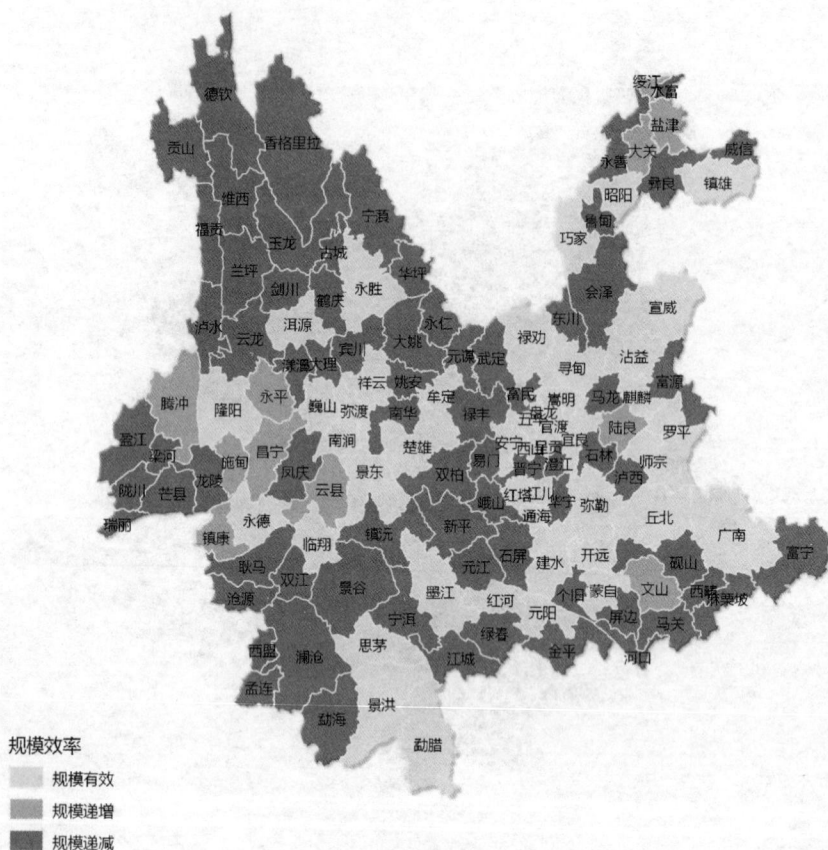

图 9-4　云南县域经济发展财政红利规模效率分布

地方政府债务不断使得经济增长率降低。县域经济发展中是否存在地方政府债务风险，主要是判断地方政府债务负担率是否超越实现县域经济最优增长的债务负担率区间。

1. 地方政府债务负担率最优区间判断

通过实证检验发现，人均地方政府债务增长对人均地区生产总值增长的影响，一次项系数显著为正，二次项系数显著为负，揭示出云南人均地方政府债务增长对人均地区生产总值的影响存在倒

"U"形关系。通过进一步计算，地方政府债务最优增长所对应的债务负担率最优点为 14%，上限为 16%，下限为 12%，即 [12%，14%，16%]。

2. 超越地方政府债务负担率最优区间及变化

从 2005～2006 年云南省 106 个县域地方政府债务实际负担率的分布来看，处于最优区间的县域比例保持在 15%～20%。属于正常性增长且尚未到达最优区间的县域比例，在 2005～2007 年维持在 50% 左右，但 2008～2010 年迅速下降，从 59.43% 下降至 41.51%。与之相反，属于超常规增长且逐渐远离正常性区间的县域比例，在 2005～2007 年维持在 30% 左右，但 2008～2010 年迅速上升，从 23.58% 提升至 42.45%。这说明从 2008 年开始，各地区地方政府债务不断从正常性增长转向超常规增长，超常规增长趋势逐渐明显。

第二节　实现云南县域经济跨越式发展的制度框架

实现云南县域经济跨越式发展，一个关键性的问题是要厘清云南县域经济跨越式发展的路径，并准确把握在这条路径中存在的阻力和障碍，在此基础上，通过相关制度的设计来打通路径中的阻力和障碍。

一　路径设计

纵观国内外实践经验，促进县域经济发展的路径很多，如苏南模式的民营经济发展、义乌模式的区域分工合作商业圈、温州模式的个体经济发展、工业模式的工业经济支撑、农安模式的农业产业化、太和模式的产业结构升级等，即所谓"条条大路通罗马"。但就云南而言，本书研究发现，实现县域经济跨越式发展的主要引擎是新型城镇化，核心保障是政府公共服务，重要支撑是产业化、信息化和农业现代化，关键任务是打通居民消费和社会投资的传导路径。

◆ 主要引擎——新型城镇化。首先，本书研究已经证明云南新型城镇化对云南县域经济的实际和潜在促进作用；其次，云南城镇化率处于较低水平，传导机制尚未完全打通，因此存在较大的发展空间；最后，在桥头堡战略下，省委、省政府高度关注云南新型城镇化发展，在政策上有较多的倾斜。

◆ 核心保障——政府公共服务。通过新型城镇化推动县域经济发展，最终目标是要实现人的发展，即主张人既是城镇化发展的动力，又是城镇化发展的目标，"为了人"和"依靠人"统一于新型城镇化发展。其中，"为了人"就是通过城镇化发展提供让人满意的公共服务，"依靠人"就是保障城镇化创造公共服务供给能力，也需要公共服务的供给。

◆ 重要支撑——产业化、信息化和农业现代化。首先，没有产业的支撑，城镇化将变成空壳，更形不成消费和投资的基础；其次，信息化是工业化的基础；最后，农业现代化是解放农业生产、实现农民市民化的保障。

◆ 关键任务——打通居民消费和社会投资的传导路径。城镇化对县域经济发展的传导主要通过居民消费和社会投资传导发挥作用，而本书研究已经得出云南尚未开启城镇化对居民消费的传导，很多地区也尚未开启社会投资的传导。

云南县域经济跨越式发展的路径体系见图9-5。

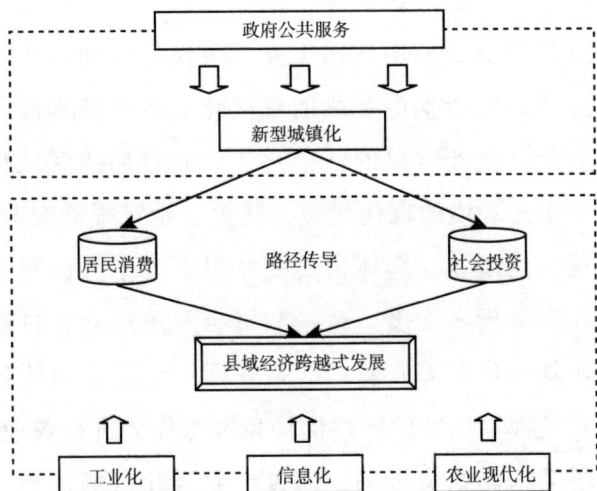

图 9－5 云南县域经济跨越式发展的路径体系

二 打通城镇化对居民消费传导路径的制度改革

云南城镇化进程尚未实现通过消费传导来促进县域经济发展，存在的障碍主要包括两个方面：一是云南城乡居民收入水平低，没有形成消费的基础；二是社会保障条件差，居民看不到自身保障的未来，边际消费倾向低。要突破这些障碍和问题，需要进行相应的制度改革。

1. 推进农业现代化建设，有针对性地实现产业的升级

就云南情况而言，第二、第三产业比重的提升只有在发达地区才显著促进县域经济增长，而在落后地区反而产生抑制作用，换句话说，不是所有地区实现产业结构转型对县域经济发展都有效。就落后地区而言，由于地理区位、自然环境等因素的作用，难以发展工业和服务业等第二、第三产业，相反，进行农业生产更具有发展的适应性。因此，针对这些地区需要就农业本身进行产业升级，推

进农业现代化。简言之，农业现代化就是从传统农业向现代农业转型，在这个过程中不断采用现代工业、现代科技和现代经济管理的生产和发展方式，包括生产手段的现代化、生产技术的科学化、经营方式的产业化、服务对象的社会化、产业布局的区域化、基础设施的现代化、生态环境的现代化等，其根本是要提升农业生产能力，目标是要实现农民增收。具体措施要从以下几个方面着手：一是加大政策扶持和资金投入力度，政策和资金要重点向农村基础设施建设、优势产业基地建设等倾斜；二是发挥优势产业和特色产业的作用，尤其是要发挥本地区的区位优势和资源优势进行农业产业建设；三是实施市场牵动和龙头带动，通过产业链和市场机制，将农业生产与工业生产相衔接；四是完善设施建设和外部环境，主要通过改善农业基础设施和农业生产条件，提高农业生产能力。

2. 加快完善农村土地流转制度，提高农民的收入水平

与云南省城镇化进程相伴随的是，庞大的土地资源将由越来越少的农业人口经营。但是，现有分散的土地流转形式，使得农村土地的生存保障功能逐渐弱化，农民增收将成为未来的难题。因此，加快完善农村土地流转制度，推进农业产业化运作，既是提高农业生产效率的重要手段，更是保障农民收入增加和发展现代农业的有效途径。具体来看，实现合理的农村土地流转，一方面，可以使擅长农业生产的人员集中起来，从比较优势中获取利益；另一方面，可以扩大土地生产规模，在生产过程中降低成本，增加规模报酬收益。这两种路径都将直接增加农民的农业经营性收入，此外，这也能使土地流出者在其中获得更多、更稳定的收益。完善农村土地流转制度的前提是要明确土地的权属关系，在此基础上分别建立土地流转信息交流机制、土地流转政策咨询机制和土地流转价格评估机制等。

3. 加快促进非农产业发展，营造良好的就业创业环境

无论是农村剩余劳动力，还是城镇居民，工资性收入都是提高其收入水平的重要因素，而确保工资性收入的前提是要有就业岗位。就云南而言，劳动力资源丰富，面临的问题就是要为这些劳动力创造就业环境和条件。针对农村居民，要通过市场化机制让农民参与非农产业，因此需要通过政策引导乡镇企业的崛起与发展，引导乡镇企业充分利用资源优势，发展以农产品加工业和农村服务业为重点的地方特色支柱产业，这样就能为农村劳动力的转移提供就业和创业产业支撑和载体，形成农民工资收入增长的长效机制。针对城镇居民，通过城镇人口的集聚，积极发展服务行业，为城镇失业人员提供大量的岗位，同时通过财政、金融等各项政策鼓励城镇居民自主创业。除此之外，要加强对城乡居民劳动技能培训，提高劳动力素质，为劳动力外向型输出和本地产业发展储备人才。

4. 推进户籍制度改革，完善城乡公共服务一体化机制

在城镇化进程中，农业人口市民化落户成为问题，户籍门槛的限制，使得大量农村转移人口不能享受到与城镇居民同样的社会公共服务待遇，包括子女教育、医疗卫生、社会保障等。这将导致，即便已经积累了较高的收入，但也难以刺激居民消费的意愿，原因是存在未来生活需求保障的支出预期。在此情况下，要提高居民边际消费倾向，有序推进农业转移人口市民化是关键。第一步，要加强户籍制度改革，尤其是中小城镇，针对已经稳定就业创业的农民工应该给予落户准入，积极创造更多的就业落户条件；第二步，要在民政、教育、就业、劳动保障、医疗卫生等方面加快配套改革，消除城镇内部的二元结构矛盾。

5. 改善消费环境和优化消费结构，引导新型消费方式

在保障居民消费能力的基础上，除了通过完善社会公共服务保障来增强消费倾向外，还可以通过消费环境改善和消费意识提升来实现。首先，要加快城市产业升级，尤其是要引导现代服务快速发展，提供满足各层次居民消费需求的商品和服务；其次，加强城镇消费软硬件设施的建设，如商场、交通、通信等，以及出台消费者权益保护法律法规；再次，在保障安全的前提下，提供方便的金融服务，如消费信贷、创新金融支付手段等，增强居民消费的便捷性；最后，结合云南地方特点，引导开创更多的如民族文化、旅游休闲等商品服务，实现居民消费层次和方式的转变。

三 打通城镇化对社会投资传导路径的制度改革

总体来看，云南新型城镇化对县域经济的促进主要依靠投资传导完成，但这仅仅局限于滇中及发达地区。因此，云南基于社会投资传导影响县域经济发展的制度障碍主要包括四个方面：一是区位因素导致的高投资成本；二是部分行业投资回报率低；三是产业关联度低，难以形成融合和协调发展；四是资金、技术和资源制约。要突破这些障碍，需要进行以下制度改革。

1. 强化落后地区基础设施建设，降低外来资本运营成本

从世界各国的经验来看，基础设施投资建设的高峰期都出现在城镇化和工业化快速进程中，一个关键的原因是完善的基础设施建设能够降低城镇化和工业化成本。就云南省而言，大部分地区都具有吸引投资的各种资源，如矿产、生物、能源等，但这种资源禀赋并不能完全促进相关产业的发展，因为还受到较高成本的影响，因此需要大力提高基础设施建设来降低这种成本，实现基础设施投资

引导基础产业投资。而基础设施投资本身就属于公共服务的范畴，社会及民间资本介入较少，因此政府需要在这些落后地区的基础设施建设上更加有所作为。基础设施投资主要包括以下内容：交通设施投资，如对内和对外的高速公路、铁路、航运港口等，实现县域与县域间的连接，打通云南对外通道；能源设施投资，主要包括电力、供排水、燃油、天然气、污水处理等；通信、环保等设施建设投资。

2. 加快投资转型，进一步挖掘投资对经济增长的红利

就云南滇中及发达地区而言，投资传导一直发挥着城镇化促进县域经济发展的重要桥梁作用，但如何扩大这种传导效应，保持投资长期处于规模报酬递增趋势，需要进一步加快投资转型。在城镇化进程中，很多城镇基础产业投资可能在较短的时间内将处于相对过剩，如房地产投资，以及部分重工业发展等，但接下来面临的是城市基础设施滞后、生产机制滞后、生态环境恶化、资源利用不佳等"城市病"问题。鉴于此，社会投资应该更多转向这些行业，具体而言：一是要加快轻轨、城市道路、城市绿化等城市基础设施建设，为工业和服务业发展以及居民生活创造更好的条件；二是要加强各种产品的创新投资，如新兴产业发展，新技术、新工艺的应用，新产品的生产线建设等；三是要加强新型创意性产业投资，主要目的是适应人们生活档次和消费理念的提升；四是要加强环境保护和治理投资；五是要加强新能源开发利用投资。这些投资的转型，将迎来新的投资增长红利。

3. 积极引导社会资本参与公益事业和基础设施的投资

公益事业和基础设施是推进城镇化建设的重要保障，这类投资的突出特点是具有较强的公益性和低回报，目前主要由政府扮演投资者角色，但也存在较多的问题。具体而言：一方面，云南城镇化

率和质量均处于较低水平，产业投资正处于旺盛需求时期，从而需要更多的公益事业和基础设施加以保障，但云南经济发展滞后，经济财力水平较低，完全由政府进行投资将面临资金缺口和工程阻断，因此需要积极引导社会资本进入；另一方面，相较于政府投资，由社会投资具有经营性的公益事业和基础设施能够提高生产和运营效率。在此情况下，真正实现投资对县域经济发展的可持续传导，必须引导民间社会资本参与公益事业和基础设施投资，改变传统的政府主导模式，实施政府引导社会投资为主体的社会资本推动模式。这种模式在国外也有较多的经验，如美国广泛引入私人部门进行基础设施建设，凡是可以由市场提供的社会服务尽可能由市场来完成。具体来看，美国部分城市垃圾收集工作主要交由私人部门来完成。政府仅制定规则去规范市场，另外还有医疗卫生、城市用水等亦如此。就云南实际情况而言，针对县域经济发展较好的地区，鉴于市场化程度高且各项运营成本相对较低，可以逐步引入社会资本参与公益事业及基础设施建设，政府逐渐退出并充当管理职能。但引导社会资本进入的关键，既要能够进行宏观管理控制，又要遵循市场规则以保证其运营的收益，因此政府需要在前期投入和政策规定上给予倾斜。

4. 拉长产业链条，通过打造产业集群挖掘投资附加值

通过投资传导提升城镇化对县域经济发展的促进作用，其根本除了要保证城镇化对投资的带动作用外，还要实现最大化的规模报酬收益。但长期以来，云南的产业发展呈现结构单一、失衡的特征，烟草产业独大，冶金、化工等资源型产业附加值低，产业趋同现象严重，严重制约了投资对县域经济增长的贡献。在此情况下，首先，要针对县域内部和县域之间进行合理的产业布局，围绕资源、区位等优势打造适合当地发展的大型项目和企业，这些项目和企业主要充当产业发展的龙头作用。其次，尽可能拉长产业链，形成工业产

业集群，如通过园区建设，构筑产业集群和发展的平台，以技术创新为核心，促进产业结构升级；以完善公共服务为保障，营造产业发展环境，最终在以一个工业主导产业为核心的某一特定领域和区域中，形成一定数量产业联系密集的工业企业和相关支撑机构，并形成具有持续竞争力的企业群体。根据云南省第九次党代会精神部署并结合县域经济发展的实际情况，云南在发展产业方面应注重以下内容：发展高原特色农业，如烟糖茶胶、花菜果药、畜禽水产、木本油料等；提高轻工业比重，如生物制药、食品饮料、纺织服装、家电日化等；整合提升钢铁产业，延伸有色产业链，加快发展石油炼化产业；促进服务业发展，调快第三产业，包括提升传统服务业，发展现代物流、金融保险、信息咨询等现代服务业。

5. 加强金融与资本市场发展，促进产业的优化与升级

云南县域经济发展缓慢，投资传导受阻，一个重要的原因是缺乏资金支持，进而影响高新技术、高端人才等生产要素的流入。近年来，全省各银行业金融机构都在立足自身的优势，大力支持县域经济发展，尤其在基础设施建设、特色产业发展等方面成效显著。但云南客观存在的金融发展滞后，制约了金融对投资引导进而推动经济发展的积极作用。因此，当前该领域面临的重要任务是加强金融及资本市场发展，推进金融产品和服务创新，切实提高县域金融服务水平，最终为产业优化及升级投资提供融资保障。具体来看：一是要壮大地方银行类金融机构的发展实力，针对富滇银行、农村信用社重点提高资本充足率，加强金融业务创新，防范和化解风险；二是从政策上给予倾斜，积极引导各类金融机构对县域经济发展予以支持，重点要建立和完善政府促进金融支持县域经济发展的长效机制，积极培育经济增长点；三是完善金融产品和服务体系，提供县域经济发展的各类金融信贷业务，包括通过金融产品和服务的创

新，为产业发展资金流转提供更为便捷的金融服务，降低资金运营成本，同时积极引导金融信贷对农业、民营企业、龙头产业、新兴产业、基础设施、商贸物流等发展的支持；四是逐步建立各类资本市场，扩大金融开放，多渠道为县域经济发展提供资金支持。

第三节　实现云南县域经济跨越式发展的财政政策

长期以来，云南财政对全省县域经济发展发挥着举足轻重的促进作用，但伴随县域社会经济发展的转型，财政激励弱化、财政红利递减、财政风险凸显，财政改革势在必行。围绕本书的研究结论，实现桥头堡战略下云南县域经济跨越式发展，关键要做好以下三个方面的政策调整：一是调体制，激发地方发展经济的动力；二是转职能，发挥财政资金的引导功效；三是防风险，保证县域经济可持续发展。

一　调体制：激发地方发展经济的动力

之所以要调体制，是因为云南现行财政体制已经开始不适应县域经济的发展，尤其是表现出的补助过多导致地方依赖、集中较少尚未达到经济增长最优，均凸显出财政收入分享、转移支付等体制关系的弊病。调整云南省财政体制，动机是激发地方县域发展经济的动力，核心是弱化支出分权、强化收入分权。

1. 科学合理划分政府间事权

财政体制的前提和基本是政府间事权关系，只有科学合理地划分政府间事权关系，包括收入分享、转移支付等各项改革，才可能有效地推动。党的十八届三中全会重点提出建立事权与支出责任相适应的制度，并对中央与地方事权进行划分，这也是此轮财政体制改革的核心内容。就促进县域经济发展来看，省、州、县三级政府要科学合理划分各自的事权，关键在于划分导向和原则的确定，具体而言：一是要体现受益性，公共服务让谁受益就应该由谁来提供，这样才能保障事权利益与责任的对等，各级政府在提供公共服务的过程中才具有效率性；二是要体现技术性，谁更有效率优势就让谁提供公共服务，这样才能直接保障财政资源配置的有效性；三是要体现激励性，就是考量某项公共服务供给和地方政府利益的直接相关性，这样才能保证政府提供公共服务的积极性和努力程度，进而直接决定公共服务的质量与效益。上述三个导向的目标都是要提升公共服务供给的质量，以此更有效地促进县域经济跨越式发展。

2. 重建政府间收入划分体系

目前，我国政府间收入划分主要有三种模式：一是彻底分税；二是分税加上解；三是总额分成。第一，彻底分税有利于与中央分税制框架接轨，但在当前中央分享绝大部分收入、地方税收体系尚不健全的情况下，有限的地方收入项目在地方政府间划分缺乏操作空间，同时容易诱导各地政府发展能提供自身分享比例较高税种的行业和产业，产业趋同的风险长期存在，这在经济欠发达、工业门类不全的地区尤甚。第二，分税加上解则是多数省份采用的收入划分模式，既有利于省本级集中财力，也有利于均衡各地区财力分布。但是对于发达地区来说，有限制其加快发展的负面效应，效率损失较大，这在中心城市和较发达州市数量较少的省份尤甚。第三，总额分成有利于各地区百花齐放培育财源，扩大税基，做大财政蛋糕。合理的分成比例对经济发达地区具有较强的激励效应，但由于全省执行统一的分成比例，若不辅之以相应的返还措施，则对经济欠发达地区不利。

实施分税制改革以来，云南财政体制一直采用分税加上解的收入划分模式，1994 年、1997 年、2001 年、2006 年、2011 年五次体制调整均是秉持"放权让利"的原则进行的，逐年取消各地部分专项上解政策，省级收入分享不高。因此，就分税加上解的收入划分模式来说，需要进行结构上的调整，总体上要提高省本级财政的分享比例。具体来看，通过对云南 106 个县域的实证分析发现，实现县域经济增长倒"U"形关系的上解支出占财政收入最优的比重为 21.51%，仅有部分发达地区上解支出占财政收入的比重超过该拐点。这种数据趋势决定了云南省重建政府间收入划分体系的基本思路，即针对发达地区要适度降低省级分享及上解比例，针对大部分落后地区要适度增加省级分享及上解比例。

3. 完善省对下转移支付制度

目前，云南省省对下转移支付体系包括一般性转移支付和专项转移支付。其中，一般性转移支付又包括原体制补助、均衡性转移支付、民族地区转移支付、调整工资转移支付、农村税费改革转移支付、县级基本财力保障转移支付等，主要按照因素法计算分配；专项转移支付主要是承担上级政府委托事务或政府间共同事务享受的补助资金，几乎涵盖教育、卫生、农林水利、公检法、环境保护等所有领域，主要按照项目法和因素法进行分配。

一般性转移支付和专项转移支付构成云南省省对下补助的主要部分，从云南 109 个县域样本分析的结论可以发现，实现县域经济增长倒"U"形关系的上级补助占县域财政支出的最优比重为 50.46%，而几乎所有县域的上级补助占县域财政支出的比重均超过该点，全省平均水平为 79.97%，说明上级补助过多。对此，完善转移支付需要从以下几个方面进行。第一，需要对云南省现行转移支付资金进行系统梳理，对转移支付资金进行整合，减少政策目标、资金性质重叠的资金分配，以此控制补助力度。第二，就一般性转移支付资金而言，主要采用因素法分配，而这些因素的选取除了特定目标的相关因素影响外，人口、地域、自然条件等客观因素所占权重较大，甚至起到了导向性的决定作用，这种分配模式将这些补助资金直接变成地方既得利益。因此，在一般性转移支付资金分配因素选取上要尽可能灵活，将经济发展的积极性与客观困难条件相结合。第三，专项转移支付主要按照项目法分配，但年度间惯性较为明显，这也容易形成既得利益。因此，针对专项转移支付资金分配，需要引入激励性的分配机制。第四，引入绩效考核机制并直接作用于资金分配规模，上级补助过高而抑制地方发展的一个关键原因，就是只注重分配不注重考核，从而形成地方县域对上级的依赖。因此，在转移支付资金分配中要引入绩效考核机制，并增大绩效考核强度，即便按照基础因素分配给较多资金，但如果发展缺乏积极性，也会将分配资金予以较大幅度扣除，以此奖励发展积极的地区。

4. 完善激励返还和财力保障

一种情况是，通过政府间收入划分和转移支付制度改革后，省本级将盈余更多财力。这部分新增财力无论是收入分享还是转移支付改革，主要来自县域，尤其是相对落后地区的县域。考虑到既得利益，有必要通过其他形式予以返还。这种返还应该体现激励性，尤其是要鼓励各地区加快经济发展，致力于财源培育，做大财政蛋糕，这样即便再增加对县域的返还资金而导致补助比重超过拐点，但通过这种激励将进一步作用于提升发展的积极性，也不会出现抑制作用。因此，应该建立激励性的收入返还机制，针对增长速度达到或超过全省平均水平，甚至实现超速增长的地区，省级增加收入给予超率累进返还。另一种情况是，通过政府间收入划分和转移支付制度改革后，部分欠发达地区财力有可能减少，甚至可能影响其基本运转。为保证全省所有县域都有能力提供基本公共服务，应建立和完善基本财力保障机制，尤其要体现政府基本运转和基本公共服务均等化视角下的财力保障。

二 转职能：发挥财政资金的引导功效

之所以要转职能，是因为伴随着云南财政支出的不断扩张，财政红利不断降低。究其原因，不是财政资金分配管理机制和制度的问题，而是与财政资金共同促进县域经济发展的其他要素不足导致的配置问题。因此，我们不能仅注重怎么分资金，也不能仅关注资金的投入增长，而要更大程度地关心财政资金的作用，尤其是要看是否引导了其他要素投入的增长。因此，云南财政需要转变职能，通过公共服务的供给最大限度地发挥财政资金的引导功效。

1. 优化财政支出结构

与财政资金共同促进县域经济发展的要素包括创新技术、人力资本、金融资本等，以及从需求角度考虑的社会投资、居民消费等，实现这些要素在云南的提升，关键取决于财政资金投入提供的公共服务保障。因此，转变财政公共服务职能，首先要优化财政支出结构，尤其要做到重点保障、降低成本和退出竞争。其中，重点保障就是发挥财政支出的杠杆作用，加大对县域经济发展核心领域和薄弱环节的投入，引导资金投向重点项目建设、产业结构调整、民生事业发展等方面，以此为各类生产重点要素的流入、社会投资、居民消费等各方面提供切实保障。降低成本就是要进一步控制政府运转性的资金支出，尤其是会议、招待、出国等各项公用经费支出，严格加强对支出的考核，降低财政投入成本。退出竞争主要针对政府性投资，要逐步退出竞争性和经营性的领域，充分发挥市场机制作用，确定财政引

导配置资源的支出范畴，这样将防止财政过度包揽而对社会性资本的
挤出效应，将更多的资金用于重点支出需要。

2. 深化财政预算改革

转变财政公共服务职能，优化财政支出结构，其根本在于财
政预算。就促进云南县域经济跨越式发展而言，财政预算改革的
核心是提升财政公共支出服务于县域经济发展的能力，重点在于
加强财政预算管理。具体而言：一是预算编制要真正落实到促进
县域经济发展的资金需求领域，换句话说，无论在"两上两下"
的哪一个环节，都要注重资金需求和社会经济发展需求的密切关
系，尤其要加大对民生和公益性基础设施建设的投入；二是在预
算审批环节，要充分审核预算资金对社会经济发展带来促进作用
的可行性和科学性分析，除了各级人大及相关部门审核外，要推
进预算信息公开，让社会居民参与预算决策，增强预算资金向居
民需求的公共服务领域流入；三是在预算执行环节，通过相关制
度和机制的构建，引导各级部门更加合理有效地将财政资金投入
相应的领域；四是在预算监督环节，要强化预算绩效评价，将绩
效目标贯穿于财政资金预算的整个环节，并将绩效结果作用于部
门行为的奖励和惩罚。

3. 加强财政协同影响

县域经济的发展来自多种要素的作用，就财政领域而言，一方
面，存在各类财政支出的部门协同问题；另一方面，存在财政与其
他职能部门的协同问题。只有合理处理好两类协同关系，才能发挥
财政资金的规模报酬递增效应，否则难免会出现财政资金投入过多，
或者其他要素发挥作用不够等规模报酬递减问题。就前者而言，财
政领域的任何一个部门，都属于财政支出范畴，发挥的均是引导性

功效，但要注意部门权力分割所导致的资金独立不相关，进而出现相同领域资金的多头下达，产生严重的财政资源浪费现象。因此，从财政领域内部来讲，应该从预算专项项目入手，进行健全专项资金的联合管理。一是进行统一规划，解决各部门资金分散的问题；二是进行集中审批，解决支出过程中部门职能交叉问题。就后者而言，需要财政单位与其他单位，如与发改委、工信委，以及具体的农业、教育、卫生、商务、文化、卫生等职能单位进行协同，协同的关键是保证预算规划与预算资金的协调有效。

三　防风险：保证县域经济可持续发展

之所以要防风险，是因为在云南县域经济发展过程中出现了大量举借债务的情况，况且各县域地方政府债务不断从正常性增长转向超常规增长，超常规增长趋势逐渐明显，防范风险刻不容缓，否则将导致未来县域经济发展的不可持续。防范地方政府债务风险的关键是通过债务管理制度安排抑制债务超常规增长，具体来讲，就是要针对地方政府债务的举借、使用和偿还三方面进行行为上的制度规范。

1. 举借监督机制：解决新增债务膨胀问题

地方政府债务超常规增长首先表现为新增债务的膨胀，这一行为也是地方政府向金融机构举借债务过程中出现的非理性行为。地方政府之所以大量盲目举债，是因为在权责时空分离的条件下，地方政府间接举借债务的权力脱离责任约束，简单地表现为代表地方政府的各部门无约束地向金融机构举债的过程，这导致地方政府债务的整体社会利益被局部社会利益和局部个人利益侵蚀。因此，地方政府债务举借监督机制的核心是确定债务举借过程中的责任约束机制。

针对地方政府举借债务的行为，主要构建以居民工会、上级政府和融资平台为监督主体的责任制约体系。其中，居民工会主要对地方政府举债的用途进行通过与否的决策，并对债务预算支出计划所涉及项目的优先顺序进行判断，形成基于公共服务需求偏好的债务规模及结构预案；上级政府主要从承债能力的角度对地方政府举借债务的规模及结构进行决策，其目的是保证债务对社会经济发展的最优促进作用；融资平台主要从偿债能力的角度对地方政府举借债务的规模及结构进行决策，以保障地方政府有债务的偿还能力。这种责任约束机制，既能保证债务支出对居民公共服务需要的合意性，又能保证债务支出对宏观经济运行的有效性，还能保证债务支出按期偿还的可行性。

2. 使用监督机制：解决无效债务膨胀问题

地方政府债务超常规增长，还表现为债务资金在使用环节的无效浪费，这种行为往往是地方政府出于追求短期目标而盲目扩大债务资金的投入，属于债务使用过程中的非理性行为。地方政府债务权责分离程度越高，债务管理责任的约束力度就越小，地方政府债务使用效率也相应越低。在这种缺乏责任约束的条件下，地方政府使用债务就简单地表现为无约束地进行债务资金投入。同样，地方政府债务使用监督机制的核心也是要确定债务使用过程中的责任约束。

针对地方政府使用债务的行为，主要构建以居民工会和上级政府为监督主体的责任制约体系。其中，居民工会主要履行内部制约职能，上级政府主要履行外部制约职能，两者同时从事前和事后两方面对地方政府债务使用行为进行约束控制。所设计的责任约束机制，其目标都是实现债务资金的效率提升，居民工会实施约束的重点在事前行为，上级政府实施约束的重点在事后行为。

3. 偿还监督机制：解决逾期债务膨胀问题

即便地方政府新增债务和无效债务均已解决，如果地方政府不履行其应当承担的偿还责任，债务也依然会出现超常规增长。实际上，地方政府之所以不愿意偿还债务，是因为缺乏对债务偿还责任的规定和约束，在个人利益存在前提下都希望将用于偿还债务的资金用于发展当届本期经济。在此情况下，地方政府偿还债务就演化为可以偿还也可以不偿还的肆意格局，尤其是权责分离程度越高的地区，越容易出现违约的可能。同债务举借和债务使用一样，地方政府债务偿还监督机制的核心也是要确定债务偿还过程中的责任约束机制。

针对地方政府偿还债务的行为，主要构建以上级政府、融资平台和居民工会为主要监督主体的责任制约体系。其中，上级政府主要针对其确定的偿还责任主体及偿还计划履行情况进行监督考核，核心是认定谁应当承担偿还责任；融资平台主要针对债务偿还的实际情况确定地方政府的信用等级，所得出的信用等级信息将通过向融资平台的债务融资机制传递进而决定其以后的融资能力；居民工会主要围绕建立和完善准备金制度进行监督，以减少到期违约风险对财政正常运行的冲击。

附　录

附录 1　云南省县域经济发展总体情况分布

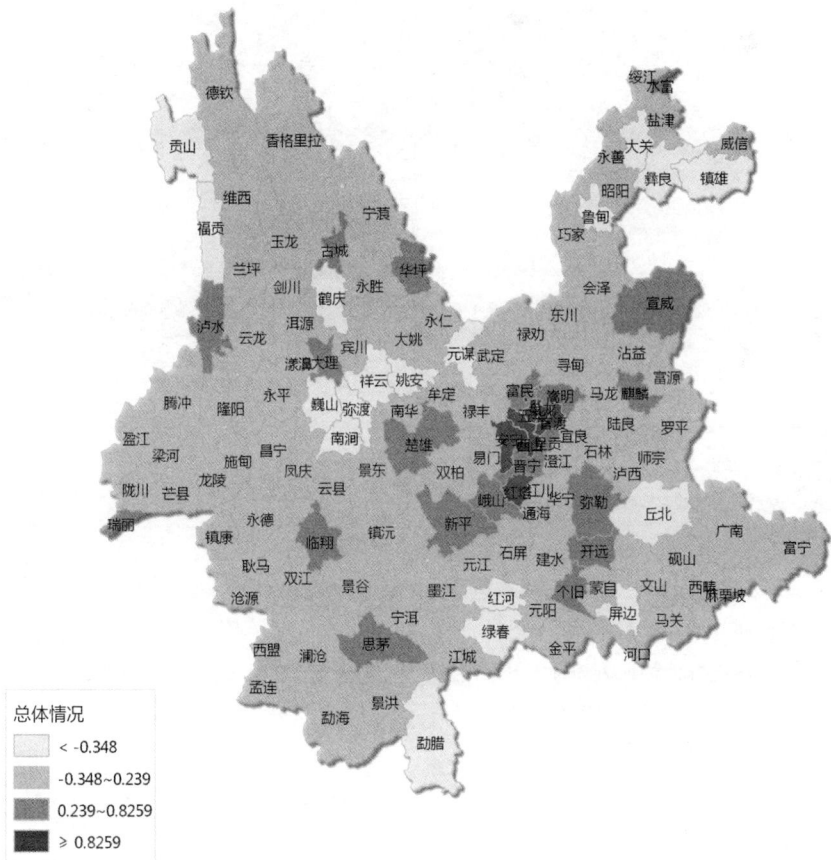

说明：

总体情况，是将县域经济发展的经济运行、社会发展、生态环境综合评价指数进行平均加总。

附录 2　云南省县域经济发展经济运行分布

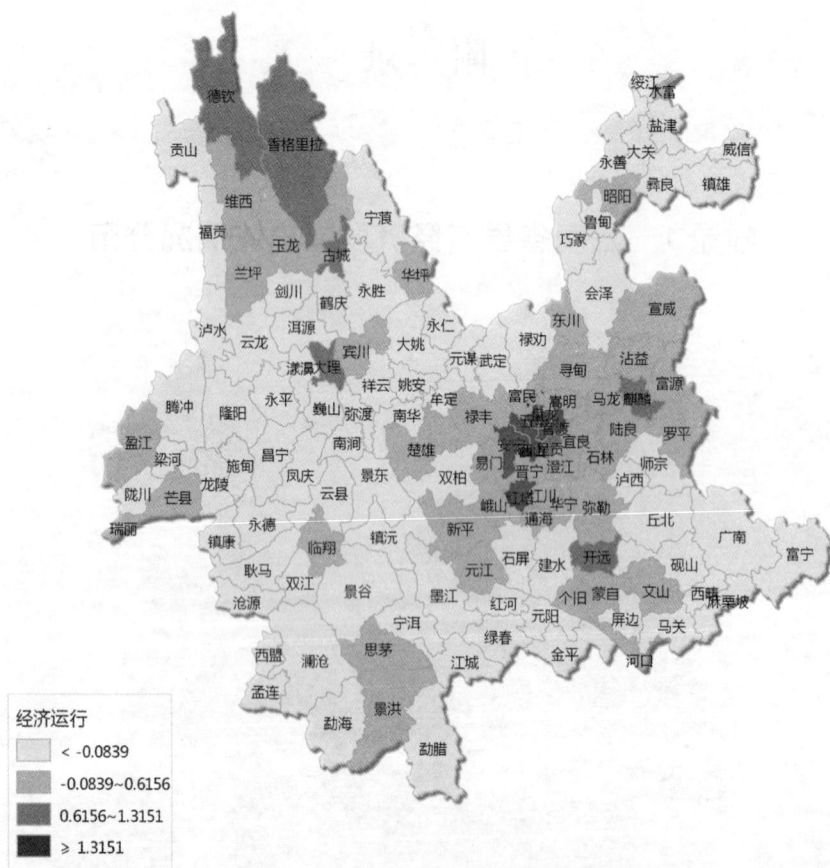

说明：

经济运行，包括人均地区生产总值、人均一般预算收入、人均规模以上固定资产投资、人均社会消费品零售额、城镇职工平均工资和农村居民人均纯收入 6 个指标的综合评价。

附录3　云南省县域经济发展社会发展分布

说明：

社会发展，包括城镇化率、恩格尔系数、单位从业人员占比、中小学生均校舍面积、生均教学实验仪器设备价值、中小学危房率、人均受教育年限、千人卫生机构数、千人卫生机构床位数、5岁以下儿童死亡率、公路覆盖率、有线电视覆盖率、有效灌溉面积占比13个指标的综合评价。

附录 4 云南省县域经济发展生态环境分布

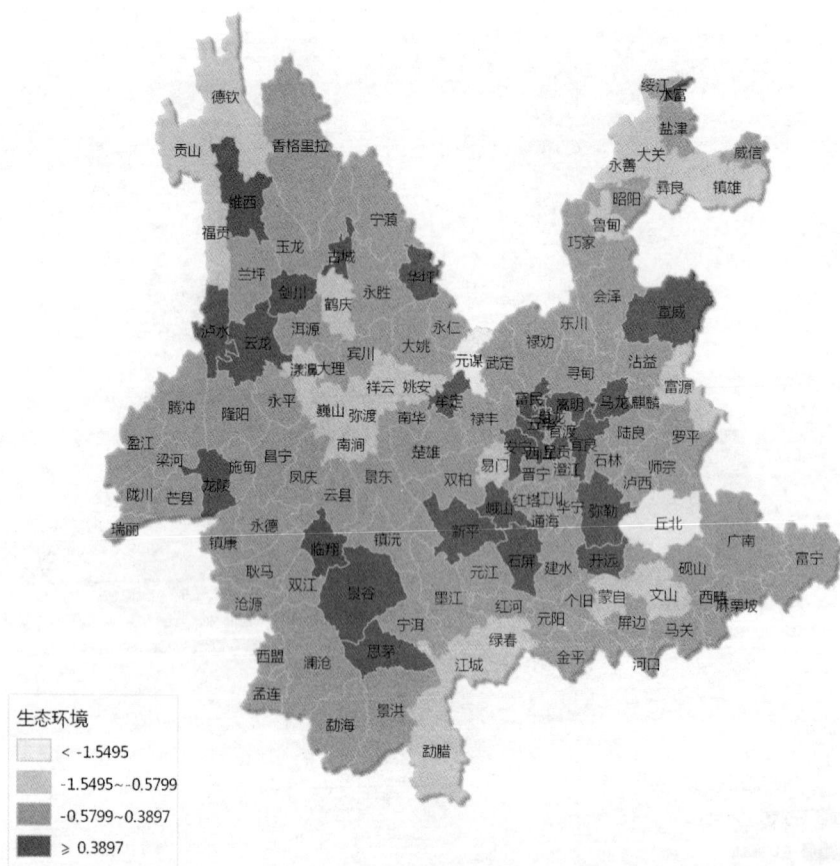

生态环境
- < -1.5495
- -1.5495~-0.5799
- -0.5799~0.3897
- ≥ 0.3897

说明:

生态环境,包括建成区绿化面积占比、工业废水排放达标率、工业烟尘排放达标率和森林覆盖率 4 个指标的综合评价。

附录5　云南省县域经济发展
财政红利总体效率分布

总体效率
- < 0.95
- 0.95~1
- ≥ 1

说明：

财政红利总体效率，主要是指财政资金投入产出的相对配置效率，"＝1"表示资金配置达到有效，"＜1"表示资金配置无效，主要取决于技术效率和规模效率。

附录6 云南省县域经济发展
财政红利技术效率分布

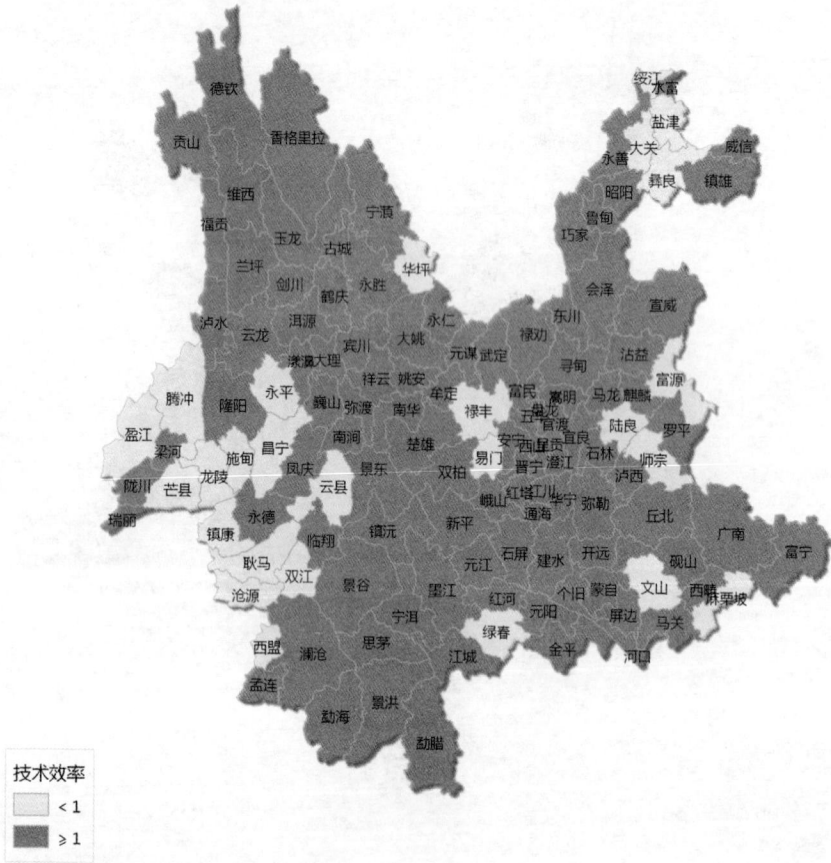

技术效率
☐ <1
■ ≥1

说明：

财政红利技术效率，主要反映财政资金配置的技术效率，包括财政资金分配机制和相关制度运行的成效，"=1"表示资金配置达到技术有效，"<1"表示资金配置技术无效。

附录7 云南省县域经济发展
财政红利规模效率分布

规模效率
- 规模有效
- 规模递增
- 规模递减

说明：

财政红利规模效率，主要是指财政资金配置的规模报酬关系，即规模报酬递增反映的投入不足或规模报酬递减反映的投入过剩。"规模有效"说明财政资金投入与县域经济发展需求相适应，"规模递增"说明财政资金投入不足导致的效率低下，"规模递减"说明其他要素投入缺乏、财政资金投入相对过剩导致的效率低下。

参考文献

［1］ 安虎森：《增长极理论评述》，《南开经济研究》1997 年第 1 期。

［2］ 蔡理让等：《河南发展县域经济的主要做法和启示》，陕西调研之窗，2011 年 3 月，http：//www. sxzys. gov. cn/news－1928。

［3］ 曹肖婷、周贤永：《中心地理论在"省直管县"体制改革中的应用研究》，《技术与市场》2007 年第 3 期。

［4］ 曹裕、陈晓红、马跃如：《城市化、城乡收入差距与经济增长——基于我国省级面板数据的实证研究》，《统计研究》2010 年第 3 期。

［5］ 陈栋生：《〈锻造县域经济核心竞争力〉评介》，《经济学家》2007 年第 1 期。

［6］ 陈红梅、栾光远：《"十二五"时期我国投资、消费、净出口与经济增长的实证分析》，《宏观经济研究》2011 年第 7 期。

［7］ 陈季宁：《美国区域经济发展经验及启示》，《中共南宁市委党校学报》2004 年第 2 期。

［8］ 陈凯、杨雅静、史红亮：《县域经济发展比较研究——以山西省忻州市为例》，《经济问题》2008 年第 11 期。

［9］ 陈淑云、付振奇：《城市化、房地产投资与经济增长的关系分析——以湖北省 1990～2009 年时间序列数据为例》，《经济体制改革》2012 年第 2 期。

［10］ 陈曦、陈玲：《山东县域生产总值占全省 89.7%》，《中国县域

经济报》2012 年 7 月 9 日。

[11] 陈学军：《发挥园区经济在县域经济的增长极作用》，《西南农业大学学报》（社会科学版）2008 年第 4 期。

[12] 陈友放：《从"苏南模式"到"新苏南模式"的启示》，《产业与科技论坛》2006 年第 6 期。

[13] 《促进"义乌模式"的创新发展》，《浙江日报》2006 年 3 月 13 日。

[14] 崔长彬、王海南、张正河：《县域经济 σ – 趋同的空间计量经济检验——以河北省 136 县（市）为例》，《经济问题》2012 年第 4 期。

[15] 邓子基、杨志宏：《省管县改革、财政竞争与县域经济发展》，《厦门大学学报》（哲学社会科学版）2012 年第 4 期。

[16] 董晓宇：《"苏南模式"的理论和实践 30 年回顾》，《现代经济探讨》2008 年第 8 期。

[17] 董秀良、薛丰慧、吴仁水：《我国财政支出对私人投资影响的实证分析》，《当代经济研究》2006 年第 5 期。

[18] 樊纲、王小鲁、朱恒鹏：《中国市场化指数：各地区市场化相对进程 2009 年报告》，经济科学出版社，2009。

[19] 范晓静：《山东县域经济发展的现状、问题与对策探讨》，《湖南商学院学报》2013 年第 1 期。

[20] 费月升、林洪涛：《县域经济主导产业发展模式》，《边疆经济与文化》2006 年第 3 期。

[21] 伏润民、常斌、缪小林：《我国省对县（市）一般性转移支付的绩效评价——基于 DEA 二次相对效益模型的研究》，《经济研究》2008 年第 11 期。

[22] 付野、张广胜、田慧勇：《基于 DEA 的农业科技龙头企业技术创新效率评价——以辽宁省为例》，《社会科学辑刊》2011 年

第 1 期。

[23] 高焕喜:《县域经济有关基本理论问题探析》,《华东经济管理》2005 年第 4 期。

[24] 高同彪:《关于县域经济可持续发展问题的若干思考》,《税务与经济》2009 年第 6 期。

[25] 邰绍辉:《日本产业集群政策评析及其经验借鉴》,《广东广播电视大学学报》2011 年第 6 期。

[26] 龚承刚、李妍:《基于优化 TOPSIS 法的湖北省县域经济综合实力评价》,《统计与决策》2010 年第 11 期。

[27] 辜胜阻、李华、易善策:《推动县域经济发展的几点新思路》,《经济纵横》2010 年第 2 期。

[28] 辜胜阻、李华、易善策:《依托县城发展农村城镇化与县域经济》,《人口研究》2008 年第 3 期。

[29] 谷家栋:《城乡互动促进县域经济发展》,《宏观经济研究》2003 年第 4 期。

[30] 顾宝凤:《园区经济:县域经济加快发展的新载体》,《价格月刊》2002 年第 11 期。

[31] 郭杰:《财政支出与全社会固定资产投资:基于中国的实证研究》,《管理世界》2010 年第 5 期。

[32] 韩燕、聂华林:《我国城市化水平与区域经济增长差异实证研究》,《城市问题》2012 年第 4 期。

[33] 何黎明:《县域经济发展模式的理论思考》,《决策探索》2006 年第 8 期。

[34] 何睿、张明德、庞凤喜:《税收服务县域经济浅探》,《湖北社会科学》2008 年第 7 期。

[35]《河南县域经济发展大事记》,《决策探索》2008 年第 2 期。

[36] 贺耀敏:《集群式经济:我国县域经济发展的新思路——兼论

我国县域经济发展的几个认识误区》，《西北大学学报》（哲学社会科学版）2004年第1期。

[37] 胡东兰、田侃、夏杰长：《中国财政支农支出对农村居民消费影响——实证分析与政策建议》，《财政研究》2013年第1期。

[38] 胡晋青：《山西县域经济发展问题研究》，《山西财政税务专科学校学报》2007年第2期。

[39] 胡少维：《加快城镇化步伐促进经济发展》，《当代经济研究》1999年第10期。

[40] 黄明辉：《贵州县域经济发展现状及问题与对策》，《六盘水师范学院学报》2012年第1期。

[41] 江激宇、叶依广、许多：《区域集群战略：发展壮大县域经济的一种思路》，《农业经济问题》2005年第8期。

[42] 姜保雨：《中部县域经济发展模式研究》，《商场现代化》2006年第21期。

[43] 蒋小华、卢永忠：《县域经济发展问题研究——以剑川县为例》，《经济问题探索》2010年第5期。

[44] 金荣学、解洪涛：《中国城市化水平对省际经济增长差异的实证分析》，《管理世界》2010年第2期。

[45] 金志奇：《美国区域经济发展及其对我国的启示》，《现代财经》（天津财经大学学报）2003年第1期。

[46] 乐菲菲、朱孔来、马宗国：《山东县域经济的八种典型模式》，《宏观经济管理》2011年第7期。

[47] 李春琦、唐哲一：《财政支出结构变动对私人消费影响的动态分析——生命周期视角下政府支出结构需要调整的经验证据》，《财经研究》2010年第6期。

[48] 李刚、于继忠：《"农商经济"与"太和模式"——兼论对中西部县域经济发展的启示》，《安徽商贸职业技术学院学报》

（社会科学版）2011 年第 3 期。

［49］李光富：《永州县域经济发展中的问题及财政政策取向》，《地方财政研究》2011 年第 4 期。

［50］李晗斌：《日本产业集群政策分析》，《现代日本经济》2009 年第 5 期。

［51］李乃洁、高光祖、李力：《吉林省县域经济发展的财政政策选择》，《经济纵横》2002 年第 7 期。

［52］李姗姗：《产业集群与县域经济发展关系研究——以河南省为例》，《农业经济》2011 年第 7 期。

［53］李小三、徐鸣：《关于县域经济的理论思考》，《江西社会科学》2000 年第 3 期。

［54］李一花、骆永民：《财政分权、地方基础设施建设与经济增长》，《当代经济科学》2009 年第 5 期。

［55］李永友、钟晓敏：《财政政策与城乡居民边际消费倾向》，《中国社会科学》2012 年第 12 期。

［56］李占风、袁知英：《我国消费、投资、净出口与经济增长》，《统计研究》2009 年第 2 期。

［57］梁兴辉、王丽欣：《中国县域经济发展模式研究综述》，《经济纵横》2009 年第 2 期。

［58］林国铨：《福建县域经济发展现状及对策研究》，《农学学报》2012 年第 2 期。

［59］林毅夫、刘志强：《中国的财政分权与经济增长》，《北京大学学报》（哲学社会科学版）2000 年第 4 期。

［60］刘国斌：《县域经济学》，吉林大学出版社，2011。

［61］刘国斌、陈治国：《利用城镇化发展县域经济的战略选择》，《当代经济研究》2006 年第 10 期。

［62］刘洪、金林：《基于半参数模型的财政支出与经济增长关系研

究》,《财政研究》2012 年第 10 期。

[63] 刘吉超:《工业化与城镇化融合发展是中国县域经济的新引擎》,《未来与发展》2012 年第 10 期。

[64] 刘金涛、曲晓飞:《中国财政分权与经济增长的"反常"关系研究》,《财经问题研究》2008 年第 5 期。

[65] 刘靖:《转变东北地区县域经济粗放型增长模式过程中的地方政府行为研究》,《东北师大学报》(哲学社会科学版)2010 年第 1 期。

[66] 刘启明:《论县域经济发展中的"三个为主"》,《经济问题》2000 年第 11 期。

[67] 刘荣、何敬中、杨志银、兰良平:《中西部地区县域经济的包容性增长——以云南昆明寻甸县为例》,《学术探索》2012 年第 5 期。

[68] 柳思维:《湖南县域经济发展:"十一五"特征与"十二五"策略》,《湖南农业大学学报》(社会科学版)2011 年第 4 期。

[69] 陆立军:《略论"温州模式"的精髓与创新》,《中国农村经济》2004 年第 12 期。

[70] 陆立军、杨志文:《县域经济社会协调发展的"义乌模式"》,《开发研究》2009 年第 2 期。

[71] 陆相欣:《韩国的新村运动及其启示》,《理论探索》2007 年第 2 期。

[72] 吕健:《城市化驱动经济增长的空间计量分析:2000～2009》,《上海经济研究》2011 年第 5 期。

[73] 吕婧、宋一陵:《基于"钻石模型"的资源型地区县域经济竞争力提升分析——以山西盂县为例》,《经济问题》2010 年第 8 期。

[74] 骆欣、袁鑫:《浅论劳务输出对县域经济的影响——以正安县

为例》，《经营管理者》2010 年第 21 期。

［75］马兰、张曦：《农业区位论及其现实意义》，《云南农业科技》2003 年第 3 期。

［76］马树才、孙长清：《经济增长与最优财政支出规模研究》，《统计研究》2005 年第 1 期。

［77］马廷玉、邬冰：《基于县域经济视角的辽宁产业园区发展研究》，《东北大学学报》（社会科学版）2009 年第 6 期。

［78］毛捷、赵静：《"省直管县"财政改革促进县域经济发展的实证分析》，《财政研究》2012 年第 1 期。

［79］南刚志：《韩国"新村运动"对我国新农村建设的启示》，《理论前沿》2008 年第 10 期。

［80］聂汉清、夏振明：《屯留县：让园区经济成为县域经济的"火车头"》，《人民论坛》2006 年第 7 期。

［81］欧阳功林：《县域经济发展与地方政府职能转换》，《统计与决策》2004 年第 4 期。

［82］彭浩熹：《美国区域经济发展对中国的启示》，《湘潭师范学院学报》（社会科学版）2009 年第 6 期。

［83］彭玮、邹进泰：《中西部地区县域现代化的路径选择》，《江汉论坛》2011 年第 5 期。

［84］任玉平：《加快县域经济发展的理论思考》，《中国青年政治学院学报》2006 年第 5 期。

［85］沈坤荣、付文林：《中国的财政分权制度与地区经济增长》，《管理世界》2005 年第 1 期。

［86］石虹、曹钢跃：《浅谈杜能农业区位论对现代土地利用的影响》，《山西教育学院学报》2000 年第 2 期。

［87］宋效中、贾谋、骆宏伟：《中国县域经济发展的三大模式》，《河北学刊》2010 年第 3 期。

［88］孙学文：《中国宏观经济变革的成就和问题》，《群言》1990年第4期。

［89］唐路元：《县域经济资本外流问题探析》，《开发研究》2005年第2期。

［90］陶开宇：《财政拉动消费的几点思考》，《财政研究》2011年第7期。

［91］汪金敖：《农村城镇化：县域经济发展的突破口》，《求索》2000年第5期。

［92］王朝阳、余玉苗、袁灵：《财政扶贫与县域经济增长的实证研究》，《财政研究》2012年第6期。

［93］王德第：《县域经济发展问题研究》，南开大学出版社，2012。

［94］王国刚：《城镇化：中国经济发展方式转变的重心所在》，《经济研究》2010年第12期。

［95］王建业：《基于特色产业集群的巩义县域经济发展研究》，《企业活力》2012年第8期。

［96］王林伶：《宁夏县域经济竞争力评价及实证研究》，《宁夏社会科学》2011年第3期。

［97］王庆丰、党耀国、王丽敏：《基于因子和聚类分析的县域经济发展研究——以河南省18个县（市）为例》，《数理统计与管理》2009年第3期。

［98］王文平：《我国的农村财政支出与农村居民消费：1983～2007》，《经济体制改革》2009年第1期。

［99］王稳琴、王成军、刘大龙：《中国城市化与经济增长关系研究》，《山西大学学报》（哲学社会科学版）2011年第2期。

［100］王献亭：《河南省县域经济发展模式研究》，《经济研究导刊》2011年第32期。

［101］王振宇：《发展壮大县域经济路径选择及其财政政策取向》，

《社会科学辑刊》2006 年第 5 期。

[102] 王志电：《河南县域经济发展研究》，《地域研究与开发》2011 年第 2 期。

[103] 魏达志：《递进中的崛起：中国区域经济发展考察》，东方出版中心，2011。

[104] 魏民洲：《产业集群与县域经济发展》，《陕西师范大学学报》（哲学社会科学版）2008 年第 5 期。

[105] 魏权龄：《数据包络分析（DEA）》，科学出版社，2003。

[106] 魏秀芬、于战平：《我国县域经济的发展模式》，《农村经营管理》2005 年第 3 期。

[107] 温涛、熊德平：《"十五"期间各地区农村资金配置效率比较》，《统计研究》2008 年第 4 期。

[108] 吴春静：《浅析陕西省县域经济的发展现状》，《职业》2011 年第 8 期。

[109] 吴玉堂：《劳务经济与县域经济发展》，《漯河职业技术学院学报》2009 年第 4 期。

[110] 项本武、张鸿武：《城市化与经济增长的长期均衡与短期动态关系——基于省际面板数据的经验证据》，《华中师范大学学报》（人文社会科学版）2013 年第 2 期。

[111] 谢方、王礼力：《西部产业集群与县域经济发展相关性实证分析——有关陕西户县纸箱产业集群的个案分析》，《哈尔滨工业大学学报》（社会科学版）2008 年第 1 期。

[112] 谢晓波：《区域经济理论十大流派及其评价》，《山东经济战略研究》2004 年第 Z1 期。

[113] 邢志广、李果：《县域经济发展战略探讨》，《宏观经济管理》2006 年第 4 期。

[114] 熊耀平：《论县域经济跨越发展中的金融支持》，《湖湘论坛》

2001 年第 4 期。

[115] 许经勇：《中国特色城镇化、农民工特殊群体与发展县域经济》，《当代经济研究》2006 年第 6 期。

[116] 许宪春、王宝滨、徐雄飞：《中国的投资增长及其与财政政策的关系》，《管理世界》2013 年第 6 期。

[117] 闫恩虎：《当前中国县域经济发展的经验模式探析》，《经济与管理》2009 年第 6 期。

[118] 闫冠宇：《县域经济与城镇化互动发展的内在机理研究》，《武汉大学学报》（哲学社会科学版）2008 年第 3 期。

[119] 严成樑、龚六堂：《财政支出、税收与长期经济增长》，《经济研究》2009 年第 6 期。

[120] 杨斌：《2000～2006 年中国区域生态效率研究——基于 DEA 方法的实证分析》，《经济地理》2009 年第 7 期。

[121] 杨松、何伟：《江苏省县域经济综合实力评价》，《安徽农业科学》2012 年第 21 期。

[122] 杨彦生：《劳务输出是发展县域经济的有效途径》，《中国城市经济》2003 年第 4 期。

[123] 姚晓嘉、王新玲、徐敬卿：《山西县域经济可持续发展模式的建构》，《山西财政税务专科学校学报》2011 年第 3 期。

[124] 于继忠、李刚、杨珮：《太和模式与比较优势悖论——兼论中西部地区县域经济发展的道路选择》，《石家庄经济学院学报》2011 年第 2 期。

[125] 余明刚：《立足县域特色 推进经济发展》，《新湘评论》2007 年第 8 期。

[126] 云南省人民政府金融办公室、云南财经大学编《云南金融发展与资本市场研究》，云南大学出版社，2009。

[127] 战炤磊：《中国县域经济发展模式的分类特征与演化路径》，

《云南社会科学》2010 年第 3 期。

[128] 张浩川：《论日本产业集群政策及其对我国的启示》，《复旦学报》（社会科学版）2010 年第 4 期。

[129] 张金萍、秦耀辰、张丽君、闵祥鹏：《黄河下游沿岸县域经济发展的空间分异》，《经济地理》2012 年第 3 期。

[130] 张金山：《中国县域经济导论》，杭州大学出版社，1997。

[131] 张淑翠：《我国财政支出对经济增长非线性效应——基于省级面板数据的平滑转移模型实证分析》，《财经研究》2011 年第 8 期。

[132] 张文忠：《区位论》，科学出版社，2000。

[133] 张秀生：《中国县域经济发展》，中国地质大学出版社，2009。

[134] 章振华：《中国城市化研究的一部有价值的新著——简评〈明清时期杭嘉湖市镇史研究〉》，《中国社会经济史研究》1995 年第 1 期。

[135] 赵吉成、魏永和、杨富贵、王建成、施选、孙良君、付英彪：《新形势下财政支持县域经济发展的方向与方式——地方财政支持县域财源建设的调查报告》，《财政研究》2005 年第 4 期。

[136] 赵建芳：《论产业集群与县域经济》，《甘肃社会科学》2004 年第 6 期。

[137] 赵建军：《中心地理论在实践中的应用》，《青岛大学师范学院学报》2001 年第 2 期。

[138] 赵强、刘钦虎：《实施园区带动战略 引领县域经济跨越发展》，《中国市场》2012 年第 27 期。

[139] 赵伟：《县域经济发展模式：基于产业驱动的视角》，《武汉大学学报》（哲学社会科学版）2007 年第 4 期。

[140] 赵晓、岳安时：《"人的城镇化"才能推动消费》，和讯网，2013 年 1 月 12 日，http://house.hexun.com/2013－01－12/150086575.html。

[141] 者吉莲：《评述廖什的市场区位论及其在实践中的应用》，《金融经济》2006 年第 8 期。

[142] 郑佳丽：《浅析中心地理论在中国都市圈布局中的实现》，《经济研究导刊》2010 年第 10 期。

[143] 钟鹏声：《促进县乡财政上台阶重在加快县域经济发展》，《当代财经》1998 年第 8 期。

[144] 周东明：《财政分权与地区经济增长——基于中国省级面板数据的实证分析》，《中南财经政法大学学报》2012 年第 4 期。

[145] 周金堂：《要素禀赋与县域经济的又好又快发展》，《农业考古》2007 年第 3 期。

[146] 周明生：《新苏南模式：若干认识与思考》，《江苏行政学院学报》2008 年第 2 期。

[147] 周元元：《宏观政策的微观创新——论县域经济发展中财政政策与货币政策组合协调》，《金融研究》2006 年第 1 期。

[148] 周振东：《振兴县域经济的财政思考》，《财政》1994 年第 12 期。

[149] 朱孔来、李静静、乐菲菲：《中国城镇化进程与经济增长关系的实证研究》，《统计研究》2011 年第 9 期。

[150] 朱孔来、倪书俊：《试论县域经济的特点和发展》，《宏观经济管理》2006 年第 1 期。

[151] 朱舜：《西部县域经济空间结构模式选择与跨越式发展》，《农村经济》2001 年第 12 期。

[152] 《珠三角地区外企加薪潮蔓延　部分企业欲迁往内陆》，《中

国经济报》2010 年 6 月 9 日。

[153] A. Charnes, W. W. Cooper, and E. Rhodes, "Measuring the Efficiency of Decision Making Units", *European Journal of Operational Research*, 1978, 2 (6).

[154] Aschauer, David Alan, "Is Public Expenditure Productive", *Journal of Monetary Economics*, 1989, 23 (2).

[155] Bird, M. R. , "Wagner's Law of Expending State Activity", *Public Finance*, 1971, 26.

[156] Brian C. O'Neill, Xiaolin Ren, Leiwen Jiang and Michael Dalton, "The Effect of Urbanization on Energy Use in India and China in the iPETS Model", *Energy Economics*, 2012, 34.

[157] Brian J. L. Berry and Katherine B. Smith, *City Classification Handbook—Methods and Applications*, New York: John Wiley & Sons, 1970.

[158] Duncan Black and Vernon Henderson, "Urban Evolution in the USA", *Journal of Economic Geography*, 2003, 4.

[159] Evans, Paul, "Government Consumption and Growth", *Economic Inquiry*, 1997, 35 (2).

[160] Gustav Ranis and John C. H. Fei, "A Theory of Economic Development", *American Economic Review*, 1961, 51

[161] Hannu Tervo, "Cities, Hinterlands and Agglomeration Shadows: Spatial Developments in Finland during 1880 – 2004", *Explorations in Economic History*, 2010, 47.

[162] Henry G. Overman and Yannis M. Ioannides, "Cross-Sectional Evolution of the U. S. City Size Distribution", *Journal of Urban Economics*, 2001, 49.

[163] Landau, Daniel, "Government and Economic Growth in the Less

Developed Countries: An Empirical Study for 1960 – 1980", *Economic Development & Cultural Change*, 1986, 35 (1).

[164] Linda Harris Dobkins and Yannis M. Ioannides, "Spatial Interactions Among U. S. Cities: 1900 – 1990", *Regional Science & Urban Economics*, 2001, 31.

[165] Michael P. Todaro, "A Model of Labor Migration and Urban Unemployment in Less Developed Countries", *American Economic Review*, 1969, 59.

[166] Musgrave, Richard A. , *Fiscal System*, Yale University Press, 1971.

[167] Oates, Wallace E. , *Fiscal Federalism*, New York: Harcourt Brace Jovanovich, 1972.

[168] Peacock, Alan T. and Wiseman, Jack, *The Growth of Public Expenditure in the United Kingdom*, Princeton: Princeton University Press, 1961.

[169] Ram, Rati, "Government Size and Economic Growth: A New Framework and Some Evidence from Cross-Section and Time-Series Data", *American Economic Review*, 1986, 76 (1).

[170] Robert E. Lucas Jr. , "Life Earnings and Rural-Urban Migration", *Journal of Political Economy*, 2004, 112.

[171] Rostow, W. W. , *Politics and the Stages of Growth*, Cambridge University Press, 1971.

[172] Steven Brakman, Harry Garretsen and Marc Schramm, "The Strategic Bombing of German Cities during World War II and Its Impact on City Growth", *Journal of Economic Geography*, 2004, 2.

[173] Volker Krey, Brian C. O'Neill, Bas van Ruijven, Vaibhav Chaturvedi, Vassilis Daioglou, Jiyong Eom, Leiwen Jiang, Yu

Nagai, Shonali Pachauri and Xiaolin Ren, "Urban and Rural Energy Use and Carbon Dioxide Emissions in Asia", *Energy Economics*, 2012, 34.

[174] Wagner, Adolf, "Marshall's Principles of Economics", *Quarterly Journal of Economics*, 1891, 5 (3).

[175] Walker, John F. and Vatter, Harold G., "Demand: The Neglected Participant in the Long Run U. S. Productivity Record", *American Economist*, 1999, 43 (2).

[176] Zhang, T. and Zou, H., "Fiscal Decentralization, Public Spending and Economic Growth in China", *Journal of Public Economics*, 1998, 67 (2).

图书在版编目（CIP）数据

县域经济跨越式发展的机制设计与财政政策：云南
案例／缪小林等著. -- 北京：社会科学文献出版社，
2016.6

ISBN 978 - 7 - 5097 - 9336 - 7

Ⅰ.①县… Ⅱ.①缪… Ⅲ.①县级经济－经济发展－
研究－中国 Ⅳ.①F127

中国版本图书馆 CIP 数据核字（2016）第 135101 号

县域经济跨越式发展的机制设计与财政政策
——云南案例

著　　者／缪小林　王　婷　邓伟平　等

出 版 人／谢寿光
项目统筹／恽　薇　冯咏梅
责任编辑／冯咏梅

出　　版／社会科学文献出版社·经济与管理出版分社（010）59367226
　　　　　地址：北京市北三环中路甲 29 号院华龙大厦　邮编：100029
　　　　　网址：www. ssap. com. cn
发　　行／市场营销中心（010）59367081　59367018
印　　装／三河市尚艺印装有限公司

规　　格／开 本：787mm × 1092mm　1/16
　　　　　印 张：19.25　字 数：246 千字
版　　次／2016 年 6 月第 1 版　2016 年 6 月第 1 次印刷
书　　号／ISBN 978 - 7 - 5097 - 9336 - 7
定　　价／79.00 元

本书如有印装质量问题，请与读者服务中心（010 - 59367028）联系